思想的・睿智的・獨見的

經典名著文庫

學術評議

丘為君　吳惠林　宋鎮照　林玉体　邱燮友

洪漢鼎　孫效智　秦夢群　高明士　高宣揚

張光宇　張炳陽　陳秀蓉　陳思賢　陳清秀

陳鼓應　曾永義　黃光國　黃光雄　黃昆輝

黃政傑　楊維哲　葉海煙　葉國良　廖達琪

劉滄龍　黎建球　盧美貴　薛化元　謝宗林

簡成熙　顏厥安（以姓氏筆畫排序）

策劃　楊榮川

五南圖書出版公司 印行

經典名著文庫

學術評議者簡介（依姓氏筆畫排序）

- 丘為君　美國俄亥俄州立大學歷史研究所博士
- 吳惠林　美國芝加哥大學經濟系訪問研究、臺灣大學經濟系博士
- 宋鎮照　美國佛羅里達大學社會學博士
- 林玉体　美國愛荷華大學哲學博士
- 邱燮友　國立臺灣師範大學國文研究所文學碩士
- 洪漢鼎　德國杜塞爾多夫大學榮譽博士
- 孫效智　德國慕尼黑哲學院哲學博士
- 秦夢群　美國麥迪遜威斯康辛大學博士
- 高明士　日本東京大學歷史學博士
- 高宣揚　巴黎第一大學哲學系博士
- 張光宇　美國加州大學柏克萊校區語言學博士
- 張炳陽　國立臺灣大學哲學研究所博士
- 陳秀蓉　國立臺灣大學理學院心理學研究所臨床心理學組博士
- 陳思賢　美國約翰霍普金斯大學政治學博士
- 陳清秀　美國喬治城大學訪問研究、臺灣大學法學博士
- 陳鼓應　國立臺灣大學哲學研究所
- 曾永義　國家文學博士、中央研究院院士
- 黃光國　美國夏威夷大學社會心理學博士
- 黃光雄　國家教育學博士
- 黃昆輝　美國北科羅拉多州立大學博士
- 黃政傑　美國麥迪遜威斯康辛大學博士
- 楊維哲　美國普林斯頓大學數學博士
- 葉海煙　私立輔仁大學哲學研究所博士
- 葉國良　國立臺灣大學中文所博士
- 廖達琪　美國密西根大學政治學博士
- 劉滄龍　德國柏林洪堡大學哲學博士
- 黎建球　私立輔仁大學哲學研究所博士
- 盧美貴　國立臺灣師範大學教育學博士
- 薛化元　國立臺灣大學歷史學系博士
- 謝宗林　美國聖路易華盛頓大學經濟研究所博士候選人
- 簡成熙　國立高雄師範大學教育研究所博士
- 顏厥安　德國慕尼黑大學法學博士

經典名著文庫205

亞里士多德的三段論

（波）盧卡西維茨 著
李真、李先焜 譯
尤煌傑 導讀

經典永恆・名著常在

五十週年的獻禮・「經典名著文庫」出版緣起

總策劃 楊榮川

> 閱讀好書就像與過去幾世紀的諸多傑出人物交談一樣——笛卡兒

五南，五十年了。半個世紀，人生旅程的一大半，我們走過來了。不敢說有多大成就，至少沒有凋零。

五南忝爲學術出版的一員，在大專教材、學術專著、知識讀本出版已逾壹萬參仟種之後，面對著當今圖書界媚俗的追逐、淺碟化的內容以及碎片化的資訊圖景當中，我們思索著：邁向百年的未來歷程裡，我們能爲知識界、文化學術界做些什麼？在速食文化的生態下，有什麼值得讓人雋永品味的？

歷代經典・當今名著，經過時間的洗禮，千錘百鍊，流傳至今，光芒耀人；不僅使我們能領悟前人的智慧，同時也增深加廣我們思考的深度與視野。十九世紀唯意志論開創者叔本華，在其〈論閱讀和書籍〉文中指出：「對任何時代所謂的暢銷書要持謹慎的態度。」他覺得讀書應該精挑細選，把時間用來閱讀那些「古今中外的偉大人物的著作」，閱讀那些「站在人類之巔的著作及享受不朽聲譽的人們的作品」。閱讀就要「讀原著」，是他的體悟。他甚至認爲，閱讀經典原著，勝過於親炙教誨。他說：

「一個人的著作是這個人的思想菁華。所以，儘管一個人具有偉大的思想能力，但閱讀這個人的著作總會比與這個人的交往獲得更多的內容。就最重要的方面而言，閱讀這些著作的確可以取代，甚至遠遠超過與這個人的近身交往。」

爲什麼？原因正在於這些著作正是他思想的完整呈現，是他所有的思考、研究和學習的結果；而與這個人的交往卻是片斷的、支離的、隨機的。何況，想與之交談，如今時空，只能徒呼負負，空留神往而已。

三十歲就當芝加哥大學校長、四十六歲榮任名譽校長的赫欽斯（Robert M. Hutchins, 1899-1977），是力倡人文教育的大師。「教育要教眞理」，是其名言，強調「經典就是人文教育最佳的方式」。他認爲：

「西方學術思想傳遞下來的永恆學識，即那些不因時代變遷而有所減損其價值的古代經典及現代名著，乃是眞正的文化菁華所在。」

這些經典在一定程度上代表西方文明發展的軌跡，故而他爲大學擬訂了從柏拉圖的《理想國》，以至愛因斯坦的《相對論》，構成著名的「大學百本經典名著課程」。成爲大學通識教育課程的典範。

歷代經典．當今名著，超越了時空，價值永恆。五南跟業界一樣，過去已偶有引進，但都未系統化的完整舖陳。我們決心投入巨資，有計劃的系統梳選，成立「經典名著文庫」，希望收入古今中外思想性的、充滿睿智與獨見的經典、名著，包括：

- 歷經千百年的時間洗禮，依然耀明的著作。遠溯二千三百年前，亞里斯多德的《尼各馬科倫理學》、柏拉圖的《理想國》，還有奥古斯丁的《懺悔錄》。
- 聲震寰宇、澤流遐裔的著作。西方哲學不用說，東方哲學中，我國的孔孟、老莊哲學，古印度毗耶娑（Vyāsa）的《薄伽梵歌》、日本鈴木大拙的《禪與心理分析》，都不缺漏。
- 成就一家之言，獨領風騷之名著。諸如伽森狄（Pierre Gassendi）與笛卡兒論戰的《對笛卡兒沉思錄的詰難》、達爾文（Darwin）的《物種起源》、米塞斯（Mises）的《人的行爲》，以至當今印度獲得諾貝爾經濟學獎阿馬蒂亞・森（Amartya Sen）的《貧困與饑荒》，及法國當代的哲學家及漢學家朱利安（François Jullien）的《功效論》。

梳選的書目已超過七百種，初期計劃首爲三百種。先從思想性的經典開始，漸次及於專業性的論著。「江山代有才人出，各領風騷數百年」，這是一項理想性的、永續性的巨大出版工程。不在意讀者的眾寡，只考慮它的學術價值，力求完整展現先哲思想的軌跡。雖然不符合商業經營模式的考量，但只要能爲知識界開啓一片智慧之窗，營造一座百花綻放的世界文明公園，任君遨遊、取菁吸蜜、嘉惠學子，於願足矣！

最後，要感謝學界的支持與熱心參與。擔任「學術評議」的專家，義務的提供建言；各書「導讀」的撰寫者，不計代價地導引讀者進入堂奧；而著譯者日以繼夜，伏案疾書，更是辛苦，感謝你們。也期待熱心文化傳承的智者參與耕耘，共同經營這座「世界文明公園」。如能得到廣大讀者的共鳴與滋潤，那麼經典永恆，名著常在。就不是夢想了！

二〇一七年八月一日　於

五南圖書出版公司

本書述評

這本書是波蘭邏輯學家盧卡西維茨教授的一部重要著作。作者的目的是從現代形式邏輯主要是符號邏輯的觀點，對於古希臘亞里士多德（西元前三八四—前三二二年）所創始的以三段論爲主的形式邏輯的一種解釋。現代符號邏輯或數理邏輯發展異常迅速，已遠遠超出古典形式邏輯的範圍，然而它仍然和亞里士多德所創立的形式邏輯有密切的連繫。現代許多西方的邏輯學家在用現代形式邏輯的觀點解釋古典形式邏輯方面曾經進行過若干嘗試，但是，全面地、系統地應用符號邏輯的方法來解釋亞里士多德的三段論的著作是不多的，這是其中的一本。

本書作者盧卡西維茨教授（一八七八—一九五六）是波蘭著名邏輯學家、波蘭科學院院士（一九三七）；利沃夫（綜合性）大學教授（一九〇六—一九一五）；華沙（綜合性）大學教授（一九一五—一九三九）；第二次世界大戰後，一九四六年起，在都柏林的愛爾蘭皇家科學院任教授。他在邏輯學方面的主要著作除本書外，還有《邏輯中的歸納法和因果關係問題》、《概率論的基礎理論》、《第一個多值邏輯系統的構造，並用以構造模態邏輯系統》、《爲形式邏輯和數學表達式而制訂的一種創造性的語言》（即盧卡西維茨教授的沒有括號的符號系統）等。由於盧卡西維茨教授的工作，波蘭成為數理邏輯的世界中心之一，人才輩出。

本書第一版出版於一九五一年，共五章；一九五七年出第二版時，增加了三章，討論亞里士多德的模態邏輯。本書根據第二版譯出。

本書第一至第三章，作者考證了與三段論有關的兩個歷史問題。第一個問題，作者根據《前分析篇》和《後分析篇》希臘原文的研究，闡明了亞里士多德三段論的眞正形式與傳統邏輯的三段論形式之間的區別。第二個問題即所謂三段論的第四格，通常稱爲加倫（或譯蓋倫）格的問題。作者根據古抄本斷定，三段論有兩種：一種是簡單三段論，即亞里士多德的三段論，亞里士多德劃分爲三個格，第四格是一位佚名作者增補的；另一種是複合三段論，是加倫發明的，他把這種三段論劃分爲四個格；複合三段論有四個詞項，其中有兩個中項，三個前提。它與亞里士多德的簡單三段論不是一回事。所以通常認爲第四格是加倫發明的看法是錯誤的。作者的這些歷史考證，發前人所未發，頗富有啓發性。

第四至第五章討論非模態邏輯的三段論，這兩章是本書的核心部分；第六至第八章討論模態邏輯。作者對於亞里士多德的非模態三段論系統給予高度的評價，認爲「亞里士多德三段論是一個系統，其嚴格性甚至超過了一門數學理論的嚴格性，而這就是它的不朽的價值」（第二五七頁）。下面我們分別來介紹盧卡西維茨教授在這部書中所達到的研究成果。

體系。盧卡西維茨教授在一九二九年以前創造了一個符號體系，即不用括號的書寫方式，這個符號體系，自從他發明以來，不甚爲人們所注意；但是自從電腦科學發展以來，這種符號體系，在電腦上的應用卻是很方便的。在這同時期，他還創造了一個演繹體系。盧卡西維茨教授說，這個演繹體系是最根本的邏輯體系，一切其他的邏輯體系都要建立在這個演繹體系的基礎之上。正是在這個基礎之上，他構造起來了亞里士多德三段論的全部體系。這個體系所採用的三條公理（第一五七頁）對於亞里士多德三段論的證明是最重要的工具。

關於亞里士多德的三段論，不同的邏輯學家有不同的看法。例如說，肖爾茲教授認爲「亞里士多德邏輯可以說是一種謂詞的或概念的邏輯，也可以說是類的邏輯」。[1]著名的美籍波蘭邏輯學家塔爾斯基卻認爲「整個的舊的傳統邏輯幾乎可以完全簡化爲類與類之間的基本關係的理論。即是說，簡化爲類的理論中的一個小部

[1]《簡明邏輯史》，〔德〕亨利希．肖爾茲著，張家龍譯，商務印書館一九七七年版，第三十四頁。

分」。❷盧卡西維茨教授不同意以上兩種看法。他認爲，亞里士多德的三段論體系是名詞（詞項）邏輯，它的形式是：

所有的S都是P，

這裡S、P這些字母只能代入名詞，如「人」、「動物」、「哲學家」等等。本書作者和德國邏輯學家肖爾茲教授都認爲，亞里士多德知道有命題邏輯，並且直觀地應用了它。據肖爾茲教授說，由於他沒有找到命題邏輯的推論規則，所以沒有發展它。他的學生德奧弗拉斯特斯和歐德謨斯，最早用假言三段論的推理擴展了亞里士多德的邏輯，從而奠定了命題邏輯的基礎。❸在他們之後約半個世紀的斯多亞派，在歷史上第一次發展了命題邏輯的體系。❹命題邏輯最簡單的形式是：

如果P，那麼P，

代入字母P的是一個命題，而不是一個名詞。這兩位邏輯學家及其他有些邏輯學家都認爲，命題邏輯是最根本而又最重要的邏輯。

---

❷《邏輯與演繹科學方法論導論》，塔爾斯基著，商務印書館一九八〇年版，第七十三—七十四頁。

❸參閱《簡明邏輯史》，第三十五頁。又見本書第九十九頁。

❹參閱《簡明邏輯史》，第三十五頁。又見本書第九十九頁。

盧卡西維茨以他所創立的演繹體系和命題演算作爲輔助工具來構造形式化的亞里士多德三段論的體系。他用到了命題演算的十四條斷定命題，這就是簡化定律、交換律、假言三段論定律、歸謬定律等。在有些證明中，作者還用到了羅素和懷德海在《數學原理》（*Principia Mathematica*）一書中所表述的斷定命題。這樣，盧卡西維茨教授就大大擴展了亞里士多德的三段論體系。

盧卡西維茨教授說：「我所關注的是根據作者本人畫定的輪廓……來建立亞里士多德的三段論的原來的系統。」（第二五七頁）是否眞是這樣，似乎還是一個問題。

公理化。公理化是近代演繹科學的一種主要方法。可是，在亞里士多德的邏輯學中，已經應用了公理化的方法。「亞里士多德並沒有局限在簡單列舉他認爲是可靠的推理規則，而是頭一次對邏輯作出了某種公理化。這個成就確實是很大的。」❺據肖爾茲教授的研究，公理化的研究是《後分析篇》這部著作的核心。

盧卡西維茨教授認爲，普通邏輯教科書中，把*Dictum de Omni et nullo*原則（全和零原則，嚴複譯爲「曲全公論」，這條原則的意思是說：凡對於一類事物的

❺《簡明邏輯史》，第十頁。

全部所肯定或否定的，對於這一類的某一個或每一個也是可以肯定或否定的）當作是亞里士多德形式邏輯的公理，這是不正確的，並且是沒有根據的（第九十六頁）。作者認爲，亞里士多德的公理理論實際上是他的化歸論，他將第一格的頭兩個式，即AAA和EAE作爲完全的式，而把其餘的不完全的式化歸爲這兩個式。這樣就對不完全的式作出了證明。這個看法並非本書作者所特有，當代有一些邏輯學家也持有這種看法。

亞里士多德劃分三段論爲三個格，後人又增補第四格，四個格共有正確的式二十四個，中世紀的邏輯學家給每一個式取一個名稱，以便學生死背。這種辦法沒有什麼意義，近代已經不採用了。亞里士多德取第一格的兩個式作爲完全的式，當作公理，其餘的二十二個式是不完全的式，通過證明，化歸爲完全的式。現將二十四個正確的式及其名稱列舉如下，以便於參考：

完全的式：AAA（Barbara），EAE（Celarent）

不完全的式：

第一格

AAI（Barbari）　AII（Darii）

EAO（Celaront）　EIO（Ferio）

第二格

AEE（Camestres）	AEO（Camestrop）
AOO（Baroco）	EAE（Cesare）
EAO（Cesaro）	EIO（Festino）

第三格

AAI（Darapti）	AII（Datisi）
EAO（Felapton）	EIO（Ferison）
IAI（Disamis）	OAO（Bocardo）

第四格

AAI（Bramantip）	AEE（Camenes）
AEO（Camenop）	EAO（Fesapo）
EIO（Fresison）	IAI（Dimaris）

亞里士多德用換位法和歸謬法把二十二個不完全的式化歸爲完全的式。儘管盧卡西維茨教授認爲亞里士多德的這些證明是既嚴格而又簡潔的，但是，他認爲這些證明是用直觀的辦法作出來的，不夠形式化。於是，他自己構造了一個公理系統來作證明。他取四條斷定命題作爲公理（第九十五—九十六、一七三頁）；以命題演

算和他所創造的演繹體系作爲輔助工具，通過符號的變換，推出三段論理論的全部定律，包括換位元定律、對當定律等所有二十二個正確的式。

亞里士多德三段論的式的數目是$4\times4^3=256$個。其中24個是正確的，其餘232個式是不正確的，應當加以排斥。排斥的概念是亞里士多德的三段論所特有的。作者說：「關於斷定一個命題和排斥一個命題這兩種智力活動，現代形式邏輯只就第一種加以考慮。弗雷格把斷定的概念和斷定符號（⊢）引進了邏輯……排斥的概念，從過去到現在一直都被忽略了。」「現代形式邏輯，就我所知，沒有使用『排斥』作爲與弗雷格的『斷定』相對立的一種運算。」（第一四三、一八六頁）亞里士多德排斥不正確的式所採用的辦法，以及作出的證明是很簡潔而又嚴格的。在傳統邏輯中，總結出了一些三段論各格的規則，那些不合這些規則的式都要被排斥，也是很清楚的。盧卡西維茨教授卻採取更普遍的方法，也就是公理化和形式化的方法，排斥所有不正確的式。這是一種獨創性的方法。他採取第二格的兩個被排斥的式作爲公理（第一九十頁），所有不正確的式，用這兩條公理和推論規則加以排斥。232個不正確的式，其中兩個作爲公理，其餘的230個不正確的式都用這個方法排斥。

判定問題。就這本書中所構造的三段論的體系說來，盧卡西維茨教授認爲，這個公理系統是不充分的。他說，除了正確的三段論的形式以外，在亞里士多德的邏輯中還存在著許多有意義的表達式，實際上，這種表達式的數目是無窮的，而我們不能確定，用我們的斷定的公理和推論規則，是否所有眞的表達式都能夠推出，並且用我們的排斥的公理和推論規則，是否所有假的表達式都能排斥？必須要找到一個一般的方法能夠處理這些問題。這就是盧卡西維茨教授在本書第五章中所提出的判定問題。

盧卡西維茨教授解決判定問題的方法是，以演繹理論和命題邏輯的斷定命題爲基礎，給出一些定理和變形規則，對於一個複雜的表達式，通過變形化歸爲簡單表達式，用傳統邏輯的記寫法，就是化歸爲SAP，SEP，SIP，SOP的形式，最終化歸爲初等表達式（或四個格的各個式）。凡是能夠化歸爲簡單表達式和初等表達式，並且還能夠還原爲原形的複雜的表達式，就是正確的三段論；凡是不能化歸爲正確的式的表達式，就用排斥的規則加以排斥。

作者在結束語中說：「這個系統的頂峰（Crown，原意爲王冠）是判定問題的解決……而且這是亞里士多德或其他邏輯學家所不知道的。」（第一七九頁）亞里士多德三段論判定問題的解決，不是很容易的。盧卡西維茨教授的研究成果是可貴的。

關於模態邏輯。模態邏輯是現代新興的一門邏輯學科。然而，在亞里士多德的邏輯學說中，已經有了一個模態邏輯的體系，並且他研究模態邏輯的篇幅大大地超過了非模態邏輯。在《前分析篇》中有大量的章節是討論這個問題的，肖爾茲教授說：「《前分析篇》通過詳細考察關於必然、不可能和可能命題的作用，就比人們能夠從學校課本的邏輯（限於三段論第一格AAA，EAE等等）中所學的東西要豐富得多。」❻

在本書第六至八章中，盧卡西維茨教授給自己提出的任務是試圖依據亞里士多德的思想建立一個模態邏輯的系統。但是，和他對於亞里士多德的非模態三段論的評價相比較，他對於這一部分的評價卻是大不相同。他說：「亞里士多德的模態邏輯之所以這樣很少爲人知道，……首先，應當歸咎於作者自己，因爲跟十分明確並且差不多完全沒有錯誤的實然三段論相反，亞里士多德的模態三段論，由於其中包括很多缺點和自相矛盾之處而使人幾乎不能理解。」（第二六二頁）在另一處又說：「……他的威望是這樣的高，以致很有才能的邏輯學家們在過去都不能看出這些錯誤。」（第三九〇頁）作者在本書後三章中，就是用形式化的方法重新構造一

❻《簡明邏輯史》，第二十七頁。

個亞里士多德的模態邏輯的體系。

盧卡西維茨教授是以模態邏輯的研究而聞名於世的，他在這一方面的造詣頗深。這是一個事實。

然而，也有一些邏輯學家，和本書作者完全持不同的看法，認爲亞里士多德的模態邏輯是一個很優美的系統。這一觀點也是值得注意的。

總起來說，盧卡西維茨教授在本書中，用形式化的方法，構造了一個亞里士多德三段論的嚴格的演繹體系，猶如一個數學的演算系統一樣。恩格斯在《反杜林論》一書中論及純數學的性質時說：「……從現實世界抽象出來的規律，在一定的發展階段上就和現實世界脫離，並且作爲某種獨立的東西，作爲世界必須適應的外來的規律而與現實世界相對立。……純數學也正是這樣，它在以後被應用於世界，雖然它是從這個世界得出來的，並且只表現世界的連繫形式的一部分——正是僅僅因爲這樣，它才是可以應用的。」❼當然，形式邏輯也是如此。

然而，形式邏輯是很難與哲學觀點截然分開的。甚至於現代著名的英國哲學家

❼《馬克思恩格斯選集》第三卷，第七十八頁，人民出版社一九七二年版。

羅素也說過：「亞里士多德的學說，尤其是在邏輯學方面，則直到今天仍然是個戰場，所以就不能以一種純粹的歷史精神來加以處理了。」❽馬克思稱之為「古代最偉大的思想家」的亞里士多德不僅是形式邏輯的創始人，而且也是一位偉大的辯證法家。列寧說：「他到處，在每一步上所提出的問題正是關於辯證法的問題。」❾恩格斯也說：「古希臘的哲學家都是天生的自發的辯證論者，他們中最博學的人物亞里士多德就已經研究了辯證思維的最主要的形式。」❿盧卡西維茨教授在本書中沒有正面論述哲學，但從行文處不時流露出一些實證主義的哲學觀點。然而，他反對邏輯的先驗性的觀點是可取的（參看62）。

本書第一至五章是李眞同志翻譯的。第六至八章是李先焜同志翻譯的。

韓光燾

❽ 羅素：《西方哲學史》上卷，第二五二頁，商務印書館一九七六年版。

❾ 列寧：《亞里士多德〈形而上學〉一書摘要》，載《列寧全集》第三十八卷，第四一七頁。

❿《馬克思恩格斯選集》第三卷，第四一七頁，人民出版社一九七二年版。

第一版原序

一九三九年六月，我在克拉科夫波蘭科學院宣讀了一篇論亞里士多德的三段論的論文。這篇論文的摘要曾於同年排印，但因戰爭的緣故未能出版。它在戰後才得以發行，但出版時間仍標明爲「一九三九年」。一九三九年夏天，我已用波蘭文寫好一篇談同一主題的更爲詳盡的專論，九月間已經收到該文第一部分的校樣，就在這時，出版所完全毀於轟炸，一切蕩然無存。同時我的全部圖書連同手稿，都遭到轟炸，毀於一炬。要在戰時繼續這項工作是不可能的。

直到十年之後，我才獲得一個新的機會來再度進行我對於亞里士多德三段論的研究工作。這一次是在都柏林，從一九四六年開始直到現在，我一直在那裡的愛爾蘭皇家科學院講授數理邏輯。我應都柏林大學學院的邀請，於一九四九年做了十次關於亞里士多德三段論的講演，現在這部著作就是這些講演的成果。

本書僅限於非模態的或者「實然的」三段論，因爲與此有關的理論是亞里士多德邏輯的最重要的部分。這個理論的系統闡述是在《前分析篇》第一卷的第一、第二章與第四至第七章。在外茲的版本（至今已出版一百多年之久了）中的這些章，是我的解說的主要根據。我遺憾未能利用大衛．羅斯爵士編纂並作有導言和評注的、一九四九年出版的《前分析篇》的新版本，因爲當這個版本出版時，我的著作的歷史部分已經完成了。我僅能利用大衛．羅斯爵士的版本來校正我所引用的亞里士多德的原文。在《分析篇》希臘文本的英文譯文方面，我盡可能地遵照亞里士多德著作的牛津譯本。除了《前分析篇》的本文之外，我還考慮了古代注釋家們的意見，特別是亞歷山大的意見。在這裡我不妨指出：三段論第四格據說是加倫發明的，有關這一發明的諸歷史問題，能夠得到解決，我就應該感謝一位佚名的古代注釋家。

現在這本著作包括一個歷史的部分（第一至第三章）和一個體系的部分（第四、第五章）。在歷史部分裡我曾試圖盡可能緊密地依據原文來解說亞里士多德的學說，但是無論在什麼地方我都企圖從現代形式邏輯的觀點來解釋它們。我認爲，今天還不存在對亞里士多德三段論的可以信賴的闡述。直到現在爲止，所有闡述都不是邏輯學家寫的，而是由哲學家或語言學家寫的。這些哲學家或語言學家，或者不可能懂得現代形式邏輯（如普蘭特爾）。或者並不懂得現代形式邏輯（如邁爾）。依我看，所有這些闡述都是錯誤的。例如，我未能發現任何一個作者是意識到了亞里士多德式三段論與傳統的三段論之間有著根本差異的。所以，在我看來，我自己的闡述完全是新的。在體系的部分，我曾試圖解釋爲理解亞里士多德三段論所必需的某些現代形式邏輯的理論，並且試圖在亞里士多德本人所勾畫的輪廓的基礎上使這個三段論系統達到完美。我還切望盡可能地使我的闡述清楚明白，以便那些未曾受過符號思維或數學思維訓練的學者們能夠理解它。因此，我希望我的著作的這一部分可以用作現代形式邏輯的一個導論。這一部分的最重要的新成就，我認爲是判定的證明（這是我的學生J.斯盧派斯基提出的），以及由亞里士多德提出、並由我本人運用於演繹理論的排斥的觀念。

我衷心地感謝愛爾蘭皇家科學院，它給我以都柏林的一席之地，使我能寫作本書。我還衷心感謝都柏林大學學院盛情相約、邀請我作關於亞里士多德邏輯的講演。我感謝都柏林大學學院教授A.古英神父（耶穌會）與J.解因教友閣下，他們都曾欣然地把必需的書籍借給我。對大衛·羅斯爵士我要深表謝忱，他看過我的打字稿，並且提出了一些我樂於接受的意見。我要特別致謝的，有已故的A.李特爾神父（耶穌會），他儘管病勢垂危，仍欣然地校訂了第一章的英文文字；還有都柏林的維克多爾·米黎以及特別是班戈爾的大衛·瑞斯，他們閱讀並校訂了全書的英文文字。我也甚爲感謝克拉連頓出版社的職員們在準備我的打字稿付印時的熱忱與殷勤。本書論加倫的那一節是獻給我的朋友，威斯特伐利亞州明斯特的海因裡希·肖爾茲教授的，他曾在戰爭時期給予我和我的妻子以極大的支援，特別是一九四四年我在明斯特逗留的時候。我將全書獻給我的愛妻聶金娜·盧卡西維茨（父姓巴爾文斯卡），她犧牲了她自己以使我得以生活與工作。沒有她在戰爭時期不斷的照顧、在戰後的流亡生活的孤獨之中不斷的鼓勵與幫助，我是絕不能寫成這本書的。

楊·盧

一九五〇年五月七日於都柏林

第二版原序

本書第一版沒有包括對亞里士多德模態三段論的解釋。我不能從一些已知的模態邏輯系統的觀點去研究亞里士多德關於必然性和可能性的觀念，因爲，在我看來，所有這些系統都是不正確的。爲了解決這個困難的問題，我只得建立自己的模態邏輯系統。我於一九五一年在愛爾蘭皇家科學院和一九五二年在貝爾法斯特的女王大學的講課中，講述了這部解釋亞里士多德觀念的模態邏輯系統的初稿，而完全的系統則發表在一九五三年出版的《計算系統雜誌》上。我的模態邏輯系統和這類邏輯的任何其他系統都有區別。從這個系統的觀點出發，我可以說明亞里士多德模態邏輯三段論中的很多困難，並且糾正其中很多錯誤。

據我所知，已有三十多篇論文和評論對我這本論亞里士多德三段論的書表示了好評，這些論文和評論以英文、法文、德文、希伯來文、義大利文和西班牙文在各國發表。我很早就想找到一個機會討論一下我的評論者所發表的一些批評意見，但是在這一版中，由於第一版的本文已經付印，只能增加關於模態邏輯的那幾個章節。我非常感謝克拉連頓出版社讓我增加了上述章節。

楊・盧
一九五五年六月三十日於都柏林

克拉連頓出版社聲明

楊・盧卡西維茨教授於一九五六年二月十三日在都柏林去世，因此不能照料這本書的排印工作。這項工作由他過去的學生捷斯拉夫・列耶夫斯基博士做了。列耶夫斯基博士看了新增加章節的校樣，並增補了索引。

本書所引用的亞里士多德的原著與注釋的版本

《亞里士多德著作希臘文本》，伊曼努爾·貝克爾校訂，卷i，柏林一八三一年出版。

Aristoteles Graece, ex recensione Immanuelis Bekkeri, Vol. i, Berolini, 1831.

《亞里士多德〈工具論〉希臘文本》，外茲編纂，卷i，萊比錫一八四四年出版；卷ii，萊比錫一八四六年出版。

Aristotelis organon Graece, ed. Th. Waitz, Vol. i, Lipsiae, 1844; Vol. ii, Lipsiae, 1846.

《亞里士多德的〈前後分析篇〉》，由W.D.羅斯校訂並作有導言與注釋的版本，牛津一九四九年出版。

Aristotle's Prior and Posterior Analytics. A Revised Text with Introduction and Commentary by W.D.Ross, Oxford, 1949.

《亞歷山大對亞里士多德〈前分析篇〉第一卷的注釋》，M.瓦裡士編纂，柏林一八八三年出版。

Alexandri in Aristotelis Analyticorum Priorum Librum I Commentarium, ed. M. Wallies, Berolini, 1883.

《阿蒙尼烏斯對亞里士多德〈前分析篇〉第一卷的注釋》，M.瓦裡士編纂，柏林一八九九年出版。

Ammonii in Aristotelis Analyticorum Priorum Librum I Commentarium, ed. M. Wallies, Berolini, 1899.

《約翰・菲洛波努斯對亞里士多德〈前分析篇〉的注釋》，M.瓦裡士編纂，柏林一九〇五年出版。

Ioannis Philoponi in Aristotelis Analytica Priora Commentaria, ed. M. Wallies, Berolini, 1905.

引用亞里士多德著作原文都按照貝克爾編校本。例如，《前分析篇》i. 4 25^b37，就是指《前分析篇》第一卷，第四章，第二十五頁，b欄，第三十七行。引用各個注釋家的原作都是根據上述柏林研究院的版本。例如，亞歷山大100.11，就是指第一百頁第十一行。

目次

導言

一、盧卡西維茨的生平

盧卡西維茨（Jan Łukasiewicz, 1878-1956）爲波蘭哲學家與邏輯學家。他出生於廉堡（Lemberg，今名利沃夫（Lviv），隸屬於烏克蘭西部；一九一八年之前隸屬於奧匈帝國），他的父親是一位奧地利軍隊的上尉軍官，他的母親是奧地利公務員的女兒。從他的父親是講波蘭語這點，可以表明他的文化背景確定爲波蘭人。

盧卡西維茨在學時對數學很感興趣，後來進入廉堡大學學習數學和哲學。完成大學學業後，他繼續攻讀博士學位，於一九〇二年在指導教授卡齊米耶・特瓦爾多夫斯基（Kazimierz Twardowski）和沃伊切赫・傑杜斯基（Wojciech Dzieduszycki）的指導下以論文《論歸納法是演繹法的反面》（On induction as the inverse of deduction）獲得最高榮譽（sub auspiciis Imperatoris）通過博士學位，並得到皇室頒授一枚鑽石博士戒指。

盧卡西維茨希望在大學講學，因此繼續學習以獲得教師資格，並於一九〇六年向廉堡（利沃夫）大學提交了論文《原因概念的分析和建構》（Analysis and construction of the concept of cause），成爲教師。

一九一一年，被提升爲廉堡（利沃夫）大學的傑出教授。

一九一五年，受邀來到華沙大學。

一九一六年，擔任文學院院長，並於一九一七年擔任大學校長。

一九一八年，被任命爲波蘭教育部高等教育司司長。

一九一九年，被任命爲波蘭教育部長。

一九二〇年，擔任華沙大學自然科學院教授。

一九二〇年至一九三九年，和列辛涅夫斯基（Lesniewski）創立了華沙邏輯學院（Warsaw School of Logic）。盧卡西維茨在這所學院培養出塔斯基（Tarski）這位高徒，使得這所學院成爲國際知名的學院。此後，華沙邏輯學院人才輩出，許多蜚聲國際的邏輯學者出身於此。

一九二二—二三年，一九三一—三二年，兩度擔任華沙大學校長。

一九二九年，他與蕾吉娜・巴爾文斯卡（Regina Barwińska）結婚。

一九三九年九月，戰爭爆發，盧卡西維茨的家遭到德國空軍轟炸：除了一本裝訂單行本外，他所有的書籍、文件和信件都被毀掉。包括關於《亞里士多德的三段論》的初稿也被毀於戰火。

一九四六年，攜同他的妻子蕾吉娜流亡到比利時，隨後獲得愛爾蘭皇家學院（RIA）的數理邏輯教授，以及愛爾蘭都柏林大學的教授職位。

一九五三年，撰寫自傳（Curriculum vitae of Jan Lukasiewicz），其中描述了他們在第二次世界大戰期間遭受了巨大的苦難。直到死後由他的遺孀出版

（Metalogicon 7(2)(1994)）。

一九五六年二月十三日，逝世於愛爾蘭都柏林。

二〇二二年十一月，盧卡西維茨的遺體從都柏林運至華沙，葬於華沙舊波瓦茨基公墓。

二、時代背景與社會環境

歷史上的波蘭歷經三次被瓜分的命運，分別是一七七二年，一七九三年，以及一七九五年，波蘭的國土被俄、普、奧逐步蠶食鯨吞。

一九一八年八月二十九日，蘇俄政府宣布廢除先前俄羅斯與普、奧簽訂的關於瓜分波蘭的一切條約，承認波蘭人民享有獨立和統一的權利。

一九四五年，波蘭成立人民共和國，政治上走入共產主義的體制。這個政治體制的變化導致盧卡西維茨夫婦的流亡海外。

從十八世紀到二十世紀的波蘭政治歷史來看，它是一個多災多難的國度，但是也是試煉這個民族韌性的考驗。

三、盧卡西維茨的學術發展

盧卡西維茨早年在克拉科夫大學學習數學和物理學。他的學術生涯始於數學和哲學領域，但後來轉向邏輯學。

盧卡西維茨受到阿杜凱維奇（Kazimierz Ajdukiewicz）創立的華沙邏輯學派的影響，該學派強調形式邏輯和符號邏輯，深深地影響盧卡西維茨對邏輯的興趣，並成爲他後來思想發展的基石。

盧卡西維茨引入了一種新的邏輯形式，這種形式的三段論使用無括號符號，省略命題中的邏輯連接詞，從而產生更簡潔的論證結構。這便是著名的「波蘭表示法」（Polish notation）。其中運算符位於操作數之前，而不是放置在中間或末尾。這使得數學運算的表示更加清晰。他對命題演算和謂詞演算的貢獻影響了邏輯的後續發展。盧卡西維茨的工作對二十世紀邏輯和電腦科學產生了深遠的影響。他對波蘭表示法的發展影響了電腦科學的後來發展，他對形式邏輯的貢獻繼續在邏輯和數學領域被廣泛引用。他的研究爲塔斯基的工作奠定了基礎。

盧卡西維茨的主要著作有：

1. 《論亞里士多德哲學裡的矛盾原理》（On the Principle of Contradiction in Aristotle. A Critical Study. Kraków: Akademia Umiejętności, 1910.）

2. 《機率論的邏輯基礎》（Logical Foundations of Probability Theory, Kraków: Spółka Wydawnicza Polska, 1913.）
3. 《數理邏輯要素》（Elements of Mathematical Logic, Warsaw: Wydawnictwo Koła Matematyczno-Fizycznego Słuchaczów Uniwersytetu Warszawskiego, 1929.）
4. 《亞里士多德的三段論》（Aristotle's Syllogistic from the Standpoint of Modern Formal Logic. Oxford: Clarendon Press, 1951. 2nd, enlarged ed., 1957.）

另有單篇論文約四十餘篇。

四、西方傳統邏輯的基本原則

盧卡西維茨的邏輯哲學開始於對亞里士多德邏輯的研究與反省，進而對二十世紀的現代邏輯產生重大的貢獻。亞氏邏輯爲受過完整哲學訓練的人都不陌生，但是爲本書的廣大讀者而言，未必都理解亞氏邏輯的基本原則。以下簡介幾個亞氏邏輯的基本觀念，以利對於現代邏輯的業餘愛好者有一個初步的理解，以便於接下來登堂入室進入當代邏輯的殿堂。

(一)所有的命題包括一個主詞概念（S）和謂詞概念（P），這兩個概念可以視爲代表兩個「類」所包括的個體。每一個命題的主詞前面有一個「量詞」，這個量詞有兩種表示：一個是「所有」（All），一個是「有些」（Some）。每一個命題的謂詞前面有一個「繫詞」，這個繫詞有兩種表示：一個是「是」（is），一個是「不是」（is not）。於是，由S和P組成的命題可以有以下四種組合方式，和對當關係。

(二)命題的四角對當

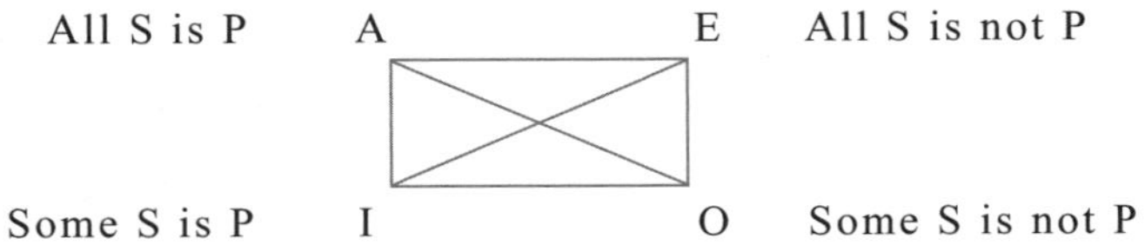

A命題與E命題的關係是全反對。

I命題與O命題的關係是小反對。

A命題與I命題，E命題與O命題的關係是差等關係。

A命題與O命題，E命題與I命題的關係是矛盾關係。

㈢三段論法必須遵循下列規則：

1. 名詞只能有三個：大詞（P）、中詞（M）和小詞（S）。
2. 在結論中周延的名詞，在前提中也必須周延。
3. 結論中不可以有中詞。
4. 中詞至少要周延一次。
5. 兩前提皆為否定，沒有結論。
6. 兩前提皆為肯定，結論肯定。
7. 結論必隨較弱的前提。（否定句式或特稱句式為較弱的句式）
8. 兩前提皆為特稱，沒有結論。

如果一個範疇項被稱為是周延（distribute）的，那麼表明這個範疇的所有個體都被涉及到。A命題與E命題的主詞概念都是周延的，E命題與O命題的謂詞概念都是周延的；意即全稱的主詞與否定的謂詞都是周延的，其餘則不是周延的。

㈣ 四種格（Figure）

	第1格	第2格	第3格	第4格
大前提	**M**-P	P-**M**	**M**-P	P-**M**
小前提	S-**M**	S-**M**	**M**-S	**M**-S
結論	S-P	S-P	S-P	S-P

根據中詞的在大小前提的位置組合的方式，可以判斷推論的形式屬於第幾格。

三段論式的三個命題（大前提、小前提、結論）都可以有A、E、I、O四種組合的機會，再加上四種格的排列，所以總共可以有4×4×4×4=256種組合，但是結合八條規則的篩選，就剩下以下十九種有效的樣式。中世紀的邏輯學者把這幾個有效論證的樣式用各種不同的拉丁名詞的母音來幫助學生記憶。

第1格	第2格	第3格	第4格
Barbara	Cesare	Darapti	Bramantip
Celarent	Camestres	Disamis	Camenes
Darii	Festino	Datisi	Dimaris

第1格	第2格	第3格	第4格
Ferio	Baroco	Felapton Bocardo Fresison	Fesapo Fresison

五、本書值得關注的重點

本書共有八章，合計共有六十二個小節。礙於篇幅不能一一介紹，但是從各章的內容中盡可能挑出二、三個值得關注的重點，以助讀者們理解從亞氏邏輯遞嬗到現代邏輯的變化。

第一章第一節〈亞里士多德式三段論的正確形式〉，作者首先舉例許多著作舉例說明亞里士多德式的三段論式如下：

(1) 所有人都是有死的，
蘇格拉底是人，
所以，蘇格拉底是有死的。

作者認爲這是逍遙學派的三段論，不是亞里士多德的三段論式。主要的理由在於小前提的主詞「蘇格拉底」是一個單稱詞，而亞里士多德的系統裡不包括單稱詞。

本書作者認爲眞正的亞里士多德式的三段論的形式應該是：

(6) 如果A表述所有的B
並且B表述所有的C，
那麼A表述所有的C。

因爲，亞里士多德總是把謂詞項放在前面，主詞項放在後面。其理由在於這個解說的根據在於亞里士多德原文的基礎之上。

亞里士多德的系統中的命題之所以不包括單稱詞，因爲三段論的三個詞（大詞、中詞、小詞）都可能作爲主詞和謂詞，但是謂詞在一個命題中具備包括主詞的功能，如果這個謂詞是單稱詞，那麼單稱詞如何包括另一個詞，顯然於理不通，所以亞里士多德的三段論不包括單稱詞。

第二章聚焦在有效論證形式的四個格的問題，在第九節〈三段論的格〉裡，作者指出「把三段論劃分爲各個格只有一個實際的目的：我們需要確實知道沒有眞的三段論式被漏掉。」（譯文中的「眞的」應該翻譯爲「有效的」較爲恰當〔原版譯文第三十四頁〕）歷史上爭論的焦點認爲亞里士多德只肯定了前三個格，而第四格是由第二世紀的一個名爲加侖的哲學家所發現。但是作者對此抱持懷疑的態度。作者認爲亞里士多德提出第四格是在相關著作寫就之後才發表出來的，時序上稍晚出現。而所謂加侖發現的第四格，作者認爲是複合三段論，這是另一種有別於前三格都是簡單三段論的格。

第三章對亞里士多德的三段論做一個系統性的檢討。在第十五節討論完全的和不完全的三段論。完全的三段論是自明的語句，都是三段論的公理。而不完全的三段論不是自明的，必須借助於一個或多個前提而得到證明。

在第十六節討論述詞邏輯（predicative logic）與命題邏輯（propositional logic）。例如：All S is P.這是一個述詞邏輯的樣式，它的構成基本單子在於主詞與述詞的關係。另外，若P則Q。這是一個命題邏輯的樣式。P和Q都是一個完整表述的命題，邏輯推理的程序都以命題作爲推理的單元。接下來探討各種證明的方法。

第十七節討論換位法證明。所謂「換位」的意思就是原來命題的主詞和謂詞交換，但是要維持爲眞的推論。例如E命題：All S is not P，可以換成All P is not S，這兩個命題都是眞的，而且都還是E命題。但是如果是A命題：All S is P，換位的話變成I命題：Some P is S，兩命題都眞。另外「換質」的意思是把繫詞的肯定或否定調換。例如A命題：All S is P，可以換質成E命題：All S is not ~P，兩命題皆眞。

第一章到第三章的內容在於從邏輯史的發展觀點來檢視討論的問題，這是爲後面的現代邏輯鋪陳邏輯思想的淵源。從傳統邏輯開始，就圍繞著三個主要的方向發展：概念、判斷、推理。概念代表一個事物的「類」，它的前面可以有兩種量詞，即「全部」或「有些」；而判斷則是比較兩個「類」概念彼此之間相合或不相合，用「是」或「不是」作爲繫詞來構成肯定或否定的判斷；從單一的判斷或多個判斷彼此之間的連繫關係，可以「推理」出新的判斷。如此就促成知識的擴增。傳統邏輯使用我們的日常語言來說明這個推理過程，但是現代邏輯把這些邏輯的構成元素全部符號化，就如同數學對於量的變化給予符號化的表示。這個做法有益於避免語言內涵的分歧理解，每個符號都有限定的定義，這對於習慣使用各自語言（即自然語言）的討論者，都可以約束在相同的理解內容中進行推論。

第四章〈用符號形式表達的亞里士多德系統〉，作者開宗明義地說明：「它的目的是根據現代形式邏輯的要求，但與亞里士多德本人所陳述的觀念密切連繫，構造一個非模態三段論的系統。」這樣做的目的可以讓表達的意思更加明確減少歧義。我們可以把日常語言改寫成精簡的符號化命題，包括常項與變項用大小寫的字母來代替，命題與命題之間的運作關係，也可以建立一套符號系統，再加上可以協助推理的公理或推理規則，如此精確化了邏輯推理的明確性，並且使我們在檢驗論證的過程更加精簡、明確。

舉例而言，亞氏四種判斷形式A，E，I，O，配上主詞（a代表）與謂詞（b代表），可以寫成Aab，Eab，Iab，Oab。接著舉例三段論式第一格的Barbara（即AAA），可以寫成CKAbc Aab Aac，C表示「如果」，K表示「並且」。原本用日常語言的冗長表述，可以變成精簡的符號式，而且不必擔心被誤解。接下來的進一步推演都是在這個體系下發展出來。

第五章〈判定問題〉，在本章中提到如何檢驗一個推理的正確性的問題。在本章提到用圖式的畫圈圈來檢視三段論式的三個詞的含涉關係，或是簡化成原始的A，E，I，O四種命題形式，即所謂的「化歸爲初等表達式」。另外提及萊布尼茲對亞里士多德三段論系統的算數的解釋。亞里士多德邏輯和現代邏輯的差異之一，是亞里士多德邏輯專注於主詞的量詞，以及主詞、謂詞的相合或不相合；而現代邏輯則是在多個命題之間用「若……，則……。」，「……或……」，「……且……」來連結。

第六章〈亞里士多德的模態命題邏輯〉，模態邏輯與定言邏輯有所不同。本書之前討論亞里士多德的邏輯所採用的命題爲定言邏輯。它使用定言命題來構成論證形式。定言命題的構成以繫詞的「是」或「不是」來構成。相對的模態邏輯的繫詞不同於此。亞里士多德使用四個模態名詞：必然，偶然，可能，不可能；它們只能用於命題的連用，而不是插入命題之中。

在本章第四十三節討論「分析命題」，即是：謂詞概念包括於主詞概念之中的命題就是分析命題。這樣的例句如：「每一個人『必定』是動物」。這是從「人」的本質定義分析出來的結果。與此相對就有偶然命題，它的特徵是這個命題的內容既可以發生，也可以不發生，例如：「這裡的每一個男人『可能』都已婚」。因此，如果多種不同形式的模態命題混合在一起構成三段證，顯然將發生困難。

第七章〈模態邏輯系統〉，提及「眞值表方法」這是可以運用於一切邏輯系統。根據所有變元的眞值（1或0）列舉全部的可能性，依循邏輯運作元的定義，排列出推理結果的眞值情形。在本章中對於眞值表的推演，從二值、四值到八值，這裡呈現一切的邏輯命題不是只有眞假兩者，它們中間可以存在著不同等級的可能性。這就是模態邏輯的特徵之一，也可以稱之爲多值邏輯。

第八章〈亞里士多德的模態三段論〉，在本章中檢討亞里士多德的各種模態命題所構件的三段論證的檢驗。作者在最後的評論中提到：「亞里士多德的模態命題邏輯不論從歷史的觀點還是從系統的觀點來看，對於哲學都具有重大的意義。」從這段話來看，就可以理解現代的邏輯發展，並非橫空出世，而是與亞里士多德的原創邏輯有著千絲萬縷的關聯性，所以本書作者才會以他對當代邏輯的發展來重新檢視亞氏邏輯。這也是本書如此命名的原由，其實帶有幾分向亞里士多德致敬的意味。

第一章

亞里士多德三段論系統的要素

一、亞里士多德式三段論的正確形式

在最近出版的三部哲學著作中，對亞里士多德式三段論都舉了以下的例子：❶

(1) 所有人都是有死的，
　　蘇格拉底是人，
　　　所以
　　蘇格拉底是有死的。

這個例子似乎是很古老的。塞克斯都．恩披里可曾稍加修改（以「動物」代替「有死的」）把它作爲「逍遙學派的」三段論加以援引。❷但是，一個逍遙學派的三段

❶見恩斯特．卡普：《傳統邏輯之希臘基礎》，紐約一九四二年版，第十一頁。弗裡德里克．科普勒斯頓（耶穌會士）：《哲學史》第一卷，「希臘與羅馬」一九四六年版，第二七七頁。伯特蘭．羅素：《西方哲學史》上卷，中譯本，商務印書館一九七六年版，第二五三頁。

❷塞克斯都．恩披裡可：《皮浪的基本原理》ii.164，「蘇格拉底是人，所有人都是動物，所以蘇格拉底是動物。」在稍前幾行中，塞克斯都說，他將談到主要是逍遙學派使用的所謂直言三段論。又見同書ii.196，在該處引用這同一個三段論時，它的前提是調換過的。

論不必即是一個亞里士多德式的三段論。事實上，上面所舉的例子，在兩個邏輯要點上都有別於亞里士多德式的三段論。

第一，「蘇格拉底是人」這個前提是一個單稱命題，因爲它的主項「蘇格拉底」是一個單一詞項。而亞里士多德並未將單一詞項或單稱前提引入他的系統。因此，下面的三段論將較合於亞里士多德式一些：

(2) 所有人都是有死的，
所有希臘人都是人，
所以
所有希臘人都是有死的。❸

然而，這個三段論仍然不是亞里士多德式的。它是一個推論，當承認「所有人都是有死的」和「所有希臘人都是人」這兩個前提爲眞時，即可得出結論：「所有希臘

❸ 羅素：前引書第二五三頁，他在形式(1)之後直接地提出形式(2)：在括號中加上說明：「亞里士多德沒有區分這兩種形式；我們在後面會看到，這是一個錯誤。」當羅素說這兩個形式必須區別開時，他是對的，但他的批評不應當用於亞里士多德。

人都是有死的。」一個推論的特徵記號是「所以」（ἄρα）這個字。但，亞里士多德構造的三段論原來不是一個推論，它們都不過是一些由前提的合取式作爲前件、由結論作爲後件的蘊涵式罷了。這就是第二點不同。因此，一個眞正的亞里士多德式三段論的例子將是下面的這個蘊涵式：

(3) 如果所有人都是有死的
　並且所有希臘人都是人。
　那麼所有希臘人都是有死的。

這個蘊涵式只不過是亞里士多德式三段論的一個現代的例子，它並不存在於亞里士多德的著作中。當然，最好是有亞里士多德本人所舉的三段論來作例子。不幸，在《前分析篇》中沒有找到任何帶有具體詞項的三段論。但在《後分析篇》的有些段中可以找出那樣的三段論。其中最簡單的是這一個：

(4) 如果所有的闊葉植物都是落葉性的
　並且所有葡萄樹都是闊葉植物，

那麼所有葡萄樹都是落葉性的。❹

所有這些三段論，不論是否亞里士多德式，都僅僅是某些邏輯形式的實例，而並不屬於邏輯，因爲它們包括著並不屬於邏輯的詞項，例如「人」或「葡萄樹」。邏輯並不是關於人或植物的科學。它不過是應用於這些對象而已，猶如它應用於任何別的對象一樣。爲了得到一個純邏輯範圍內的三段論，我們必須從這個三段論中除去可以稱之爲材料（matter）的東西，而僅僅留下它的形式。這是亞里士多德所作過的，他引進字母以代替具體的主項與謂項。在(4)中，令字母A代「落葉性的」，字母B代「闊葉植物」，字母C代「葡萄樹」，並且如像亞里士多德所作的那樣，所有這些詞項都用單數，我們得到下面的這個三段論形式：

---

❹《後分析篇》，ii.16, $98^{b}5$—10，「令A為落葉性的，B為具有闊葉，C為葡萄樹。於是，如果A屬於B（因為所有闊葉植物都是落葉性的），而B屬於C（所有葡萄樹均具有闊葉）；那麼A就屬於C（所有葡萄樹都是落葉性的）。」從這個略有疏忽地寫出的段落裡——在「屬於B」，「屬於C」，「就屬於C」的B、C之前都應加上「所有的」三字——我們得到以下的帶具體詞項的三段論：「如果所有闊葉植物都是落葉性的，並且所有葡萄樹都是闊葉植物，那麼所有葡萄樹都是落葉性的。」

(5) 如果所有B是A
並且所有C是B，
那麼所有C是A。

這個三段論是亞里士多德所發現的邏輯定理之一，但是，就是它在體例上也有別於眞正的亞里士多德式三段論。在借助於字母形成三段論時，亞里士多德總是把謂項放在前面而把主項置於後面。他不說「所有B是A」而代之以「A表述所有的B」的表達方式，或更經常地用「A屬於所有的B」。❺將這裡的第一個表達方式用於形式(5)，我們可以得到最重要的一個亞里士多德式三段論，即後來稱之爲「Barbara」的精確的譯文：

(6) 如果A表述所有的B
並且B表述所有的C，
那麼A表述所有的C。❻

❺ τὸ A κατηγορεῖται κατὰ παντὸς τοῦ B或τὸ A ὑπάρχει παντὶ τῷB.又見第四十一頁注❹❶。

❻《前分析篇》，i.4, 25ᵇ37，「如果A表述所有的B，並且B表述所有的C，A就必定表述所有的

由沒有根據的例(1)開始，這樣一步一步地推移，我們達到了眞正的亞里士多德式的三段論(6)。讓我們現在來說明這些步驟並把它們建立在原文的基礎之上。

二、前提和詞項

每一個亞里士多德式的三段論包括有三個叫作前提的命題。一個前提（πρότασις）是一個肯定或否定某物爲某物的語句。❼在這個意義上，結論也是一個πρότασις（前提），因爲它陳述關於某物的某物。❽一個前提中所包括的兩個元素就是它的主項和謂項。亞里士多德把它叫作「詞項」（ὅρος, term）他把詞項定義爲前提分解於其中的那個東西。❾希臘文ὅρος以及拉丁文terminus原來的意思乃是「限定」（limit）或「界限」（boundary）。前提的詞項，即它的主項和謂項，乃是前提的限定，即它的開頭和結尾。這就是ὅρος一詞的確切的意思，並且我們應當注意不要把這個邏輯的詞等同於那些心理學的或形而上學的詞，如「觀

C。」ἀνάγκη（必定）一詞在這句譯文中略去了，將在後面解釋。（見5，譯者注）

❼《前分析篇》，i.$24^{a}16$，「一個前提就是肯定或否定一物為另一物的語句。」

❽同上，ii.1, $53^{a}8$，「結論陳述有關另一確定事物的一個確定的事物。」

❾同上，i.1, $24^{b}16$，「我把前提分解於其中的東西稱為詞項，即是謂項與主項。」

念」（idea）、「意念」（notion）、「概念」（concept）或者德文的Begriff。❿

每一個前提或是全稱的，或是特稱的，或是不定的，「所有的」和「沒有」加於主項是全稱的記號，「有些」和「有些不」或「並非所有」是特稱的記號，沒有量詞即沒有全稱或特稱的記號的前提稱爲不定的，例如「快樂不是善」。⓫

在《前分析篇》中，關於詞項沒有說什麼。普遍和單一詞項的定義只在《解釋篇》中提出，如一個詞項具有表述許多主項那樣一種性質，就叫作普遍的，如

---

❿ 亞里士多德也把ὅρος一字當作ὁρισμός（即「定義」）的意義來使用。我極為同意E.卡普的意見，他說（前引書，第二十九頁）ὅρος一字的這兩種不同的意義「是完全彼此獨立而且未曾被亞里士多德本人混淆過的。但是不幸的是像卡爾．普蘭特爾這樣的學者……竟把他關於亞氏邏輯的圖景安置在這種同音異義詞之上……他把一個無意義的邏輯的horos*（term，詞項）和在定義意義下的horos（在普蘭特爾是德文Begriff）的形而上學的相關意義等同起來。其結果是災害性的混淆。」

* 按horos是希臘文ὅρος的拉丁文拼音。——譯者

⓫ 《前分析篇》，i.1, 24ᵃ17（第二十三頁注❼所引原文的繼續），「這或者是全稱的，或者是特稱的，或者是不定的。全稱的我指的是陳述某物屬於所有的某物或屬於無一某物；特稱指的是屬於有些或不屬於有些或屬於並非所有的某物；不定的指的是屬於或不屬於某物而沒有任何標誌表明它是全稱還是特稱，例如：相反的東西是同一門科學的主題，或者：快樂不是善。」

「人」；一個詞項不具有這個性質就叫作單一的，如「卡里亞」。⓬亞里士多德忽略了一個非普遍詞項並不必定是單一的，因爲它可以是空的，如像他本人在幾章之前所引用的詞項「羊鹿」（goat-stag）。⓭

亞里士多德在建立他的邏輯的時候，並沒有對單一的或空的詞項給以注意。在包括他的三段論理論的系統解說的《前分析篇》前幾章中，只有普遍詞項被談到了。亞歷山大公正地指出，亞里士多德所給的關於前提定義僅僅適用於普遍詞項而不適用於個體的或單一的詞項。⓮顯然，全稱和特稱前提的詞項必須是普遍的。亞里士多德當然不會認爲像「所有卡里亞是人」或「有些卡里亞是人」這種表達式是有意義的，如果僅僅只有一個卡里亞的話。關於不定前提的詞項也必須如此看待：它們同樣是普遍的。這是由亞里士多德爲它所取的名字以及他所給出的例子而來

⓬《解釋篇》，7, 17ª39，「我用『普遍的』一詞所指的是那些詞項，它們具有表述許多主項那樣一種性質；我用『單一的』一詞指的是那些詞項，它們不能像那樣表述。如『人』是普遍的，『卡里亞』是單一的。」（卡里亞是一希臘人名。——譯者注）

⓭同上，i.16ª16 τραγέλαφος（羊鹿）。

⓮亞歷山大注釋本100.11，「至於感覺上和數目上單一的東西，那麼，不論是全稱前提，還是一般地把前提劃分（διορισμὸς）為全稱與特稱，或者那種僅僅適用普遍詞項的前提的劃分，對於它們都是不適用的。個別的東西不是普遍的東西。」參看同書65.26。

的。一個人不能決定說「沒有快樂是善」是眞的或僅說「有些快樂不是善」才是眞的時，就可以用不限定主詞的量的方式說：「快樂不是善。」但在這最後一句中的「快樂」，猶如在前兩句中一樣，仍是一個普遍詞項。亞里士多德在其全部三段論理論的全面系統解說中，實際上對待不定前提一如對待特稱前提，但是沒有明白地陳述它們之間的等值。⑮這一點是亞歷山大才做到了的。⑯

不定前提在亞里士多德的邏輯系統中是不重要的。亞里士多德沒有用這類前提構造任何邏輯斷定命題（logical thesis），不論是一條換位定律還是一個三段論。它們被後來的邏輯學家去掉而只保留了爲傳統邏輯的學習者熟悉的四種前提，即全稱肯定、全稱否定、特稱肯定，以及特稱否定。這樣做是對的。在這個四重劃分之中，沒有爲單稱前提留下什麼地位。⑰

---

⑮ 例如，見《前分析篇》，i.4, 26^{a}29，「無論前提是不定的還是特稱的，我們將有相同的三段論。」或7, 29^{a}27「這也是顯然的，用一個不定的肯定（前提）替換特稱肯定（前提）將會在各格中產生同樣的三段論」。

⑯ 亞歷山大注釋本30.29，「他沒有談到不定的前提（亦即關於不定前提的換位），因為它們在三段論中是完全無用的，並且可以把它們看作與特稱是相等的。」

⑰ 關於單稱命題可看作構成全稱命題的一個子類這種斷定所作的論證——比如，見J.N.凱因斯：《形式邏輯》，倫敦一九〇六年版，第一〇二頁——在我看來是完全錯誤的。

三、爲什麼單一詞項被亞里士多德略去了

在《前分析篇》中，有一章頗爲有趣，在那裡亞里士多德把一切事物劃分爲三類。他說，有些事物根本不能眞正地表述任何事物，如「克里翁」（Cleon）和「卡里亞」（Callias）以及個別地可感覺的事物，但其他事物，比如，人或動物，可以表述它們。另外有些事物爲第二類，它們自身表述他物，但沒有什麼先於它們的東西來表述它們。對這類事物沒有舉出例來，但是很明顯，亞里士多德是指那些最普遍的東西，如像存在（being, τὸ ὄν）。屬於第三類的是那些事物，它們可以表述別的事物，並且別的事物也可以表述它們，例如，人表述卡里亞，而動物表述人，並且亞里士多德得出結論說，論證和研究通常都是關於這類事物的。⑱

在這一段話中，有一些不精確之處，必須首先加以改正。說一個事物可以表述另一個事物是不正確的。事物是不能表述的，因爲一個謂詞是命題的一部分，而一

⑱《前分析篇》，i.27, 43^a25—43，「在所有存在的事物中，有一些是不能真正地和普遍地表述任何別的事物，如克里翁和卡里亞，即是個體的和可感知的東西，但是其他事物可以表述他們（因為他們之中的每一個都同時是人又是動物）；而有一些事物本身表述其他事物，但是沒有什麼在先的事物來表述它們；還有一些事物表述其他事物，而其他事物也表述它們，如人表述卡里亞，而動物表述人。……並且，論證和研究通常都是有關這類事物的。」

個命題是具有某種意義的一系列口說或書寫的詞。詞項「卡里亞」可以表述另一個詞項，但不是卡里亞這一事物去表述。這裡所作的分類不是劃分事物而是劃分詞項。

說個體的或單一的詞項，像「卡里亞」，不能眞正地表述任何東西也是不對的。亞里士多德本人曾給出帶有單一詞項的謂詞的眞命題，像「那個白色的東西是蘇格拉底」或「那個走來的人是卡里亞」。⑲亞里士多德說這樣的命題是「偶然」的眞。還有這一類的其他例子並非僅僅偶然是眞的，如「蘇格拉底是蘇格拉底」或「索福羅里斯庫斯（Sophroniscus）是蘇格拉底的父親」。

第三點不精確之處，是關於亞里士多德從這個詞項分類所得出的結論。認爲我們的論證與研究通常總是有關那些可以表述別的詞項，又可爲別的詞項表述的普遍詞項，這不是眞的。明顯地，個體詞項不僅是在日常生活中，同樣在科學研究中也是與普遍詞項同等重要的。亞里士多德邏輯的最大缺點是單一詞項和單稱命題在其中沒有地位。原因何在呢？

⑲《前分析篇》，i.27, 43^a33，「因為通常每個在感性上被感知的事物是不能表述任何事物的，除非是偶然的情況：因為我們有時候說那個白色的東西是蘇格拉底，或者說那個走來的人是卡里亞。」

在哲學家中間有這樣一種意見：亞里士多德是在柏拉圖哲學的影響之下來構造他的邏輯體系的；因爲柏拉圖相信眞的知識的對象必須是穩固的，並且能夠有精確的定義，那就是普遍的東西而不是單一的東西。我不能同意這個意見。它不能從《前分析篇》本文中得到證實。這部純粹邏輯著作完全免除了任何哲學的污染；上面所引述的那一段也是如此。我們的研究都是涉及普遍詞項這個論點，通常是一個實際上有的論點，然而這個論點是非常弱的，而亞里士多德必定感到了它的脆弱，但是它不是由從柏拉圖那裡借用來的任何哲學論點所確定的。

但還有値得注意的另外一點會有助於闡明我們的問題。亞里士多德強調一個單一詞項是不適於作爲眞命題的謂項的，而一個最普遍的詞項則不適於作那樣的命題的主項。第一個斷定，如我們已經看到的，並非普遍地是眞的。而第二個斷定也似乎是錯的。但這些斷定是眞還是假都是無關緊要的。只要了解到這一點就夠了：亞里士多德把它們當作是眞的，並且把他認爲不適於在眞命題中既可作主項，又可作謂項的那些類的詞項從他的系統中排除掉了。在我看來，這裡就是我們的問題的主要點。同一詞項既可用作主項，又可用作謂項而無任何限制，對於亞里士多德三段論理論具有根本的意義。在亞里士多德所知的全部三段論的三個格中，都有一個詞項一次作爲主項出現，另一次作爲謂項出現：它在第一格中就是中詞，在第二格中就是大詞，而在第三格中就是小詞。在第四格中，所有的三個詞項都同時既作爲主項又作爲謂項出現。亞里士多德所設想的三段論要求詞項在它們作爲主項和謂項的可能的位置方面是齊一的。這似乎是爲什麼單一詞項被亞里士多德略去了的眞正理由。

四、變項

在亞里士多德對其三段論理論的系統闡述中，沒有舉過用具體詞項構成的三段論的例子。僅僅對不正確的前提組合，才用具體的詞項來舉例說明。這些詞項當然都是普遍的，像「動物」、「人」、「馬」。在正確的三段論中，所有的詞項都是由字母代表的，也就是說，是由變項代表的。例如「如果R屬於所有S並且P屬於有些S，那麼P屬於有些R」。[20]

把變項引入邏輯是亞里士多德的最偉大的發明之一。就我所知，一直到現在沒有一個哲學家或語言學家注意到這個最重要的事實。[21]這幾乎是令人難以置信的。

---

[20]《前分析篇》，i.6, $28^{b}7$，「如果R屬於所有S，且P屬於有些S，P必定屬於有些R。」這是一個調換了前提的第三格的式，後來稱為Disamis。

[21]我很高興地知道大衛·羅斯爵士在他的《分析篇》的版本第二十九頁強調說：亞里士多德因使用變項而成了形式邏輯的創始人。

我敢於說，他們必定全都是壞的數學家，因爲每一個數學家都知道把變元引入算術在這門科學中開始了一個新的時代。似乎亞里士多德把他的發明看作是完全明白而不需要任何解釋的，因爲在他的邏輯著作中，任何地方也沒有提及變項的問題。亞歷山大第一個明顯地談到亞里士多德用字母（στοιχεῖα）來表達他的理論，以便表明我們獲得結論不是由於前提的內容的緣故，而是由於前提的形式及其組合的緣故；字母是普遍性的標誌，並且表明這樣的結論總會得出，對於我們所選取的任何詞項都如此。㉒還有另一位注釋者，約翰·菲洛波努斯，他也完全覺察到了變項的意義與重要。他說，亞里士多德在用實例表明每一個前提如何可以換位之後，採用字母代替詞項，陳述了某些換位的普遍規則。因爲一個普遍性的句子可被一個假的例子所反駁。但是它的證明或者是通過所有特殊事例（這是一種沒有終結的，並且是不可能的做法），或者是用陳述一個明白的普遍規則來進行。這裡，亞里士多德所提出的規則是用字母表示的，並且允許讀者可以用他所需要的任何具體詞項來替

㉒亞歷山大53.28，「理論借助於字母來敘述，以便證明結論的得出不是由於內容的緣故，而是由於格、前提的組合和式的緣故。在三段論的活動方式中，主要的作用不在於內容，而在於結合本身；字母能夠證明，所得到的結論具有普遍性，永遠保持自己的作用，和適用於所有被理解的東西。」

代（ὑποβάλλειν）那些字母。㉓

我們已經知道只有普遍詞項可以替代變項。在前面我們引證過的例子中㉔，亞里士多德進行了這樣的替代，他說，「令A爲落葉性的，B—闊葉植物，C—葡萄樹」。這是在《後分析篇》中我們所遇到的唯一的一種替代。亞里士多德從來沒有用另一變項B來替代變項A，雖然他完全知道同一個三段論的式可以用不同的變項來構成。例如本節開始時所引的Disamis式由字母R、S、P構成；在別處它卻由C、B、A構成。㉕顯然，一個三段論的正確性並不依賴於構成它的變項的外形：亞里士多德知道這一點，雖然沒有說過。再一次明白地述說了這個事實的也是亞歷山大。㉖

㉓ 菲洛波努斯46.25，「借助於例子你證明諸前提中的每一個是怎樣地換位，……當你用字母替代詞項時，你就給出了普遍的規則……一個例子就可以反駁一般陳述。當我們尋求普遍規則時，就要求或者觀察所有的特殊場合（這是不可能和無止境的做法），或者我們由於普遍規則而獲得確信。現在，這個普遍規則借助字母而提供出來：在任意地以任何的具體詞項代替字母時，它們都可以使用。」

㉔ 見第二十一頁的注❹。

㉕ 《前分析篇》，ii.7, 59^a17，「如果C屬於所有的B並且A屬於有些B，A必定屬於有些C。」

㉖ 亞歷山大380.2，「結合的得出不是由於B與C同A是一樣的。如果我們用另外的字母來代替它們

在《前分析篇》中沒有地方將兩個不同的變項等同起來。甚至當相同的詞項爲兩個變項代替時，這兩個變項也不是等同的。在《前分析篇》第二卷中，亞里士多德討論了一個三段論式是否能用對立的前提組成的問題。他說，這在第二格和第三格是能做到的。他接著說，令B和C同時都表示「科學」，而A表示「醫學」。如果一個人假定「所有醫學都是科學」並且假定「沒有醫學是科學」，他就假定了「B屬於所有A」以及「C屬於無一A」，所以就得到「有些科學不是科學」。[27]這個涉及的三段論式是這樣的：「如果B屬於所有A並且C屬於無一A，那麼C不屬於有些B。」[28]爲了從這個式得到具有對立前提的三段論，把變項B和C等同起來就行了，即用B代替C。由這個替代，我們得到：「如果B屬於所有A並且B屬於無一A，那麼B不屬於有些B。」使用具體詞項（如「科學」與「醫學」）的費

的話，在那樣的情況下，結合也會得到。」

[27] 《前分析篇》，ii.15, $64^{a}23$，「令B與C表示科學，A表示醫學。如果一個人要假定所有醫學是科學並且沒有醫學是科學，那他就是假定了B屬於所有的A而C屬於無一A，從而一門特殊的科學將不是一門科學了。」

[28] 這個三段論是帶有調換了前提的第三格的式，後來稱為Felapton。在系統闡述三段論時，它是由字母R、S、P所構成的。見同書i.6, $28^{a}26$，「如果R屬於所有S，並且P屬於無一S，這裡會有一個三段論證明P必定不屬於有些R。」

力與繞彎子的方式，完全是不必要的。這個問題的直接了當的方式，即將變項等同的方式，似乎未曾被亞里士多德看到。

亞里士多德知道像「有些科學不是科學」這樣的句子不能是眞的。㉙這樣的句子的普遍化，「有些A不是A」（即「A不屬於有些A」）同樣必假。亞里士多德不大可能已知道這個公式；又是亞歷山大看到了它的假，並且把這個事實應用於證明全稱否定前提換位定律。他作出的證明是用歸謬法：如果前提「A屬於無一B」不能換位，讓我們假定B屬於有些A。從這兩個前提，由一個第一格的三段論，我們得到一個荒謬的結論：「A不屬於有些A。」㉚顯然，在亞歷山大的心中有一個後來稱爲Ferio的第一格的式：「如果A屬於無一B且B屬於有些C，則A不屬於有些C」，㉛並且在這個式中，他用A來代C，把變項A與C等同。這大概是從古

㉙《前分析篇》，ii.15, 64^b7，「這也是很清楚的，從幾個假前提可以得出一個真結論，……，但如果前提是對立的，則不可以得出。因為這個三段論總是與事實相反的。」

㉚亞歷山大34.15，「借助第一格的三段論可以得到歸謬的證明。假定A不屬於任何B；假使有人斷定全稱否定前提的換位是不可能的。在此情況下B屬於有些A。用第一格會得到A不屬於有些A，而這是荒謬的。」

㉛《前分析篇》，i.4, 26^a25，「如果無一B是A，但有些C是B'，那麼就必定有些C不是A。」

代材料中引出的用替代法來論證的最純粹的例子了。

五、三段論的必然性

後來稱之爲Barbara的第一個亞里士多德式三段論，如我們已經看到的，[32]可以由下面的蘊涵式表示：

如果A表述所有的B
並且B表述所有的C，
那麼A表述所有的C。

但在這個公式和眞正的希臘文原本之間還有差別。這兩個前提的譯文都與希臘文本相同，但結論的精確的翻譯應當是：「A必定表述所有的C。」這「必定」（ἀνάγκη）一字是所謂「三段論的必然性」的記號。亞里士多德在幾乎所有包括

[32] 見第二十二頁注6。

變項並表示邏輯定律，即換位律或三段論定律㉝的蘊涵式中都使用它。

然而，在有些三段論中，這個字被省掉了；例如下面這個亞里士多德式的Barbara式：「如果A屬於所有的B並且C屬於所有的A，那麼，C屬於所有的B。」㉞由於在有些三段論中省去這個字是可能的，那麼把它完全從所有三段論中消掉也必定是可能的。因此，讓我們看看這個詞意味著什麼，並且亞里士多德爲什麼用它。

這個問題看來是簡單的，而且是由亞里士多德本人偶然地在處理換位律時所暗含地解決了的，他說：「如果A屬於有些B，B應屬於有些A就是必然的；但如果A不屬於有些B，B不應屬於有些A就不是必然的了。」因爲，如果A代表「人」並且B代表「動物」，有些動物不是人是眞的，但有些人不是動物就不是眞的，因爲所有人都是動物。㉟我們從這個例子看到亞里士多德使用必然性記號於一個眞蘊

㉝見頁三十注㉑，頁三十二注㉕，頁三十三注㉘；上面的注。

㉞《前分析篇》，ii.11, $61^{b}34$，「如果A屬於所有的B，並且C屬於所有的A，那麼，C屬於所有的B。」

㉟同上，i.2, $25^{a}20$—26，「如果有些B是A，那麼有些A的分子必定是B，……但是，如果有些B不是A，那麼有些A的分子應不是B就沒有必然性了；例如，令B表示動物而A表示人。並非每個動物都是人；但每個人都是動物。」

涵式的後件，以便強調這個蘊涵式對於出現於其中的變項的所有值而言都是眞的。由此我們可以說「如果A屬於有些B，B應屬於有些A就是必然的」，因爲這是眞的：「對於所有A，並且對於所有B，如果A屬於有些B，則B屬於有些A。」但我們不能說「如果A並不屬於有些B，B應不屬於有些A就是必然的」，因爲，「對於所有A並且對於所有B，如果A不屬於有些B，則B不屬於有些A」，不是眞的。正如我們已經看到的，對於A和B，有一些值來確證上面這個蘊涵式的前件，但不能確證它的後件。在現代形式邏輯中，像「對於所有A」或「對於所有B」（其中A與B都是變項）這樣的表達詞，都叫作全稱量詞。亞里士多德式三段論的必然性記號代表一個全稱量詞並且可以省略，因爲一個全稱量詞，當其位於一個眞公式之前時，可以省略。

當然，這對於學過現代形式邏輯的人來說是眾所周知的，但在大約五十年以前它確實不爲哲學家們知曉。因此，並不奇怪，他們之中的一位，海因裡希·邁爾，曾選定了這個問題作爲一種我認爲是糟糕的哲學思辨的基礎。他說㊱：「結論以必然的結果從前提得出。這個結果從三段論原則而產生，而其必然性非常恰當地揭示

㊱ H.邁爾：《亞里士多德的三段論》（*Die Syllogistik des Aristoteles*）卷ii b，杜平根一九〇〇年版，第二三六頁。

著推理作用的綜合力量。」我不懂得這最後一句話，因為我不能抓住「推理作用的綜合力量」這幾個字的意思。甚至，我不清楚「三段論原則」所指的是什麼東西，因為我不知道到底存在不存在任何這樣的原則。邁爾繼續他的思辨[37]：「根據我思考並表達的兩個前提，憑著存在於我思維中的強制力，必定也思考並表達出結論。」這個句子我自然能懂，但它顯然是錯的，你將容易看出它的錯誤，如果你思考著並讀出一個三段論的前提，如「所有A是C」以及「有些B不是C」，然而你讀不出從它們得出的結論。

六、什麼是形式邏輯

「通常說邏輯是形式的，這是僅就思想形式而言，亦即就我們思維的方式而言，而不管我們思維的各種特殊物件」。這是從凱因斯的著名的形式邏輯教科書中引來的。[38]這裡還有從科普勒斯頓神父的《哲學史》中引用的另一段話：「亞里士多德的邏輯通常名為形式邏輯。因為亞里士多德的邏輯是對思想形式的一種分

[37] 前引書，第二三七頁。

[38] 前引書，第二頁。

析——這是一個適宜的描述。」[39]

在這兩段引文中，我都讀到「思想形式」這個我所不懂的表達詞。思想是一種心理現象，而心理現象是沒有外延的。一個沒有外延的物件的形式指的是什麼呢？「思想形式」這表達詞是不精確的，並且這個不精確之處在我看來是來自一個錯誤的邏輯概念。如果你眞正相信邏輯是關於思想規律的科學，你就會傾向於考慮形式邏輯是對於思想形式的研究。

然而，認爲邏輯是關於思想規律的科學是不對的。研究我們實際上如何思維或我們應當如何思維並不是邏輯學的物件，第一個任務屬於心理學，第二個任務屬於類似於記憶術一類的實踐技巧。邏輯與思維的關係並不比數學與思維的關係多。當然，在你要進行推論或證明時，你必須思考，而在你需要解決數學問題時，同樣也必須思考。但是邏輯定律並不比數學定律在更大的程度上關係到你的思想。邏輯中的所謂「心理主義」乃是邏輯在現代哲學中衰敗的標誌。對這個衰敗，亞里士多德是絕不能負責的。系統解說三段論理論的全部《前分析篇》的通篇，沒有一個心理學的詞項。亞里士多德以一種直觀的確信知道什麼屬於邏輯，並且他所處理的邏輯

[39] 前引書，第二七七頁。

問題中，沒有像思維之類與心理現象相連繫的問題。

然則，根據亞里士多德的意見，什麼是邏輯的物件呢？並且他的邏輯爲什麼叫作形式的呢？對這個問題的答覆不是亞里士多德本人作出的，而是由他的後繼者逍遙學派作出的。

關於邏輯與哲學的關係在古希臘的不同哲學學派之間是有爭論的。斯多亞派主張邏輯是哲學的一部分，逍遙學派說它僅是哲學的一個工具，而柏拉圖主義者的意見是邏輯既是哲學的一部分又是哲學的工具。爭論本身並沒有多大趣味和重要性，因爲爭論問題的解決，看來大部分是一種約定。但是由阿蒙尼烏斯在其《前分析篇注釋》一書中所保存的逍遙學派的議論，值得我們注意。

阿蒙尼烏斯同意柏拉圖主義者，並且說：如果你採用帶著具體詞項的三段論，如柏拉圖用三段論證明靈魂不死時所作的那樣，那麼你就是把邏輯作爲哲學的一部分來對待；但是如果你把三段論作爲用字母陳述的純規則來看待，如「A表述所有的B，B表述所有的C，因此，A表述所有的C」，如逍遙學派遵循亞里士多德的教導所作的那樣，那麼你就是把邏輯作爲哲學的工具來對待了。[40]

[40] 阿蒙尼烏斯，10.36，「根據柏拉圖的意見並且真的說來，它（即指邏輯）不是哲學的一部分，斯多亞派與某些柏拉圖主義者認為它不僅是工具（如逍遙學派所認為的那樣），而且同時既是哲學

重要的是從這一段可以知道，按照追隨亞里士多德的逍遙學派學者們的意見，屬於邏輯的僅僅是變項中陳述的三段論規則，而不是它們在具體詞項中的應用。具體的詞項，亦即變項的值，叫作三段論的材料（ὕλη）。如果你把全部具體的詞項移去，而代之以字母，那麼，你就移去了三段論的材料，而所留下的就叫作它的形式。讓我們看這個形式包括一些什麼成分。

屬於三段論的形式的，除了變項的數目與配置之外，還有所謂「邏輯常項」。有兩個邏輯常項，即連接詞「並且」與「如果」，是輔助性表達詞，而且它們形成了比亞里士多德邏輯系統更基本的系統的一個部分。這一點，在以後將會看到。剩下還有四個常項，即「屬於所有的」、「屬於無一的」、「屬於有些」、「不屬於

的一部分，又是哲學的工具。如果你們採用帶有與具體物件相連繫的詞項，那麼它就是哲學的一部分，而如果你們採用與物件無關的純規則，那麼它就是哲學的工具。逍遙學派追隨亞里士多德認為它是工具。他們提出純規則，他們不採用物件作主語，而使規則與字母相協調。例如，『A表述所有的B，B表述所有的C，所以A表述所有的C。』論題『靈魂是不死的』三段論證明，是在下面幾行提出的（11.10）：靈魂是某種自動的東西，後者（指某種自動的東西。——譯者注）是某種永恆運動的東西，後者（指某種永恆運動的東西。——譯者注），就是某種不死的東西，所以靈魂是某種不死的東西。」

有些」。[41]它們是亞里士多德邏輯的特徵。這些常項代表著普遍詞項之間的各種關係。中世紀邏輯學家相應地用A、E、I、O來表示它們。全部亞里士多德的三段論理論，是借助於連接詞「並且」與「如果」，在這四個表達詞的基礎上構成的。因此，我們可以說：亞里士多德的邏輯是一種在普遍詞項領域內關於A、E、I、O關係的理論。

很明顯，這樣一種理論並不會比數的領域內關於大於和小於關係的理論與我們的思維的共同之處更多一些。的確，在這兩種理論之間有某些相似之處。例如，試將Barbara式三段論：

如果 a屬於所有的b
並且 b屬於所有的c，
那麼 a屬於所有的c，

---

[41] ὑπάρχειν παντί, ὑπάρχειν ούδενί, ὑπάρχειν τινί, ούχ ὑπάρχειν τινί=ύπάρχειν ού παντί.（屬於所有、屬於無一的、屬於有些、不屬於有些＝並非屬於所有）亞里士多德有時不用ὑπάρχειν（屬於）而用動詞κατηγορεῖσθαι（表述）。帶具體詞項的三段論均由εἶναι（是）構成，見第二十一頁注[4]、第二十二頁注[5]，以及下一節（第七節）。

與下列算術定律相比較。

如果 a 大於 b
並且 b 大於 c，
那麼 a 大於 c。

當然，這兩個定律之間是有種種差別的：變項的範圍不一樣，並且它們的關係也不同。儘管它們不同並發生在不同的詞項之間，但兩種關係有一個共同的性質：它們都是傳遞的，也就是說，它們都是下述公式的特殊情況：

如果 a 與 b 有 R 關係
並且 b 與 c 有 R 關係，
那麼 a 與 c 有 R 關係。

恰好這個事實是被後來的斯多亞派邏輯學家發現的，這是一件奇妙的事。「第一大於第二，第二大於第三，因此第一大於第三」這類論證，據亞歷山大說，斯多亞派稱之爲「不合法的論斷」（nonmethodically conclusive），而在它們的邏輯意義上，並不當作三段論來對待。雖然如此，斯多亞派把這類論證看作與直言三段論是相似的（ὅμοιοι）。㊷斯多亞派的這個意見（亞歷山大曾試圖駁斥它，但沒有提出令人信服的反面的論證）確證了這個推測：亞里士多德的邏輯是被看作一種關於特別關係的理論，猶如一種數學理論一樣。

七、什麼是形式化

形式邏輯（formal logic）與形式化的邏輯（formalistic logic）是不同的兩件事。亞里士多德的邏輯是形式的但不是形式化的，然而斯多亞派的邏輯既是形式的又是形式化的。讓我們解釋一下「形式化」在現代化形式邏輯中意味著什麼。

現代形式邏輯力求達到最大可能的確切性。只有運用由固定的、可以辨識的記號構成的精確語言才能達到這個目的。這樣一種語言是任何科學所不可缺少的。不是由詞構成的我們自己的思想，甚至於不能爲我們自己了解，而別人的思想，當其

㊷亞歷山大21.30，「斯多亞派認為是不合法的論斷，有如下面這樣的議論：第一大於第二，第二大於第三，所以第一大於第三。」同上，345.13，「這就是那些最新的一派人（即斯多亞派）稱為不合法的論斷。不把它們叫作三段論的那些人是談論得正確的，……認為它們類似直言三段論的人……是完全錯了。」

不具有一定外形時，那就只有有超人的視力的人才能把握它了。第一個科學眞理，爲了能被了解和確證，必須賦予人人知曉的外形。所有這些話似乎無可爭辯地是眞的。因此，現代形式邏輯對語言的精確性給予最大的注意。所謂形式化就是這個傾向的結果。爲了弄明白它是什麼，讓我們分析一下以下的實例。

邏輯中有一條推論規則，先前叫作：「肯定前件的假言推理（*modus ponens*）」，現在稱爲分離規則。根據這條規則，如果一個「如果α，那麼β」形式的蘊涵式被斷定了，並且這個蘊涵式的前件也被斷定了，我們就可以斷定它的後件β。爲了能應用這條規則，我們必須知道單獨斷定的命題α，與作爲蘊涵式前件的α表示著「相同的」思想。因爲只有在這個情況下，我們才許可進行推論。我們只有在兩個α嚴格地具有相同的外在形式時，才能陳述這一點。因爲我們不能直接地抓住由這些α所表達的思想，而兩個思想等同的必要條件（儘管不是充分條件）乃是它們的表達式的外部相等。例如，當斷定蘊涵式「如果所有哲學家都是人，那麼所有哲學家都是有死的」時，你還可以把「每一個哲學家是一個人」這個語句當作第二個前提加以斷定，但你卻不能由這些前提得到結論：「所有哲學家都是有死的」，因爲「每一個哲學家都是一個人」這個語句與「所有哲學家都是人」這個語句表示相同的思想，是沒有什麼保證的。必須要借助於一個定義來肯定：「每一個A是B」與「所有的A是B」的意義是相同的；在此定義的基礎上，把語句「每一個哲學家是一個人」用語句「所有哲學家都是人」來替換，只有如此，得出結論才會是可能的。從這個實例你能容易地了解形式化的意義。形式化要求相同的思想應當總是用由嚴格相同的方式排列起來的詞之嚴格相同的序列來表達。當一個證明按照這個原則構成時，我們就能夠僅僅在它的外在形式的基礎上控制它的正確性，而無須牽涉到證明中所用的詞項的意義。爲了從前提「如果α，那麼β」以及α，得出結論β，我們並不需要知道α或者β眞正指著什麼，只要弄明白包括在前提中的兩個α具有相同的外在形式就夠了。

亞里士多德及其後繼者逍遙學派都不是主張形式化的人，如我們已經看到的，亞里士多德在構成他的斷定命題時是不嚴謹的。這種不嚴格性的最顯著的情況就是其三段論的抽象形式與具體形式之間的結構上的歧異。以本書第四節曾引用的帶有反對前提的三段論爲例。[43]令B與C代表「科學」，A代表「醫學」，亞里士多德在變項中陳述爲：

如果B屬於所有的A

[43] 見第三十三頁注[27]。

並且C屬於無一A，
那麼C不屬於有些B。[44]

在具體詞項中陳述爲：

如果所有醫學是科學
並且沒有醫學是科學
那麼有些科學不是科學。

兩個三段論所包括的相對應的前提的差別是明顯的。以第一個前提爲例。公式「B屬於所有的A」對應於這句語句：「科學屬於所有的醫學」，而「所有醫學是科學」這個語句對應於公式「所有A是B」。亞里士多德舉出的具體詞項的語句，不能看作是他所承認的抽象公式的替換。什麼是這個差別的原因呢？

亞歷山大對這個問題提出了三個解釋。[45]第一個可以因其不重要而略去，最後

[44] 用變項表示的結論在希臘文本中被省去了。

[45] 亞歷山大54.21，「他在自己的理論中使用表達詞『屬於所有』與『不屬於任何』乃是假定，由

一個是哲學的解釋，並且在我看來，它是錯誤的；只有第二個值得我們注意。根據這個解釋，在具有「表述某物」這個動詞（並且我們可加上具有「屬於某物」這個動詞）的公式中，比起（我們還可以加上）在具有動詞「是」的公式中，主項和謂項能較好地區分開來（γνωριμώτεροι）。實際上，在帶有動詞「是」的公式中，主項與謂項都是使用的主格；而在亞里士多德所願意採用的公式中，只有謂項是用主格，主項則用屬格或者是與格，從而能較容易地與謂項區別開。亞歷山大最後的批評也是極有教益的，由它可以知道：說「美德表述所有的公正」來代替習慣說法「凡公正都是美德」，正如在現代語言中一樣，在古代希臘也令人感到矯揉造作。

在亞里士多德邏輯中還有更多的不嚴格的情況。亞里士多德常常使用不同的短語表示相同的思想。我將舉出幾個這類的例子。他用「A表述所有的B」這些詞開始他的三段論，但隨即他就把這些詞改變爲「A屬於所有的B」這個短語，後者似乎是正規的。「表述」和「屬於」這些詞還常常被省去，有時甚至將重要的數量記

於它們使得命題的結合成為可以理解的，並且使這樣表述的謂項和主項也變得更加可以了解，同時還假定前者（即謂項）由於自己的本性被包括於主項之中。在三段論的活動方式中，一切都變得相反了。不說所有公正都是美德，而是反過來說美德表述所有的公正。應當在這兩種方式中練習，以便我們能夠按照三段論的方式與根據理論來作出結論。」

號「所有」也省去。除「A屬於有些B」之外，還有可以譯爲「A屬於有些B的分子」（「A belongs to some of the B's」）這樣的形式。三段論的前提是用不同的連接詞連結起來的。三段論的必然性用了各種不同的方式來表示，有時甚至乾脆省略了。[46]儘管這些不嚴格之處對於這系統沒有壞的後果，但無論如何它們不會對這

---

[46] 短語τὸ A κατὰ παντὸς τοῦ B（A〔表述〕所有的B，κατηγορεῖται〔表述〕一字兩次被省去了）在Barbara式中使用（見第二十二頁注[6]〔《前分析篇》,i.4,25b37 ε ἰ γὰρ τὸ A, κατὰ παντὸς τοῦ B καὶ τὸ B κατὰ παυτὸ ς τοῦ Γ, ἀνάγκη τὸ A κατὰ παντὸ ς τοῦ Γ κατηγορεῖ σθαι.〕），τὸ A παντὶ τῷB（A〔屬於〕所有的B，ὑπάρχει〔屬於〕完全省去了）用於同一個式的另外一種公式中（見第三十六頁注[34]〔《前分析篇》，ii.11,61b34εἰ γὰρ τὸ A παντὶ τῷ B καὶ τὸ Γ παντὶ τῷA, τὸ Γ παντὶ τῷB.〕）。短語τὸ A τινὶ τῶνB（A〔屬於〕有些B）在換位定律中出現；其他地方，如在Disamis式中，我們看到τὸ A τινὶ τῷB（A〔屬於〕有些B）（見三十二頁注[25]〔《前分析篇》，ii.7,59a17 εἰ γὰρ τὸ Γ παντὶτῷB,τὸ δὲ A τινὶτῷB, ἀνάγκη τ ὸ A τινὶτῷΓ ὑπάρχειν.〕）。邏輯上重要的字παντὶ（所有的）在Barbara式的一個公式中完全省去了（見第二十一頁注[4]〔《後分析篇》，ii.16,98b5—10ἔστω γὰρτὸ φυλλορροεῖγ ἐφ' οὗA, τὸ δὲ πλατύφυλλον ἐφ' οὗ B, ἄμπελος δὲ ἐφ, οὗΓ.εἰ δὴ τῷ B ὑπάρχει τὸ A(πᾶν γὰρ πλατύφυλλον φυλλορροεῖ), τῷδὲ Γ ὑπάρχει τὸ B(πᾶσα γὰρ ἄμπελος πλατυφυλλος), τῷ Γ ὑπάρχει τὸ A, και πᾶσα ἄμπελος φυλλορροεῖ.〕），連接詞「並且」大部分都是由μεν...δέ〔且〕來表示的（例如，見第三十頁注[20]〔《前分析篇》，i.6,28b7 εἰ γὰρ τὸ μέν P παντὶ τῷ Σ τὸ δὲ Π τινί, ἀνάγκη τὸ Π τινὶ τῷP ὑπάρχειν.〕或第三十三頁注[27]〔《前

個系統的明晰與簡潔有所幫助。

亞里士多德的這種處理大概不是偶然的，而像是從某些先入之見引出的。亞里士多德有時說我們應當交換等值的詞項：詞換詞，短語換短語。㊼亞歷山大在注釋這一段時宣稱三段論的本質不依賴於某些詞而依賴於這些詞的意義。㊽這個明明是反對斯多亞派的斷定，可以了解成這樣：如果三段論的某些表達詞由與之等值的其他表達詞所替換，如表達詞「表述所有的」代之以等值的表達詞「屬於所有的」，那麼這個三段論並不改變它的本質，也就是說，它仍舊是一個三段論。斯多亞派持有直接相反的見解。他們會說三段論的本質依賴於詞，而不依賴於這些詞的意義。

分析篇》，i.4,26^{a}25εἰ τὸ μὲν Α μηδενὶ τῷ Β ὑπάρχει,τὸ δὲ Β τινὶ τῷ Γ, ἀνάγκη τὸ Α τινὶ τῷ Γ μὴ ὑπάρχειν.〕），有時由καί表示（見第二十二頁注❻〔同前〕，第三十六頁注㉞〔同前〕）。三段論的必然性通常是由ἀνάγκη ὑπάρχειν〔必定屬於〕來表達的（見第三十頁注⑳〔同前〕，或第三十二頁注㉕〔同前〕），在Felapton式中它是由ὑπάρζει ἐξ ἀνάγκης〔必定不屬於〕來表示的（見第三十三頁注㉘〔《前分析篇》，i.6,28^{a}26 ἂν τὸ μὲν Ρ παντὶ τῷ Σ,τὸ δὲ Π μηδενὶ ὑπαρχη,ἔσται συλλογισμὸς ὅτι τὸ Π τινὶ τῷ Ρ οὐχ ὑπάρζει ἐξ ἀνάγκης.〕）。有一次它被省去了（見第三十六頁注㉞〔同前〕）。

㊼《前分析篇》，i.39, 49^{b}3，「我們也應當交換有相同的值的詞項：詞換詞，短語換短語。」

㊽亞歷山大372.29，「三段論不在於詞而在於詞的意義。」

因爲如果詞改變了，這個三段論就不復存在了。亞歷山大用一個從斯多亞派的邏輯中挑來的例子來解說這一點。稱爲「肯定前件的假言推理」（modus ponens）的推論規則：

如果α，那麼β；
然而α；
因此β，

是斯多亞派的第一個「不可證明的」三段論。斯多亞派與逍遙學派兩派人似乎都錯誤地把短語「如果α，那麼β」與「α推出β」當作具有相同的意義。但在上述三段論中，如果你把前提「如果α，那麼β」代之以「α推出β」而說：

α推出β；
然而α；
因此β，

根據斯多亞派的看法你得到的是一個正確的推論規則，但不是三段論。斯多亞派的邏輯是形式化的。[49]

[49] 亞歷山大373.28，「亞里士多德這樣斷定，而且一些詞可以由另一些代替（見第五十頁注[47]）。最新的一派人（即斯多亞派）從詞引出結論，而不是從它們的意義來引出結論。他們說，當詞項改變時，即使所使用的詞項具有同一的意義，所得結論也將不復是它自身。例如，『如果A，那麼B』有著與『A推出B』同樣的意義，他們說，如果我們使用表達式『如果A那麼B，然而A，因此B』，那麼我們就有一個三段論；如果我們使用表達式『A推出B，然而A，因此B』，那麼它就不再是三段論，而是一個推論規則。」

第二章

亞里士多德三段論系統的斷定命題

八、斷定命題與推論規則

亞里士多德的三段論理論是關於A、E、I、O諸常項的一個眞命題系統。一個演繹系統的眞命題，我稱之爲斷定命題。幾乎亞里士多德的所有斷定命題都是蘊涵式，也就是「如果α，那麼β」形式的命題。已經知道這個邏輯系統僅有兩個斷定命題不是用「如果」開頭，亦即所謂同一律：「A屬於所有的A」，或「所有A是A」，以及「A屬於有些A」或「有些A是A」。這些定律都不是由亞里士多德明白地陳述的，但它們都是逍遙派學者所知道的。❶

屬於這個系統的蘊涵式或者是換位定律（邏輯方陣的對當定律在《前分析篇》中未曾提到），或者是三段論。換位定律是簡單的蘊涵式，像「如果A屬於所有的B，那麼B屬於有些A」。❷這個蘊涵式的前件是前提「A屬於所有的B」，後件是「B屬於有些A」。對於變項A和B的所有値而言，這個蘊涵式都被看作是眞的。

所有亞里士多德式三段論都是「如果α並且β，那麼γ」這種類型蘊涵式，其

---

❶ 參見第三十四頁注㉙，第三十四頁注㉚，在後面這個注中所引證的那一段中，亞歷山大說命題「A不屬於有些A」是荒謬的，這就意味著矛盾命題「A屬於所有A」是真的。

❷ 《前分析篇》，i.2, 25^a17，「如果每個B都是A，那麼有些A是B。」

中α和β是兩個前提，γ是結論。兩個前提的合取式「α並且β」是前件，結論γ是後件。以下面的Barbara式的公式爲例：

如果A屬於所有的B
並且B屬於所有的C，
那麼A屬於所有的C。

在這個例子中，α指前提「A屬於所有的B」，β指前提「B屬於所有的C」，γ指結論「A屬於所有的C」。對於變項A、B、C的所有值而言，這個蘊涵式也都被看作是眞的。

必須著重指出：由亞里士多德構造的三段論沒有一個是像傳統邏輯所作的那種帶著「所以」（ἄρα）一詞的推論。這樣形式的三段論：

所有的B是A；
所有的C是B；
所以
所有的C是A

不是亞里士多德式的。直到亞歷山大以前我們並沒有遇到這樣的三段論。❸亞里士多德式三段論從蘊涵式轉寫成爲推論的形式大概是由於斯多亞派的影響。

亞里士多德式的與傳統的三段論之間的差別是根本性的。亞里士多德式的三段論作爲蘊涵式是一個命題，而作爲一個命題必定是或眞或假的。傳統的三段論不是一個命題，而是一組命題，它們沒有合成爲一個單個命題。通常寫在不同兩行的兩個前提沒有用合取式來陳述，而把這些鬆散的前提用「所以」與結論連繫起來也沒有給出一個新的複合命題。著名的笛卡兒原則：「我思，故我在」（「Cogito, ergo sum」）不是一個眞正的原則，因爲它不是一個命題。它是一個推論（inference）；或者用經院派的術語說，是一個推斷（consequence）。推論和推斷，並非命題，是既不眞也不假的，因爲眞假是僅屬於命題的。它可以是正確的或者不是正確的。傳統的三段論亦複如是。並非命題的傳統三段論，既不是眞的也不是假的；它能夠是正確的或不正確的。傳統三段論，當用具體詞項陳述時，是

---

❸在亞歷山大注釋的第四十九頁第九行，我們發現一個帶著ἄρα（所以）一詞的具體詞項的三段論：「所有的動物都是物，所有的動物是有生命的，所以有些物是有生命的。」在第三八二頁第十八行有一個帶著ἄρα一詞的四個變項的複合三段論：「A屬於所有的B，B屬於所有的C，A屬於無一D，所以D屬於無一C。」

一個推論，當用變項陳述時，則是一條推論規則。這樣的規則的意思可以用上述的例子來解釋：當你給A、B和C以一定的值使得前提「A屬於所有的B」和「B屬於所有的C」都眞時，那麼你必定要承認「A屬於所有的C」這個結論是眞的。

假如你發現一本書或一篇論文對亞里士多德式的三段論與傳統的三段論不加區別，你可以相信該作者對邏輯無知，或者未看過《工具論》希臘文版本。學者們，如《工具論》的現代編纂者與注釋者外茲，《亞里士多德邏輯的要素》（*Elementa logices Aristoteleae*）的編纂人特倫德倫堡，邏輯史家普蘭特爾都熟知《工具論》的希臘文本，然而他們畢竟沒有看到亞里士多德式三段論與傳統的三段論之間的差別。只有邁爾在要求允許以較熟悉和較方便的後來的邏輯形式代替亞里士多德式三段論時，似乎曾一度感到過這裡有某些毛病；隨後他立即以通常的傳統形式引述了Barbara式，而忽略了他曾看到過的這個形式與亞里士多德的形式之間的差異，並且甚至沒有談到他所看到的差異。❹當我們感到斷定命題與推論規則

---

❹ 邁爾：《亞里士多德的三段論》，卷ii a，第七十四頁注②：「也許可以說，在這裡和後面用晚期邏輯流行的表達式來代替亞里士多德的邏輯表達形式，要比較容易掌握一點。」同書第七十五頁所引的Barbara式乃是：

所有B是A

之間的差別從邏輯觀點看來乃是一個根本的差別時，我們就必須承認：闡明亞里士多德邏輯而不考慮這一點不能是完善的。直到今天我們還沒有對亞里士多德邏輯的眞正闡明。

從蘊涵式形式的斷定命題推導出相應的推論規則總是容易的。設蘊涵式命題「如果α，那麼β」是眞的；如果α眞，我們用分離規則總可以得到β，因之，「α所以β」這條規則是正確的，當蘊涵式的前件是一個合取式，如亞里士多德三段論那樣，我們必須首先將合取形式「如果α並且β，那麼γ」變爲純蘊涵形式「如果α，那麼如果β，那麼γ」。稍加思索就足以令我們信服這變形是對的。現在，設α與β都是三段論的眞前提，我們兩次用分離規則於該三段論的純蘊涵形式，從而得到結論γ。因此，如果一個「如果α並且β，那麼γ」形式的亞里士多德式三段論是眞的，那麼相應的傳統形式「α，β，所以γ」就是正確的。但是，反過來，用已知的邏輯規則似乎不可能從正確的傳統的式推導出相應的亞里士多德式三段論來。

所有C是B

所有C是A

其中的橫線代表「所以」一詞。

九、三段論的格

與亞里士多德邏輯相連繫的某些爭論問題，富有歷史的趣味而並無任何巨大的邏輯上的重要性。三段論的格的問題就是這樣的問題之一。我認爲，把三段論劃分爲各個格只有一個實際的目的：我們需要確實知道沒有眞的三段論式被漏掉。

亞里士多德把三段論的各式劃分爲三個格。這些格的最簡短和最明白的描述不見之於《前分析篇》的系統解說部分，而是在該書後面的各章。亞里士多德說，如果我們要用三段論證明A屬於B，我們必須找出某些與此兩者有共同關係的東西，而這可能有三種方式：或以A表述C並且以C表述B，或以C表述A、B二者，或以A、B二者表述C。這些就是我們曾經講過的三個格，並且很明顯，每一個三段論必定用這些格的某一個格構成。❺

由此可見，在我們必須用三段論證明的結論中，A是謂項，B是主項。我們在

❺《前分析篇》，i.23, 40^b30，「如果一個人要用三段論證明A屬於B，不論作為它的一種屬性還是不作為它的一種屬性，他也必須斷定某些東西屬於某些東西。」41^a13，「如果我們必須選取某種對兩者都是共同有關的東西，而這可能有三種方式（或者以A表述C，並且以C表述B，或以C表述A、B兩者，或以A、B兩者表述C），而這就是我們已經說過的各個格，顯然，每一個三段論必定用這些格的某一個格或另一個格構成。」

後面將會看到：A叫大項，B叫小項，C爲中項。中項在兩前提中作爲主項或謂項的位置是亞里士多德用以將三段論各式劃分爲各個格的原則。亞里士多德明白地說過我們將由中項的位置而認識格。❻在第一格中，中項是大項的主項並且是小項的謂項，在第二格中，中項是其他兩項的謂項，而在第三格中，中項是其他兩項的主項。可是，當亞里士多德說每一個三段論必在這三格之一之中時，他是錯了。還有第四個可能性，即中項是大項的謂項並是小項的主項，這類的式現在看作屬於第四格。

在上面引述的那一段中，亞里士多德忽略了這個第四種可能性，雖然稍過幾章他本人就用第四格的三段論作了一個證明。問題也同樣是：我們要用三段論證明A屬於E，A是大項，E是小項。亞里士多德提出了如何解決這問題的實際指示。我們必須構造一個有詞項A和E作爲主項或謂項的全稱命題的一覽表。在這個一覽表中我們會有四種類型的全稱肯定命題（我省去了否定命題），「B屬於所有的A」，「A屬於所有的C」，「Z屬於所有的E」和「E屬於所有的H」。字母B、C、Z、H中的每一個各自代表滿足上述條件的任何詞項，當我們在C分子中

❻《前分析篇》，i.32, 47ᵇ13，「我們將由中項的位置來識別一個格。」

找到一個詞項與Z分子中的一個詞項等同時，我們就得到兩個有共同詞項（如Z）的前提：「A屬於所有的Z」和「Z屬於所有的E」，從而命題「A屬於所有的E」就在Barbara式中得到了證明。現在，設我們不能證明全稱命題「A屬於所有的E」，因爲C與Z的分子中沒有共同詞項，但我們至少要證明特稱命題：「A屬於有些E。」我們能用兩種不同的辦法來證明：如果C的分子中有一詞項與H分子中的一個詞項（如H）等同，我們得到第三格的Darapti式：「A屬於所有的H」，「E屬於所有的H」，所以「A必屬於有些E」。但還有另一種辦法：當我們在H的分子中找到一個詞項與B分子中的一個詞項（如B）等同時，則我們可得到一個三段論，它的前提是：「E屬於所有的B」和「B屬於所有的A」，從這兩個前提由Barbara式得到「E屬於所有的A」，將結論加以換位，由之可推導出命題「A屬於有些E」。❼

❼《前分析篇》，i.28, 44ª12—35，「設B表示伴隨A，而A自己又伴隨C，……再者，設Z是屬於E的，而E自己又伴隨H，……如果有些C的分子與有些Z的分子是等同的，那麼，A必定屬於所有的E，因為Z屬於所有的E，而A屬於所有的C，從而A屬於所有的E。但如果C與H是等同的，那麼A必定屬於有些E，因為A屬於所有的C，而E屬於所有的H，……如果B與H等同，就將有一個換位的三段論：E將屬於所有的A，因為B屬於A，而E屬於B（因為B已經與H等

最後這一個三段論：「如果E屬於所有的B，並且B屬於所有的A，那麼A屬於有些E」，既不是第一格的式，也不是第二或第三格的式，這個三段論的中項B是大項A的謂項和小項E的主項。它是第四格Bramantip式。然而它如像任何其他亞里士多德的式一樣正確。亞里士多德把它叫作「換位的三段論」（Converted syllogism，ἀντεστραμμένος συλλογισμός），因爲它是用Barbara式的結論換位來證明這個式的。還有另外兩個式，第二格的Camestres和第三格的Disamis，亞里士多德也同樣地是用第一格的式的結論換位的辦法來證明的。讓我們想想Disamis的證明：「如果R屬於所有S並且P屬於有些S，那麼P屬於有些R。」由於第二個前提能換位爲：「S屬於有些P」，於是我們可以從Darii式得到結論「R屬於有些P」。把這個結論換位爲「P屬於有些R」，就得到了Disamis的證明。這裡，亞里士多德應用了把Darii式的結論換位的辦法，這就給出了另外一個

同）。A並不必定屬於所有的E，然而它必定屬於有些E，因為由全稱肯定判斷轉換為特稱是可能的。」我讀由全稱肯定判斷轉換為特稱（τὴν καθόλου κατηγορίαν τῇ）是根據古抄本B（見外茲本i.196：貝克爾本對44ª34的註腳似乎是一個印刷錯誤）與亞歷山大306.16，我反對貝克爾本和外茲本的讀法：由特稱判斷轉換為全稱肯定（τῇ καθόλου κατηγορίαι τὴν）。我高興地看到我這個讀法也是W.D.羅斯爵士所同意的。

叫作Dimaris的第四格的三段論：「如果R屬於所有的S並且S屬於有些P，那麼P屬於有些R。」❽

所有這些推導，在邏輯上都是正確的，從而利用它們獲得的式在邏輯上也是正確的。的確，亞里士多德知道，除了在《前分析篇》起頭幾章中他所系統地建立的第一、第二、第三格的十四個式之外，還有其他的眞三段論。其中的兩個是他自己在這個系統解說的末尾處引用過的。他說，明顯地，在所有的格中，如果兩個詞項全是肯定的或否定的，根本沒有什麼東西會必然得出，如此則無論何時都不會產生三段論；但如果一個是肯定的，另一個是否定的，並且如果否定的是全稱地陳述的，一個把小項連接於大項的三段論總可以得到。例如：如果A屬於所有或有些B，並且B屬於無一C；因爲如果前提全都換位，那麼C不屬於有些A就是必然的

---

❽《前分析篇》，i.6, $28^{b}7$，「如果R屬於所有的S，P屬於有些S，P必定屬於有些R。由於肯定判斷是可以換位的，S將屬於有些P；從而，由於R屬於所有的S，並且S屬於有些P，R必定也屬於有些P；所以P必定屬於有些R。」這一段駁倒了弗裡德利希．索門蒸的這個斷言：亞里士多德不願使用將結論換位的方法。見《亞里士多德邏輯的形成與修辭學》，柏林一九二九年版，第五十五頁：「換位用於結論，在亞里士多德是不願知道的。」

了。❾從亞里士多德在這裡所舉出的第二個前提，由換位我們得到命題：「C屬於無一B」，從第一個前提可得「B屬於有些A」，並且根據第一格的Ferio式，從這兩個前提可得結論「C不屬於有些A」。兩個新的三段論式由此得到證明。這兩個式後來稱爲Fesapo和Fresison：

如果A屬於所有的B
並且B屬於無一C，
那麼C不屬於有些A。

如果A屬於有些B
並且B屬於無一C，
那麼C不屬於有些A。

亞里士多德稱C爲小項，A爲大項，因爲他從第一格的觀點來對待前提。因此，他說由所給前提可得結論，其中小項是表述大項的。

---

❾《前分析篇》，i.7, 29ª19，「在所有各格中，什麼時候得不出合式的三段論，這也是明顯的。如果所有兩個詞項都是肯定的或者否定的，那就沒有什麼東西會必然得出，但是如果一個是肯定的，另一個是否定的，並且如果否定的是全稱地陳述的，就總會得出連結小項於大項的三段論。例如，A屬於所有或者有些B，並且B屬於無一C，因為如果前提都加以換位，那麼C不屬於有些A就是必然的了。」

另外三個屬於第四格的三段論是亞里士多德在《前分析篇》第二卷開頭的地方提到的。亞里士多德在這裡說所有全稱三段論（即是具有全稱結論的三段論）得出一個以上的結論，而特稱三段論中之肯定者產生一個以上的結論，特稱三段論中之否定者僅僅產生一個結論。因爲除特稱否定之外，所有前提都是可換位的；而結論是陳述關於某事物的某事物。所以除特稱否定之外的所有三段論都產生一個以上的結論，例如，如果A被證明爲屬於所有或有些B，則B必定屬於有些A；並且如果A被證明屬於無一B，則B必屬於無一A。這是與前者不同的結論。但如果A不屬於有些B，則B應不屬於有些A就並非必然的了，因爲它或許可能屬於所有A。[10]

從這一段話中可見亞里士多德知道第四格的各式（後來稱爲Bramantip，Camenes和Dimaris），並且他從第一格Barbara，Celarent和Darii三式的結論換

---

[10]《前分析篇》，ii.1, 53^a4，「由於有些三段論是全稱的，其他的三段論是特稱的，所有全稱三段論得出一個以上的結論，而特稱三段論中，肯定的產生一個以上的結論，否定的僅產生它所陳述的結論。因為所有命題，除了特稱否定之外，都是可以換位的，而結論陳述有關另一確定事物的一個確定的事物。因而除了特稱否定之外的所有三段論都產生一個以上的結論。例如，如果A已證明屬於所有的B或者有些B，則B必定屬於有些A；並且如果A已證明屬於無一B，則B屬於無一A，這乃是不同於前者的結論。但是如果A不屬於有些B，那麼B應不屬於有些A就不是必然的了；因為它也許可能屬於所有的A。」

位而得到它們。三段論的結論是陳述關於某事物的某事物的命題，也即是一個前提，因而換位律能應用於它。這一點是重要的：「A屬於無一B」與「B屬於無一A」這類型的命題，被亞里士多德看成是不同的東西。

由這些事實可知：亞里士多德知道並承認第四格的所有的式。這一點必須加以強調，以反對某些哲學家的意見，說他（指亞里士多德。——譯者注）排斥這些式。這樣的排斥乃是一個不能加之於亞里士多德的邏輯錯誤。他的錯誤僅在於系統劃分三段論時漏掉了這些式。我們不知道他爲什麼這樣作。哲學的理由，如我們隨後即將看到的，必須排除。我認爲最可能的解釋是波亨斯基所提出的，[11]他假設提到這些新的式的《前分析篇》第一卷第七章及第二卷第一章是亞里士多德在第一卷第四至第六章的系統解說之後再寫成的。這個假設我看似乎是較爲可能的。因爲在《前分析篇》中還有許多地方也表明這部著作的內容在其寫作過程中是在發展的。亞里士多德沒有時間系統地編排他所作出的新發現，而把繼續他的邏輯著作的工作留給了他的學生德奧弗拉斯特斯（Theophrastus）。實際上，德奧弗拉斯特斯爲亞

---

[11] I.M.波亨斯基教授《德奧弗拉斯特斯的邏輯》（*La Logique de Théophraste*），弗裡堡叢書，新集，第xxxii分冊，瑞士的弗裡堡一九四七年版，第五十九頁。

里士多德系統中的第四格的各式在第一格的各式中找到了一個位置。⓬爲此目的，他在亞里士多德的第一格的定義中引入了一個輕微的修正。不像亞里士多德那樣說，在第一格中，中項是大前提的主項和小前提的謂項，⓭德奧弗拉斯特斯一般地說在第一格中中項是一個前提的主項和另一個前提的謂項。亞歷山大重複了這個也許是來自德奧弗拉斯特斯的定義，似乎沒有看到，它不同於亞里士多德對第一格的描述。⓮德奧弗拉斯特斯的改正對於三段論的各格的問題的解決，猶如增加了一個新的格一樣。

⓬亞歷山大69.27，「對於第四格的三段論，德奧弗拉斯特斯增補了五個其他的式。它們既不是完全的，也不是不可證明的。亞里士多德部分地在本卷中，而部分地是在第二卷的開頭的地方研究它們的時候，提到過它們。」參見同書110, 12。

⓭參見第五十九頁注❺。

⓮亞歷山大258.17（對I卷二十三章的注釋），「中詞對於其他詞項的關係可以有三種方式得到：或者中項在一個前提中是主項，而在另一個前提中是謂項，或者它在兩個前提中都是謂項，或者它在兩個前提中都是主項。」同書349.5（對I卷三十二章的注釋）「如果中項在兩個前提中的位置是這樣排列的，即在一個前提中居於謂項的位置，而在另一個前提中居於主項的位置，那麼就得到第一格。」

十、大項、中項和小項

亞里士多德在《前分析篇》中還犯了另一個有著較嚴重後果的錯誤。那就是亞里士多德在他的第一格的描述中所作出的大項、小項和中項的定義。它是這樣開始的：「無論何時，如果三個詞項彼此間這樣關係著：最後一個被包括於中間一個之中，而中間一個又被包括於或不被包括於第一個之中，那麼兩端項必定形成一個完全的三段論。」他如此開始之後，在緊接著的文句中，就解釋了中項是什麼意思：「那個本身包括於另一詞項之中而又包括著另一個詞項於它自身之中的詞項，我稱之爲中項，它在位置方面也是處於中間的。」⑮亞里士多德於是研究帶有全稱前提的第一格三段論的形式，沒有使用表達詞「大項」和「小項」。這些表達詞第一次出現於他研究具有特稱前提的第一格的式的時候，這裡我們看到下列解釋：「我把

---

⑮《前分析篇》，i.4, 25^b32，「每當三個詞項彼此間存在著這樣的關係，即最後一個詞項包括於中間詞項之中就猶如包括在一個整體之中一樣，並且中間詞項或是包括於第一個詞項之中或是排斥於第一個詞項之外，猶如包括於一整體之中或排斥於一整體之外一樣，那麼，兩個端項必定憑藉一個完善的三段論而發生關係。我把那個自身包括於一個詞項，而又包括另一個詞項在它自身之中的詞項，稱之為中項；在位置上它也是居於中間的。」

中項被包括於其中的詞項叫作大項，把包括於中項之中的詞項叫作小項。」⓰這些對大項和小項的解釋，如像對中項的解釋一樣，表達爲完全的普遍性的。亞里士多德似乎傾向於應用它們於第一格所有的式。⓱但是，如果他認爲它們能包括所有情況，那他就錯了。

　事實上，這些解釋只能應用於具有具體詞項和眞的前提的Barbara式的三段論，例如：

(1) 如果所有的鳥都是動物。
　並且所有的烏鴉都是鳥，
　那麼所有的烏鴉都是動物。

在這個三段論中有一個詞項「鳥」，它本身被包括於另一詞項動物之中，而又包括

⓰《前分析篇》，26a21，「我把中項被包括於其中的詞項叫作大項，把包括於中項之中的詞項叫作小項。」

⓱邁爾在《亞里士多德的三段論》一書中（卷ii a第四十九頁及第五十五頁），真的把它們作為對第一格所有的式都成立的定義。

第三個詞項「烏鴉」於它自身之中。按照已作的解釋，「鳥」應是中項。從而「動物」應是大項，「烏鴉」應是小項。顯然，大項之所以稱爲大項，是因爲它的外延最大，正如小項的外延最小一樣。

但是，我們知道帶有具體詞項的三段論，僅僅是邏輯定律的應用，它們並不屬於邏輯本身。Barbara式作爲邏輯定律必須用變項陳述：

(2) 如果所有B是A
並且所有C是B，
那麼所有C是A。

對於這個邏輯定律，已作的解釋就不適用了，因爲不能決定變項之間的外延關係。可以說B在第一個前提中是主項而在第二個前提中是謂項，但是不能說B包括於A之中或B包括著C；因爲三段論(2)對於變項A、B和C所有的值都是眞的，甚至對那些不能確證它的前提的值也是眞的。取A爲「鳥」，B爲「烏鴉」，C爲「動物」：你得到一個眞三段論：

(3) 如果所有烏鴉都是鳥

　　並且所有動物都是烏鴉，
　　那麼所有動物都是鳥。

詞項「烏鴉」、「鳥」和「動物」之間的外延關係當然是獨立於三段論的式並且在三段論(3)之中仍如在三段論(1)之中一樣。但詞項「鳥」在(3)之中就不像它在(1)之中那樣再是中項了；「烏鴉」在(3)之中是中項，因爲它在前提中出現了兩次，而中項必定是兩個前提所共同具有的。這乃是亞里士多德所承認的對所有的格都適用的中項的定義，⑱這個一般的定義是與亞里士多德提出的對第一格的特別解釋是不相容的。中項的特別解釋顯然是錯了。同樣，亞里士多德爲第一格提出的大項和小項的解釋也顯然是錯的。

　　亞里士多德沒有給出對於所有的格都合適的大項和小項的定義；但實際上他將結論的謂項當作大項，將結論的主項當作小項。容易看出這個術語是如何使人迷誤：在三段論(3)中，大項「鳥」的外延小於小項「動物」的外延。如果有讀者因爲它的錯誤的小項而感到難以承認三段論(3)，他可以用：有些動物「代替」所有動

⑱《前分析篇》，i.32, 47^{a}38，「我們必須把在兩個前提中均被陳述的詞項取作中項，因為中項應當出現於所有的格的兩個前提中乃是必要的。」

物。這個三段論：

> (4) 如果所有烏鴉都是鳥
> 並且有些動物是烏鴉，
> 那麼有些動物是鳥。

是一個具有眞前提的Darii式正確三段論。如在三段論(3)之中一樣，在這裡又是最大的詞項「動物」是小項；「鳥」這個外延上居中的詞項是大項；而最小的詞項「烏鴉」是中項。

當我們以具有否定前提的三段論爲例時，我們曾經遇到過的困難就更大，如Celarent式：

> 如果沒有B是A
> 並且所有C是B，
> 那麼沒有C是A。

B是中項；但它滿足亞里士多德爲第一格的中項所定下的條件嗎？當然不。而且C

或A這兩項，哪個是大項，哪個是小項呢？我們怎樣能夠就它們的外延方面比較這些詞項呢？對最後的這些問題沒有正面的答案，因為它們來自一個錯誤的出發點。[19]

十、關於一個錯誤的歷史

亞里士多德為第一格所下的關於大項、小項的錯誤定義，以及他所採用的使人迷誤的術語，在古代就已經成為導致困難的根源。問題出現於第二格的場合。這個格的各個式都有一個否定前提，而且它頭兩個式（後來稱為Cesare和Camestres）產生全稱否定結論。從前提「M屬於所有的N」和「M屬於無一X」得到結論「X屬於無一N」，把這個結論換位，我們得到第二個結論「N屬於無一X」。在兩個三段論中，M都是中項；那麼，我們如何決定其餘兩個詞項N和X何者為大項、何

[19] 恰如凱因斯（《形式邏輯》，第二八六頁），正確地指出的，當前提之一是否定或特稱時，我們沒有保證可以說大項將是外延最大的而小項是外延最小的。由此，凱因斯接著說：「三段論——沒有M是P，所有S是M，所以，沒有S是P——會產生這樣一種情形（隨即他用三個圓圈M、P、S，作出一個圖解，一個大S包括於更大的M之中，一個小P在它們之外）：大項可以是外延最小的而中項是最大的。」凱因斯忘記了在大圈S之外畫一個小圈P與確認P詞項在外延上小於S詞項並不是一件事，只有一個詞項包括於另一詞項之中時，它們才能在外延方面加以比較。

者爲小項呢？作爲大項與小項而存在是「由於本性」（by nature、φύσει）呢？還是「由於約定」(by Convention, θέσει）呢？⑳

據亞歷山大說，這樣的問題是由後來的逍遙學派學者們所提出的。他們看到：在全稱肯定前提中，能有由本性而存在的大項，因爲在那樣的前提中謂項在外延上（in extention, ἐπὶ πλέον）比主項大，但是在全稱否定前提中情況並不如此。㉑例如，我們不能知道「鳥」和「人」那一個是大項，因爲「沒有鳥是人」與「沒有人是鳥」同樣是眞的。亞歷山大的老師黑爾米魯斯曾試圖用修改表達詞「大項」的意義的辦法來回答這個問題。他說，「鳥」和「人」這兩個詞項哪一個在動物的系統分類中較接近於共同的種（genus）「動物」，它就是大項。這在我們的例子中就是詞項「鳥」。㉒亞歷山大反對黑爾米魯斯的這個理論及其進一步的發揮，這是對

---

⑳ 亞歷山大72.17，「在第二格中大項與小項是不是按照它們自己的本性而區別開來，並且如何定義它們，都還需要研究。」

㉑ 亞歷山大72.24，「在全稱肯定前提中，謂項是大項，因為它在外延上比主項大，並且在這裡不進行換位。這樣，它之為大項乃是由於本性。然而這對於全稱否定前提來說就不對了。」

㉒ 同上書二十七，「黑爾米魯斯認為，在第二格中，大端項……是在兩個端項中更接近於一般的屬的詞項（令端項為『鳥』與『人』，鳥比人更近於它們的共同的種，即『動物』；『鳥』在最初的分類中居於這樣的地位，從而是大項）。」

的，但他也反對認爲大項是結論的謂項的意見。他說，在這種情況下，大項將是不固定的，因爲全稱否定命題可以換位，現在還是大項，即刻就變成了小項，使同一詞項成爲大項或小項就將取決於我們自己。㉓他自己的解決是基於這樣的假定：當我們形成一個三段論時，我們要給設想爲結論的已提出的問題挑選前提。這個結論的謂項就是大項，而這與我們以後將此結論換位與否無關：在首先提出的問題中，大項已曾是並且仍舊是那個謂項。㉔亞歷山大忘記了，在我們形成一個三段論時，並不總是爲已提出的結論挑選前提，有時我們是從已給定的前提中推導出新的結論來。

只是在亞歷山大之後，這問題才得到解決。約翰．菲洛波努斯論述這問題的著作，值得當作經典看待。根據他的意見，我們可以或者僅僅對第一格，或者對所有

㉓ 同上書75.10，「不能直截了當地斷言三段論結論中的謂項都是大項，如像它們有的所表現的那樣。它並不這樣明顯。在不同的格中有不同的情況。因為在全稱否定前提中可以進行簡單換位，那就不能規定何者為大項；那個在前面曾是大項的後來就變成了小項，而我們可以任意地把同一個詞項既當作大項，也當作小項。」

㉔ 亞歷山大75.26，「那個在首先提出的問題中作為謂項的，我們應當看作是大項，如果加以換位的話，那麼同一謂項就變成主項。對於我們來說，這個謂項曾經是並且仍然是大項，就如這個詞在最新提出的問題中曾發生過的情況一樣。」

三個格一起，來定義大項和小項。在第一格中大項是中項的謂項，小項是中項的主項。對其他兩個格來說，不能作這樣的定義，因爲兩個端項對於中項的關係在其他的兩個格中都是一樣的。所以我們必須承認適用於所有的格的一條共同規則，乃是大項是結論的謂項，小項是結論的主項。㉕從菲洛波努斯著作的另一段可以看出這個規則只是一項約定，在該處我們讀到如下的話：第二格的全稱式有大項和小項僅系由於約定，而並非由於本性。㉖

十三 前提的次序

環繞著亞里士多德邏輯出現過某些不能加以合理解釋的古怪的哲學偏見。其中

㉕ 菲洛波努斯67.19，「首先看一看哪是大項哪是小項。可以就三個格一般而言或者特別地就第一格而言來做到這一點。在第一格的特別情況下，大項是那個作為中項的謂項的詞項，而小項是那個作為中項的主項的詞項。然而所有我們所斷言的這一些都是就第一格而言的，因為在第一格中，中項有時作謂項有時作主項。但是由於在其餘兩個格中的端項與中項之間沒有任何這樣的差別，因此，顯然地，我們起初的定義不適用於它們。所以我們應當運用於關於三個格的共同規則在於大項是結論的謂項，而小項是結論的主項。」

㉖ 同上書87.10，「第二格全稱式之有大項和小項僅系由於約定，而非由於本性。」

之一就是反對第四格，有時簡直顯露出了對它的奇怪的憎惡。另一個是在所有三段論中大前提必須首先陳述這樣一個詭異的意見。

從邏輯的觀點看來，在亞里士多德式三段論中，前提的次序是任意的，因爲三段論的前提組成一個合取式，而合取式的肢是可以交換的。大前提首先陳述不過是一個約定罷了。然而有些哲學家，像外茲或邁爾，卻堅持前提的次序是固定的。外茲因爲阿普裡烏斯改變了這次序而加以非難，㉗而邁爾也否定了特倫德倫堡認爲亞里士多德允許前提的次序自由的意見㉘。但在這兩個場合的任何一個之中，什麼論證也沒有提出來。

我不知道誰是前提次序是固定的這個意見的創始人。當然不是亞里士多德。儘管亞里士多德沒有作出對所有三個格都正確的大項和小項的定義，但確定哪個詞項

㉗ 外茲：《亞里士多德工具論希臘文本》卷i第三八〇頁：「Appuleius in hunc errorem se induci passus est, ut propositionum ordinem immutaverit.」〔阿普裡烏斯使自己陷入改變命題的次序的錯誤之中。〕

㉘ 邁爾：《亞里士多德的三段論》卷ii a，第六十三頁：「所以，特倫德倫堡認為亞里士多德容許前提次序是任意的這種見解是錯誤的。前提的次序寧可說是嚴格確定的。」我不清楚：他用「所以」一字是引用一些什麼理由。

和哪個前提被他當作大項、大前提以及小項、小前提，總是容易的。亞里士多德在其三段論理論的系統解說中，使用了不同的字母來指示不同的詞項；在每一個格中，他把它們按照字母的次序（θέσις）排列，並明白地說哪個詞項由一個給定的字母表示。這樣，對於第一格我們有字母A、B、C；A是大項、B是中項，C是小項。㉙對於第二格，我們有字母M、N、X；M是中項，N是大項，X是小項。㉚對於第三格，我們有字母P、R、S；P是大項，R是小項，S是中項。㉛

㉙這是從亞里士多德為第一格所下的定義而來的。見第六十八頁注⑮；參看亞歷山大54.12「令大端項為A，中項為B，小端項為C」。

㉚《前分析篇》，i.5, $26^{b}34$，「每當同一詞項屬於一個主項的全部，而不屬於另一主項的任何分子，或者屬於這兩個主項的全部，或不屬於這兩個主項的任何分子，我把這樣的一個格叫作第二格；其中的中項我指的是表述兩個主項的詞項，兩個端項是指被中項表述的詞項，大端項是指離中項較近的詞項，小項是離中項較遠的詞項。」參看亞歷山大78.1，「他在這裡使用的不是第一格中所用的A、B、C，而是M、N、X，實際上，中項是M，它是在兩個前提中的謂語，而在次序上是居於第一位的；大端項是N，它在次序上是居於中項之後的，小端項則是X。」

㉛《前分析篇》，i.6, $28^{a}10$，「但是如果一個詞項屬於第三個詞項的全體分子，而另一個詞項不屬於第三個詞項的任何分子，或者這兩個詞項都屬於第三個詞項的全體，或都不屬於第三個詞項的任何分子，我把這樣的一個格叫作第三格；其中的中項我所指的是被兩個謂項所表述的那個詞項，端項指的是兩個謂項，大端項是離中項較遠的詞項，小項則是離中項較近的詞項。中項是處

亞里士多德在第一、第二格所有的式中，在第三格的Darapti和Ferison兩個式中，都首先陳述大前提。❸❷在第三格的其餘各式（Felapton, Disamis Datisi和Bocardo）中，首先陳述小前提。❸❸最顯著的例子是Datisi式。這個式在同一章中表述過兩次；在兩個式子中字母是一樣的，但是前提調換了。第一個公式是這樣的：「如果R屬於有些S並且P屬於所有S，P必定屬於有些R。」❸❹這個三段論的第一個前提是小前提，因爲它含有小項R。第二個公式讀作：「如果P屬於所有S並且R屬於有些S，那麼P將屬於有些R。」❸❺第二個三段論的第一個前提是大前提，因爲它含有大項P。應當提請注意這個事實：第二個公式只是有的時候提出的，而在系統解說中的這個式的標準公式是用對調過的前提陳述的。

於兩個端項之外，而且在位置上是居於最後的。」參看亞歷山大93.20，「在這個格中，他使用P、R、S，而且大端項的符號是P，在結論中應成為主項的小端項的符號是R，中項的符號是S。」

❸❷ 例如，見第二十二頁注❻（Barbara）及第二十三頁注❷❼（Ferio）。

❸❸ 見第二十三頁注❷❽（Felapton）及第二十頁注❷❶（Disamis）。

❸❹ 《前分析篇》，i.6, 28^b12。

❸❺ 同上，28^b26。

在《前分析篇》第二卷，我們碰到帶著對調過的前提的其他的式，如Darii、[36] Camestres[37]和Baroco。[38]甚至於主要的三段論Barbara式也有時被亞里士多德以小前提在先的形式加以引用。[39]從這些例子看來，我很難理解有些懂得《工具論》希臘原文的哲學家怎樣形成並堅持了這種意見：前提的次序是固定的，並且大前提必須首先陳述。似乎哲學偏見有時不僅可以破壞常識，而且，還可以破壞如實地看到事實的能力。

十三 一些現代注釋家的錯誤

第四格的歷史可以當作另一個例子來表明哲學偏見有時是多麼奇怪。著名的邏輯史學家卡爾・普蘭特爾以下面的話開始他對這個格的考慮：「爲什麼那樣的類乎兒戲的東西，像加倫的第四格的問題，沒有在亞里士多德那裡發現，是一個我們根本不提出的問題；宣稱在亞里士多德邏輯的每一步之中，這種或那種廢話未在其中

---

[36]《前分析篇》，ii.11, 61^b41，「如果A屬於有些B，並且C屬於所有A，那麼C將屬於有些B。」

[37]同上，ii.8, 60^a3，「如果A屬於無一C，但屬於所有B，B將屬於無一C。」

[38]同上，60^a5，「如果A不屬於有些C，但屬於所有B，那麼B將不屬於有些C。」

[39]見第三十六頁注[34]。

發現，顯然不能是我們的任務。」[40]普蘭特爾沒有看到，亞里士多德知道並承認所謂加倫的第四格的各個式，而且不把這些式看作是正確的將是一個邏輯錯誤。但是讓我們再往下看。在注釋亞里士多德讀到後來稱之爲Fesapo及Fresison這兩個式[41]的那一節時普蘭特爾首先將這些式當作推論規則來陳述：

所有B是A
沒有C是B
有些A不是C

有些B是A
沒有C是B
有些A不是C

——當然，他並沒有看到亞里士多德式三段論與傳統的三段論之間的差別——隨後他說：「由大前提和小前提的調換，使得推理活動的開始成爲可能」；並且進而說：「當然，這類推論並非原本正確，因爲前提排列成它們調換之前的樣子，對於三段論就簡直什麼也不是。」[42]依我看，這一段揭示了普蘭特爾對邏輯的完全無

[40] 卡爾．普蘭特爾，《西方邏輯史》（*Geschichte der Logik im Abendlande*），卷i，第二七二頁。
[41] 見第六十四頁注❾。
[42] 普蘭特爾，前引書，卷i，第二七六頁。

知。他似乎不懂得亞里士多德證明這些式的正確性不是用調換前提的辦法，即顛倒它們的次序，而是用把它們換位的辦法，即改變它們的主謂項的位置。尤有甚者，說什麼兩個前提給定後，當一個前提陳述在前時，推理活動就開始，當另一個前提在前時，就不產生任何三段論，這也是完全不恰當的。從邏輯觀點看來，普蘭特爾的著作是無用的。

對邁爾的著作也可以同樣如此說，他一般地討論三段論的各格和特別地處理第四格的著作，照我看是他的費力而不討好的書的最晦澀的章節之一。㊸邁爾寫道，關於三段論的格的標準有兩種彼此反對的意見：一種意見是（特別是宇伯威格）把中項作爲主項或謂項的位置看作這個標準，另一種意見是（特別是特倫德倫堡）把中項與兩端項的外延關係看作這個標準。邁爾說，這兩種意見哪一個是對的，也還沒有解決。㊹他選定以亞里士多德對第一格的刻畫爲據的第二種意見，作爲他自己的看法。我們已經知道：這個刻畫在邏輯上是站不住腳的。邁爾不僅承認它，而且根據第一格來修改其他兩個格的亞里士多德的刻畫。亞里士多德略有幾分疏忽地把

㊸見邁爾：《亞里士多德的三段論》卷ii a，「三個格」，第四十七—七十一頁，以及卷ii b，「增補具有兩個式的第四格」，第二六一—二六九頁。

㊹上引書，卷ii a，第八十頁注㊱。

第二格描述爲：「每當同一詞項屬於一個主項的全部，而不屬於另一主項的任何分子，或者屬於兩個主項的全部，或不屬於這兩個主項的任何分子，我把這樣的一個格叫作第二格。其中的『中項』我指的是表述兩個主項的詞項，兩個端項是指被中項表述的詞項。」[45]邁爾說：「當我們考慮到『B包括於A中』，『A屬於B』，以及『A表述B』等表達式是可以互換的時候，我們根據第一格的描述，可以將這個刻畫表述在以下措詞中。」[46]在這裡，邁爾犯了第一個錯誤：說他所引述的三個表達式能彼此互換，這不是眞實的。亞里士多德明白地說：「說一個詞項包括於另一詞項之中，與說另一詞項表述第一個詞項的全部是一樣的。」[47]因此，表達式「B包括於A中」指的是與「A表述所有的B」或「A屬於所有的B」一樣，而並非與「A表述B」或「A屬於B」一樣。與這第一個錯誤相連繫的第二個錯誤是：邁爾主張否定前提也有一個詞項從屬於另一個詞項的外在形式，如同肯定全稱前提一樣。[48]在這裡「外在形式」是指什麼呢？當A屬於所有B時，那麼B屬於A，並

[45] 參見第七十八頁注[30]。

[46] 所引書，卷ii a，第四十九頁。

[47] 《前分析篇》，i.1, $24^{b}26$。

[48] 所引書，卷ii a，第八十九頁注[57]，「否定的三段論命題也至少有外在的從屬形式」。又參見同書第五十頁。

且這個關係的外在形式恰好就是命題「A屬於所有B」。但在否定前提中，如「A屬於無一B」，詞項間的從屬關係並不存在，也不存在此從屬關係的形式。邁爾的斷定是邏輯上的廢話。

讓我們引用邁爾對第二格的描述。它這樣說：「對兩個詞項說來，每當其一包括於，而另一不包括於同樣的第三個詞項之中，或均包括於其中，或均不包括於其中，於是我們面前就有第二格。中項就是那包括其餘兩詞項的那個詞項，兩個端項就是那包括於中項之中的詞項。」[49]這個冒牌地對第二格的刻畫，也是邏輯上的廢話。試舉下例：給定兩個前提：「A屬於所有B」和「C屬於無一A」。如果A屬於所有B，則B包括於A，並且如果C屬於無一A，它就不包括於A。因此有兩個詞項B和C，其中之一B，包括於第三個詞項A之中，而另一詞項C不包括於這同樣的第三個詞項之中。按照邁爾的描述，在我們面前就應當有一個第二格了。然而，我們所有的並非第二格，而僅僅是兩個前提「A屬於所有B」和「C屬於無一A」，用第一格的Celarent式，我們可由這兩個前提得到結論「C屬於無一B」，並且用第四格Camenes式可得結論「B屬於無一C」。

---

[49] 所引書，卷ii a，第四十九頁。

然而，邁爾由於斷定存在著僅僅含有兩個式（Fesapo和Fresison）的三段論的第四格，而達到了邏輯荒謬的頂峰。他用以下的議論來支持他的這個斷定：「亞里士多德的學說漏掉了中項的一個可能的位置。這個詞項（指中項——譯者注）可以比大項的普遍性小而比小項的普遍性大；其次，它可以比兩端項普遍性大；第三，它可以比兩端項的普遍性小；但它也可以比大項普遍性大而同時又比小項的普遍性小。」[50]當我們提醒自己注意到：按照邁爾的意見，大項總是比小項的普遍性大，[51]而「較之普遍性大」的關係是傳遞性的，那麼，我們就不能避免這個議論的奇怪的後果：他的第四格的中項較之於小項應當在同時既是普遍性大又是普遍性小。從邏輯的觀點看來，邁爾的著作是無用的。

十四、加倫的四個格

幾乎在每一本邏輯教科書中，你都可以看到這種說法：第四格的發現者是西元二世紀居住在羅馬的希臘醫生和哲學家加倫。這個說法的來源是可疑的。我們既沒

[50] 所引書，卷ii b，第二六四頁。

[51] 同上書，卷ii a，第五十六頁，「如同在第一格中業已斷然成立的情況一樣，大項總是普遍性大，而小項的普遍性小。」

有在加倫的現存的著作中看到它，也沒有在希臘注釋家（包括菲洛波努斯）的著作中看到它。據普蘭特爾說，關於這一點，中世紀邏輯學家是從阿威羅伊那裡得知的，阿威羅伊說，第四格是由加倫提出的。㊷對這個含混的材料，我們還可以加上在十九世紀發現的兩篇希臘文殘篇，而且也是非常含混的。其中之一曾於一八四四年由邁納斯在他所編加倫的《辯證法導論》一書的序言中予以發表，一八九七年又由卡爾布弗萊希再度發表。這個佚名作者的殘篇告訴我們：某些後來的學者把德奧弗拉斯特斯及歐德謨斯增補於第一格的各式加以變換而成爲一個新的第四格，他們把加倫看作是這個理論的創始人。㊸另一希臘殘篇是普蘭特爾在約翰・意塔盧斯（十一世紀）的邏輯學著作中發現的。這位作者嘲諷地說：加倫主張存在一個第四

㊷ 普蘭特爾，i.571注99，從一五五三年在威尼斯編印的一個拉丁文譯本中引用阿威羅伊的話：「Et ex hoc planum, quod figura quarta, de qua meminit Galenus, non est syll ogismus super quem cadat naturaliter Cogitatio」，〔並且由這一點看是清楚的，加倫曾提起過的第四格不是思維會很自然地想到的一種三段論。〕又參看普蘭特爾ii.390，注322。

㊸ K.卡爾布弗萊希：《論加倫的邏輯導論》（*Über Galens Einleitung in die Logik*）「古典語言學年鑒補編」第二十三卷，萊比錫一八九七年版，第七〇七頁，「德奧弗拉斯特斯與歐德謨斯對於亞里士多德在第一格中敘述過的組合做了新的增補，……後來的有些學者把這些新的組合改造成為第四格，他們把加倫看作是這個理論之創始人而加以引證。」

格以反對亞里士多德，並且以爲他比過去的邏輯注釋家更爲聰明，實則差得很遠。[54]這就是全部。鑒於根據的基礎如此薄弱，宇伯威格曾懷疑對此問題存在著錯誤的了解，而海因裡希．肖爾茲在其《邏輯史》一書中寫道，加倫或許不能對第四格負責。[55]

五十年來有著一篇刊布了的希臘文注釋，這一注釋以一種完全出乎意料的方式弄清了全部問題。儘管業已發表，它似乎不被人們知曉。亞里士多德的希臘文注釋本的柏林編纂人之一馬克西米利安．瓦裡士，在一八九九年出版了阿蒙尼烏斯的《前分析篇》注釋本的現存殘篇，並在該書的序言中嵌入一篇佚名作者的注解。這篇注解是在保存著阿蒙尼烏斯殘篇的同樣的古抄本中發現的。它的題目是：「論三段論的全部種類」（**On all the kinds of syllogism**），並且這樣開始：

---

[54] 普蘭特爾，前引書，ii.302，注112，「三段論的諸格如下：加倫反對斯他吉拉人（即指亞里士多德。——譯者注），斷言存在著第四格：這樣他就認為他對問題的闡明比老的邏輯注釋家更為清楚，然而實際上他是大錯特錯了。」

[55] 宇伯威格：《邏輯系統》（*System der Logik*），波恩一八八二年版，第三四一頁，又見卡爾布弗萊希前引書六九九頁；肖爾茲《邏輯史》（*Geschichte der Logik*），柏林一九三一年版，第三十六頁，參閱中譯本第三十八頁。

「三段論有三種：直言的、假言的和外設的（κατὰ πρόσληψιν）三段論。直言的三段論又分兩類：簡單的和複合的。簡單三段論有三種：第一、第二和第三格。複合三段論有四種：第一、第二、第三和第四格。亞里士多德之所以說只有三個格，因爲他著眼於含有三個詞項的簡單三段論。然而加倫在其《論必然》一書中說有四個格，是由於他著眼於含有四個詞項的複合三段論，因爲他在柏拉圖的《對話集》中發現了許多那樣的三段論。」[56]

這位佚名作者進一步對我們做了一些解釋，我們能由此推想加倫如何得以發現這四個格。含有四個詞項的複合三段論可用簡單三段論的I、II和III三個格以九種不同方式組合而形成：I與I，I與II，I與III，II與II，II與I，II與III，III與III，III與I，III與II。這些組合中的兩個，即II與II，III與III，根本不能得出三段論，而其餘的組合中的II與I和I與II，III與I和I與III，III與II和II與III所得出的三段論是各自相同的。這樣我們就僅僅得到四個格：I與I，I與II，I與III以及II

---

[56] M.瓦裡士編：《阿蒙尼烏斯對亞里士多德〈前分析篇〉第一卷的注釋》，一八九九年柏林版，第IX頁。

與III。㊼所舉的許多實例的三個是取自柏拉圖的《對話集》，兩個取自《阿爾克比亞德》篇（*Alcibiades*），一個取自《共和國》篇。

這個精確和詳盡的計算必須加以解釋和檢驗。四個詞項的複合三段論有三個前提和兩個中項，令其爲B和C，它形成前提B—C或C—B。我們稱之爲中前提。B與結論的主項A共同構成小前提，而C與結論的謂項D共同構成大前提。由此我們得到以下八個組合（在各個前提中的第一個詞項是主項，第二個詞項是謂項）：

㊼ 瓦裡士，前引書，第ix至x頁：「簡單直言三段論在亞里士多德那裡是A、B、C諸格，複合的三段論在加倫那裡是：A對於A，A對於B，A對於C，B對於B，B對於A，B對於C，C對於C，C對於A，C對於B，合於三段論的是：

A對於A，A對於B，A對於C，B對於C。

A　　B　　C　　D

不合於三段論的是：B對於B，C對於C（三段論不能從兩個否定或者兩個特稱的前提得到），

B對於A，C對於A，C對於B

B　　C　　D

與正文中已經寫出的三段論同。」

格	前提			結論	
	小	中	大		
F_1	A—B	B—C	C—D	A—D	I與I
F_2	A—B	B—C	D—C	A—D	I與II
F_3	A—B	C—B	C—D	A—D	II與III
F_4	A—B	C—B	D—C	A—D	II與I
F_5	B—A	B—C	C—D	A—D	III與I
F_6	B—A	B—C	D—C	A—D	III與II
F_7	B—A	C—B	C—D	A—D	I與III
F_8	B—A	C—B	D—C	A—D	I與I

如果我們採取德奧弗拉斯特斯的原則：在亞里士多德的第一格中，中項是一個前提的主項——這和是大前提還是小前提沒有關係——並且是另一前提的謂項，並且用這個原則來規定那一方面由小前提與中前提所形成的格；另一方面由中前提與大前提所形成的格，於是我們得到在最後一欄中所表示的格的組合。這樣，例如，在複合的格F_2中，小前提與中前提在一起形成第I格，因爲中項B是第一個前提的謂項

和第二個前提的主項；而中前提與大前提在一起形成第II格，因爲中詞C同是兩個前提的謂項。這大概就是加倫如何得到他的四個格的辦法，注意最後一欄，我們立即看到：如加倫所主張的，II與II，III與III的組合並不存在，這並不是（如那位元注釋家錯誤地說的）由於從兩個否定前提或兩個特稱前提得不出任何結論，而是由於沒有詞項能在前提中出現三次。也很顯然，如果我們把德奧弗拉斯特斯的原則擴展到複合的三段論並且將所有從相同前提的組合（不論它產生結論A—D還是D—A）構成的式包括在同一個格之中，我們就會如加倫所作的那樣從I與II的組合及II與I的組合同樣得到相同的格。因爲在F_4格中把字母B和C以及字母A和D交換，我們得到這個圖式：

F_4　D—C　B—C　A—B　D—A，

而且由於前提的次序是沒有關係的，可以看出在F_4中所得的結論D—A與F_2中所得的結論A—D出自相同的前提。同理，F_1格與F_8格，F_3與F_6，或F_5與F_7之間並非不同。因此，這就可能把具有四個詞項的複合三段論劃分爲四個格。

瓦裡士所編的這篇注釋解釋了與據說加倫發現第四格一事有關的所有歷史問題。加倫把三段論分爲四個格，但這些都是具有四個詞項的複合三段論，而不是亞里士多德的簡單三段論。亞里士多德式三段論的第四格曾是另外的某人所發現的，大概非常晚，也許不早於六世紀，這位不被知曉的作者大概曾聽到過關於加倫的四個格的某些情況，但他或者並不了解它們，或者手邊並沒有加倫的著作。在反對亞里士多德以及整個逍遙學派時，他渴望抓住機會使他的意見受到一個傑出的名字的威望的支持。

附注：由加倫提出的複合三段論問題，從系統化的觀點看來是頗有興趣的。在研究含有三個前提的三段論的有效式的數目時，我曾發現四十四個有效式。F_1，F_2，F_4，F_5，F_6及F_7各有六個，而F_8有八個，F_3是空的，一個有效式也沒有，因為不可能找到得出A—D形式結論的A—B，C—B，C—D形式的前提。這個結果，如果被傳統邏輯的學生知道了，將一定會使他們驚愕。我曾於一九四九年在都柏林的大學學院就此題目講過課。聽過這個課的C.A.麥雷狄士先生發現了一些關於n個詞項的三段論（包括一個和兩個詞項的表達式）的格和有效式的數目的一般公式。承他慨然允諾，現將這些公式公布於下：

詞項數	n
格數	2^{n-1}
有有效式的格數	$\frac{1}{2}(n^2-n+2)$
有效式數	$n(3n-1)$

對於所有n，除了一個格有2n個有效式之外，每一個不空的格有6個有效式。

例如：

詞項數	1，2，3，4，…10
格數	1，2，4，8，…512
有有效式的格數	1，2，4，7，…46
有效式數	2，10，24，44，…290

顯然，當n較大時，它的有有效式的格數與其全部格數相比較，數目是較小的，如n=10，就相應於其全部格數512，只有46個有有效式的格。也就是說，466個格是空的。如n=1，僅只一個格，A—A，共有2個有效的式，即同一律。如n=2，有兩個格：

	前提	結論
F_1	A—B	A—B
F_2	B—A	A—B

具有10個有效式，6個屬於F_1（即命題的同一律，例如，「如果所有A是B，則所有A是B」的四個替換，以及兩個從屬律），4個屬於F_2（即4條換位律）。

第三章

亞里士多德三段論系統

十五、完全的和不完全的三段論

亞里士多德在三段論理論的緒論性的那一章中，將所有三段論分爲完全的和不完全的兩大類。他說：「我稱之爲完全的三段論的，是那些除了已經陳述的東西之外不需要其他什麼來使得必然性成爲顯然的三段論；如果它還需要根據諸詞項的規定是必要的，但未曾由前提陳述出來的一個或更多個成分，我就稱之爲不完全的三段論。」❶這一段需要翻譯成邏輯術語。每一個亞里士多德式三段論是一個眞蘊涵式，它的前件是聯合的前提，而後件是結論。因此，亞里士多德所說的意思是，在完全的三段論中，前提和結論之間的連繫是自明的而不用外加的命題。完全的三段論是自明的語句，它不擁有也不需要證明；它們是不可能證明的（indemonstrable ἀναπόδεικτοι❷。）。演繹系統的不可證明的眞語句，現在叫作公理。因此，完全

---

❶《前分析篇》，i.1, 24^b22，「我稱之完全的三段論的，是那些除了已經陳述的東西之外不需要其他什麼來使必然地得出的東西成為顯然的；如果還需要一個或更多的命題，這些命題的確是已設定的詞項的必然條件，但未曾明顯地作為前提陳述出來，我就稱之為不完全的三段論。」

❷亞歷山大在注釋上面這一段時，使用了ἀναπόδεικτος（不能證明的）這個詞。24.2「那些不完全的三段論需要有一個附加的命題，它們僅僅需要一次變換，以便它們獲得一個完全的和不能證明的第一格三段論的形式；那些需要附加幾個命題的三段論，化為完全的三段論要利用兩次變換」。又參看第六十七頁注⓬。

的三段論都是三段論的公理。另一方面，不完全的三段論並不是自明的；它們必須借助於由前提所得出的，但又是與前提本身不同的一個或更多個命題來證明。

亞里士多德知道並非所有眞命題都可證明❸。他說，一個具有「A屬於B」形式的命題是可證明的，如果存在著一個中項，即一個與A和B一起構成一個正確三段論的前提的詞項，而以上述「A屬於B」這個命題作爲結論。如果這樣的一個中項並不存在，這個命題就叫作「直接的」（ἄμεσος），也就是說，沒有一個中項。直接命題是不能證明的，它們是基本眞理（basic truths, ἀρχαί）❹見於《後分析篇》的這些陳述，還可以用《前分析篇》的一段加以補充。它說：每一個證明與每一個三段論必須借助於三段論的三個格來構成。❺

亞里士多德的這個證明理論有一個根本的破綻：它假定所有問題都能用四種三段論的前提來表達，從而直言三段論就是唯一的證明工具。亞里士多德並沒有意識

---

❸《後分析篇》，i.3, $72^{b}18$，「我自己的理論是：並非所有知識都是證明的，相反，直接的前提是不依賴於證明的。」

❹《後分析篇》，i.23, $84^{b}19$，「這也是明顯的，當A屬於B時，如果有一個中項，那麼就能夠加以證明，……如果沒有任何中項，證明就不再是可能的了：我們面臨的是基本眞理。」

❺《前分析篇》，i.23, $41^{b}1$，「每一個證明與每一個三段論必須借助於上面所說的三個格來構成。」

到他自己的三段論理論就是反對這個設想的一個實例。三段論的各個式，作爲蘊涵式，都是與三段論前提不同的另一類命題，然而它們都是眞的命題，而且如果它們的任何一個不是自明的和不可證明的，它就需要一個證明來建立它的眞理性。這個證明，無論如何不能由直言三段論來作，因爲一個蘊涵式既沒有主項也沒有謂項。而在不存在的端項之間來尋求中項當然是無濟於事的。這也許是亞里士多德在其三段論的格的學說中使用一套特別的術語的下意識的原因。他不說「公理」或「基本眞理」而說「完全的三段論」，也不說「論證」或「證明」不完全的三段論，而說把它們「化歸」（reduces, ἀνάγει或ἀναλύει）爲完全的。這套不適當的術語的影響至今還存在。凱因斯在他的《形式邏輯》一書中爲此花了一整節的篇幅，題爲「化歸法是三段論學說的本質部分嗎？」並且得出結論：「就建立不同的式的正確性而言，化歸法並不是三段論學說的一個必要的部分。」❻這個結論不能用於亞里士多德的三段論理論，因爲這個理論是一個公理化的演繹系統，而其他三段論的式化歸爲第一格的式，這也就是用公理證明它們爲定理，乃是這個系統的一個不可缺少的部分。

❻所引書第三二五—三二七頁。

亞里士多德承認第一格的各式即Barbara, Celarent, Darii和Ferio爲完全三段論。❼而在他的系統闡述的最後一章，他又將第三和第四式化歸爲頭兩個式，從而將最清楚明白的三段論Barbara和Celarent作爲他的理論的公理。❽這個細節是不無興趣的。現代形式邏輯傾向於將一個演繹理論中的公理的數目簡化到最少限度，而這個傾向在亞里士多德的著作中有了它的最初的表現。

當亞里士多德說只有兩個三段論需要作爲公理來建立其全部三段論理論時，他是對的。然而，他忽略了他把不完全的式化歸爲完全的式時所用的換位律（law of conversion），也屬於他的理論而且不能由三段論加以證明。在《前分析篇》中提到三條換位律：E前提、A前提和I前提的換位。亞里士多德證明這些定律中的第一條時，使用他所謂的顯示法（ecthesis），我們隨後即將看到，它需要一個在三段論範圍之外的邏輯過程。因爲它不能用別的方法加以證明，它必須被陳述爲這個系統的一個新的公理。A前提的換位是由一條屬於邏輯方陣的斷定命題來證明的，而它在《前分析篇》中並未提到，因此，我們必須把這條換位定律或者這條定律由

---

❼ 在包括有第一格的各個式的第四章的結尾處，亞里士多德說（見《前分析篇》，i.4, 26^b29），「這也是顯然的，這個格中的所有三段論都是完全的。」

❽ 同前，7.29^b1，「把所有三段論化歸為第一格的全稱三段論也是可能的。」

之產生的邏輯方陣的斷定命題承認爲第四個公理，只有I前提的換位定律能夠不用新的公理而加以證明。

還有兩個斷定命題必須加以考慮，儘管它們之中的任何一個均不曾爲亞里士多德明白陳述，這就是同一律：「A屬於所有的A」及「A屬於有些A。」第一條定律是獨立於所有其他三段論的斷定命題的。如果在這個系統中我們需要有這條定律，我們必須在公理的意義上承認它。第二條同一律能從第一條推導出來。

現代形式邏輯在一個演繹系統中不僅區分原始的和匯出的命題，而且也區分原始的和定義的詞項。亞里士多德三段論系統的常項是四種關係：「屬於所有的」或A，「屬於無一的」或E，「屬於有些」或I，以及「不屬於有些」或O。其中的兩個可由另外的兩個用命題否定的辦法定義如下：「A不屬於有些B」與「A屬於所有B並非眞的」意思是一樣的，而「A屬於無一B」與「A屬於有些B並非眞的」意思是一樣的。同樣地，A能由O定義，I能由E定義。亞里士多德並沒有把這些定義引進它的系統，但他直觀地使用它們作爲他的證明的論據。讓我們引用I前提換位的證明作爲唯一的例子。它說：「如果A屬於有些B，那麼B必屬於有些A。因爲如果B應屬於無一A，A就屬於無一B。」❾很明顯，在這個間接證明

❾《前分析篇》，i.2, 25ª20〔希臘文原文據W.D.羅斯版本校正〕。

中，亞里士多德把「B屬於有些A」的否定看作與「B屬於無一A」等價。至於對另一對，A與O，亞歷山大明白地說，短語「不屬於有些」與「不屬於所有」僅僅字面不同，而有等價的意義。❿

如果我們認定關係A與I爲此系統的原始詞項，用它們來定義E與O，那麼，如我多年前曾說過的，⓫我們可以在以下四條公理之上建立亞里士多德的全部三段論理論：

1. A屬於所有的A。
2. A屬於有些A。
3. 如果A屬於所有B並且B屬於所有C，那麼A屬於所有C。（Barbara）
4. 如果A屬於所有B並且C屬於有些B，那麼A屬於有些C。（Datisi）

要減少這些公理的數目是不可能的了。特別是，它們不能由所謂「全和零原則」（dictum de omni et nullo，嚴復舊譯爲「曲全公論」——譯者注）推

---

❿ 亞歷山大84.6，「表達式『不屬於有些』與『不屬於所有』之間的區別不在於思想，而僅在於字面。」

⓫ 盧卡西維茨：《數理邏輯初步》（*Elementy Logiki matematycznej*），M.普勒斯伯格編（油印本），華沙一九二九年版，第一七二頁。「邏輯分析對知識的重要性」，（Znaczenie analizy Logicznej dla poznania）《哲學評論》，第xxxvii卷，華沙（一九三四），第三七三頁。

導出來。這條原則在不同的邏輯教科書中表述爲不同的公式，並且總是非常含混的。古典公式：「quidquid de omnibus valet，valet etiam de quibusdam et de singulis」與「quidquid de nullo valet，nec de quibusdam nec de singulis valet」。（「凡對於一類事物的全部所肯定或否定的，對於這一類的某一個與每一個也是可以肯定或否定的。」）在嚴格的意義下，不能應用於亞里士多德邏輯，因爲單一詞項與單稱命題並不包括在這個系統中。此外，即使它能夠推出什麼東西來，我也看不出怎樣能從這原則推出同一律和Datisi式。何況，很明顯，它並非一個單獨的原則而是兩個。必須強調指出，亞里士多德對於這個隱晦的原則是沒有責任的。像凱因斯那樣斷定說「全和零原則」是亞里士多德作爲公理提出，所有三段論推論均以它爲基礎，⑫這是不眞實的。在《前分析篇》中它沒有在任何地方作爲一個三段論的原則而被陳述。有時關於這個原則作爲公式而引用，不過是對於「表述所有的」以及「表述無一的」諸詞的一個解釋而已。⑬

⑫《形式邏輯》，第三〇一頁。

⑬《前分析篇》，i.1,24^{b}28，「當其不能找出那一（主項）（τοῦ ὑποκειμένου，——被W.D.羅斯省去）不能被另一詞項斷定的任何情況時，我們也可以說，一個詞項表述另一個的全部；表述無一的，也必須作同樣的了解。」

如果「原則」的意思與「公理」一樣，那麼在亞里士多德邏輯中尋找這樣一條原則是一個徒勞的企圖。如果它有另外的意義，我就根本不懂這個問題了。邁爾曾為這個題目在他的書中寫了隱晦的另外一章。⓮他講了一大串哲學的玄想，而它們本身既無根據，也不能從《前分析篇》本文中找到根據。從邏輯觀點看，它們是無用的。

十六、詞項邏輯與命題邏輯

直到今日還沒有對亞里士多德提出的化不完全三段論為完全三段論的證明作出嚴格的邏輯分析。舊的邏輯史學家，如普蘭特爾與邁爾都是哲學家，並且只懂得「哲學邏輯」，它在十九世紀時，除了極少的例外，是低於科學水準的。普蘭特爾與邁爾現在都已經死了，但說服活著的哲學家們在獲得一種稱為「數理邏輯」的堅實知識之前應當停止關於邏輯或它的歷史的寫作，也許不是不可能的。否則，對於他們和他們的讀者都將是浪費時間。我認為這一點有不小的實際重要性。

那些不了解在亞里士多德系統之外，還有另外一個比三段論理論更根本的邏輯

⓮《亞里士多德的三段論》，卷ii b，第一四九頁。

系統的人，不能完全地了解亞里士多德的證明。那個系統就是命題邏輯。讓我們用一個例子來說明詞項邏輯與命題邏輯之間的區別（亞里士多德邏輯不過是詞項邏輯的一個部分）。在亞里士多德式的同一律「A屬於所有的A」或「所有A是A」之外，還有另外一種形式的同一律：「如果p，那麼p。」讓我們比較這兩個最簡單的邏輯公式：

所有A是A　　和　　如果P，那麼P。

它們在常項（我稱爲函子，Functors）方面不同：在第一個公式中，函子是「所有——是」，在第二個公式中，則是：「如果——那麼。」二者都是在此處同一的兩個變元的函子。但是，主要區別在變元之中。在兩個公式中，變元都是變項，但屬於不同的種類：可替代變項A的值是詞項，如「人」或「植物」。這樣，從第一個公式可得到命題：「所有人是人」，「所有植物是植物」。變項P的值不是詞項而是命題，如「都柏林位於裡費河畔」或「今天是星期五」；因此，我們由第二個公式得到命題：「如果都柏林位於裡費河畔，那麼都柏林位於裡費河畔」或「如果今天是星期五，那麼今天是星期五」。這個詞項變項與命題變項之間的區別，是兩個公式之間的，從而也是兩個邏輯系統之間的主要區別，而且由於詞項和命題屬於不同的語義範疇，這個區別是一個根本的區別。

命題邏輯的第一個系統的建立約在亞里士多德之後的半個世紀：它是斯多亞派

的邏輯。這個邏輯不是一個斷定命題的系統，而是一個推論規則的系統。所謂肯定前件的假言推理，現在稱爲分離規則的：「如果α，則β；但α；所以β」就是斯多亞派邏輯的最重要的原始推論規則中的一條。變項α和β都是命題變項，因爲僅僅命題能有意義地替代它們。[15]命題邏輯的現代系統是一八七九年由德國大邏輯學家弗雷格創造的。另一位十九世紀卓越的邏輯學家，美國人查爾士·山德爾斯·皮爾士以他的邏輯矩陣*的發現（一八八五年）對這個邏輯做了重大貢獻。《數學原理》的作者，懷特海與羅素後來在「演繹理論」的名義下把這個邏輯系統置於全部數學之首。所有這些都是十九世紀的哲學家所不知道的。直到當時，哲學家們也似乎沒有命題邏輯的概念。斯多亞派邏輯實際上是與亞里士多德邏輯媲美的傑作。邁爾卻說它產生了一幅形式主義的—語法的不固定性與缺乏原則的貧乏不毛的圖畫，並且在註腳中加上這種看法：普蘭特爾與蔡勒對於這個邏輯不利的評價必須維護[16]。

---

[15] 參看盧卡西維茨：「命題演算史」（Zur Geschichte des Aussagenkalküls），《認識》雜誌第V卷，萊比錫，一九三五年出版，第一一一—一三一頁。

* 即現今通稱的「真值表」。——譯者注

[16] 邁爾：《亞里士多德的三段論》，第三八四頁，「但是斯多亞派邏輯實際上是貧乏的、不毛的、形式主義的—語法的不固定與缺乏原則的圖畫。」同上，注①「實際上，即使普蘭特爾與蔡勒對

一九九一年的《英國百科全書》簡短地談到斯多亞派邏輯：「它們對亞里士多德邏輯的修正與幻想的改進，大多是無用與迂腐的。」⓱

似乎亞里士多德並沒有想到在他的三段論理論之外，還有另外一個邏輯系統的存在。然而他直觀地在其不完全三段論的證明中運用命題邏輯的定律，並且，甚至於在《前分析篇》第二卷中明顯地提出了三個屬於這個邏輯的命題。它們的第一個是一條「易位律」（law of transposition）。他說：「當兩事物如此相互關聯著：如果一個是，則另一個必然是，那麼如果後者不是，則前者也應不是。」⓲用現代邏輯的術語，這就是說，任何時候，一個「如果α則β」形式的蘊涵式是眞的，那麼另一個「如果非β則非α」形式的蘊涵式也必眞。第二個是假言三段論定律。亞里士多德用一個例子來解釋：「每當如果A是白的，則B應必然是大的，並且如果B是大的，則C應不是白的，那麼這是必然的：如果A是白的，則C應不是白的。」⓳這就是說：每當「如果α，則β」和「如果β，則γ」這兩個形式的蘊

斯多亞派邏輯所作的那些不利的評價也應當保留」。

⓱ 第十一版，劍橋一九一一年出版，第二十五卷，第九四六頁（「斯多亞」條）。

⓲《前分析篇》，ii.4, 57^b1。

⓳《前分析篇》，ii.4, 57^b6。

涵式都眞時，則第三個蘊涵式「如果α，則γ」亦必眞。第三個命題是把前兩條定律應用於一個新的例子，並且，奇怪極了，它是假的。這個非常有趣的段落是這樣的：

「同一個事物應由另外的同一個事物的存在或不存在使之成爲必然的，這是不可能的。我是指，例如，如果A是白的則B應必然是大的，而且如果A不是白的，則B應必然是大的，這是不可能的，因爲如果B不是大的，則A不能是白的。但如果當A不是白的時候，B應是大的是必然的，它必然得出如果B不是大的，B本身就是大的了。而這是不可能的。」[20]

儘管亞里士多德所挑選的這個例子是不合適的，他的論證的意思是清楚的。依據現代邏輯，它可以這樣陳述：「如果α，則β」和「如果非α，則β」形式的兩個蘊涵式不能同眞。因爲從易位律我們由第一個蘊涵式得到前提「如果非β，則非α」而這個前提與第二個蘊涵式一起由假言三段論定律產生結論「如果非β，則β」。

[20] 《前分析篇》，ii.4, 57^b3。

根據亞里士多德的意見這個結論是不可能的。

亞里士多德的最後一點說明是錯的。前件是後件的否定的蘊涵式「如果非β，則β」不是不可能的；它可以是眞的，並且根據命題邏輯的定律「如果（如果非p，則p），那麼p」㉑得出後件β作爲結論。邁爾在注釋這一段的時候說，在這裡會得出一個與矛盾律相反的組合，因而是荒謬的。㉒這個注釋又一次地顯露了邁爾在邏輯上的無知。違反矛盾律的不是蘊涵式「如果非β，則β」而僅僅是合取式「β並且非β」。

亞里士多德之後若干年，數學家歐幾里得作出了一個數學定理的證明。這個數學定理蘊涵著斷定命題「如果（如果非p，則p），那麼p」。㉓他首先說：「如果兩個正整數a與b的積是可以被素數n整除的，則如果a是不能被n整除的，則

㉑見，A.N.懷特海與B.羅素：《數學原理》卷i，劍橋一九一〇年版，第一〇八頁，斷定命題*2.18。

㉒《亞里士多德的三段論》，卷ii a，第三三一頁：「由於這樣會得到一個與矛盾律相對立的組合，所以它乃是荒謬的。」

㉓見《G.瓦拉第文集》（*Scritti di G. vailati*），萊比錫—佛羅倫斯，CXV，《關於特第托的一段書與歐幾里得的證明》，第五一六—五二七頁；參看盧卡西維茨「對於多值命題演算系統的哲學考察」（Philosophische Bemerkungen zu mehrwertigen systemen des Aussagen-kalküls），《華沙科學與文學會會刊》，xxiii卷（一九三〇年），第III類，第六十七頁。

b應當被n整除。」讓我們假定a＝b，並且它們的積a×a（a^2）能被n整除。由這個假定得出：「如果a是不能被n整除的，則a是可被n整除的。」這裡我們就有了一個前件爲其後件否定的眞蘊涵式的例子。從這個蘊涵式中歐幾里得導出定理：「如果a^2可被一素數n整除，則a可被n整除。」

十七、換位法證明

用一個前提換位來證明不完全的三段論，既是最簡單的也是亞里士多德最經常使用的。讓我們分析兩個例子。第二格Festino式的證明是這樣說的：「如果M屬於無一N，但屬於有些X，則N必不屬有些X也是必然的了。因爲否定前提是可換位的，N屬於無一M，但已認定M屬於有些X；所以N不屬於有些X。達到這個結論是借助於第一格。」㉔

這個證明基於兩個前提：其一是E命題的換位律：

(1) 如果M屬於無一N，那麼N屬於無一M，

㉔《前分析篇》，i.5, 27^a32。

另一個是第一格的Ferio式：

(2)如果N屬於無一M並且M屬於有些X，那麼N不屬於有些X。

從這些前提我們必定導出Festino式：

(3)如果M屬於無一N並且M屬於有些X，那麼N不屬於有些X。

亞里士多德直觀地進行這個證明。在分析他的直觀時，我們發現兩條命題演算的斷定命題：其一是上面已提到的假言三段論定律，它可以陳述爲下列形式：

(4)如果（如果p，則q），那麼〔如果（如果q，則r），則（如果p，則r）〕，㉕

㉕見《數學原理》，第一〇四頁，斷定命題*2.06。

另一斷定命題讀作：

(5)如果（如果p，則q），那麼（如果p並且r，則q並且r）。

這個斷定命題在《數學原理》中，根據皮亞諾的主張，把它叫作因數原則（principle of Factor）。它表明我們可用一個公因數「乘」蘊涵式的兩邊，即，我們可借助於「並且」這個詞，把一個新命題r加於p和加於q。㉖

我們從斷定命題(5)開始。因爲p、q和r都是命題變項。我們可以用亞里士多德邏輯的前提去代替它們。以「M屬於無一N」代p，「N屬於無一M」代q，以「M屬於有些X」代r，我們從(5)的前件可得出換位律(1)，並且我們可把(5)的後件分離出來作爲一個新的斷定命題。這個新斷定命題有形式：

(6)如果M屬於無一N並且M屬於有些X，那麼N屬於無一M並且M屬於有些X。

㉖見《數學原理》，第一一九頁，斷定命題*3.45。合取式「p並且r」在《數學原理》中被稱為「邏輯積」。

這個斷定命題的後件與斷定命題(2)的前件等同，因此，我們可對(6)與(2)應用假言三段論規則，以合取式「M屬於無一N並且M屬於有些X」代p，以合取式「N屬於無一M並且M屬於有些X」代q，而以命題「N不屬於有些X」代r。兩次運用分離規則，我們就從這個新斷定命題得到Festino式。

我想分析的第二個例子稍有不同。它就是上面提到過的Disamis式的證明。[27]我們要證明以下的不完全三段論：

(7) 如果R屬於所有S並且P屬於有些S，那麼P屬於有些R。

這個證明基於第一格的Darii式：

(8) 如果R屬於所有S並且S屬於有些P，那麼R屬於有些P。

而且基於I命題換位律的兩次應用，第一次應用於以下形式：

㉗ 見第六十三頁注❽。

(9) 如果P屬於有些S，則S屬於有些P，

而第二次應用於以下形式：

(10) 如果R屬於有些P，則P屬於有些R。

我們以假言三段論的定律和下列斷定命題作爲命題邏輯的輔助命題。下面的斷定命題與(5)略有不同，但還可以叫作因數原則：

(11) 如果（如果p，則q），那麼（如果r並且p，則r並且q）。(5)與(11)之間的差別在於：公因數r不是像在(5)之中那樣在第二個位置上，而是在第一個位置上。由於合取式是可交換的，而且「p並且r」與「r並且p」是等價的，所以這個差別不影響這個斷定命題的正確性。

亞里士多德所作的證明由前提「p屬於有些S」的換位開始。在這個處理之後，讓我們把(11)中的p代之以前提「p屬於有些S」，把q代之以前提「S屬於有些P」，而把r代之以前提「R屬於所有S」。用這個替換，我們從(11)的前件

得到換位律(9)，並且我們因而可以分離出(11)的後件，即：

(12) 如果R屬於所有S並且P屬於有些S，那麼R屬於所有S並且S屬於有些P。

(12)的後件與(8)的前件是等同的。應用假言三段論定律，我們能從(12)和(8)得到三段論：

(13) 如果R屬於所有S並且P屬於有些S，那麼R屬於有些P。

但這個三段論不是所要求的Disamis式，而是Datisi式。當然，Disamis式能夠從Datisi式根據斷定命題(10)把它的後件換位而匯出，亦即應用假言三段論於(13)與(10)。然而似乎亞里士多德採取了另一個途徑：他並不用匯出Datisi式並轉換它的結論的辦法，而是把Darii式的結論換位，從而得到三段論：

(14) 如果R屬於所有S並且S屬於有些P，那麼P屬於有些R。

並且隨後他直觀地應用假言三段論定律於(12)與(14)。三段論(14)是一個第四格的式，叫作Dimaris。如我們已經知道的，亞里士多德在《前分析篇》第二卷開頭的地方提到這個式。

以同樣的辦法我們可以分析所有其他的用換位法的證明。由此分析可見：如果我們在第一格的完全的三段論和換位定律之上，加上三條命題邏輯的定律，即假言三段論定律和兩個因數定律，我們就得到了除Baroco與Bocardo之外的、所有的不完全三段論的嚴格地形式化的證明。這除外的兩個式需要命題邏輯的另外的斷定命題。

六、歸謬法證明

Baroco式與Bocardo式用換位法不能化歸爲第一格。A前提換位會產生I前提，由它與O前提一起不能得出什麼東西，而O前提又不能換位。亞里士多德企圖用歸謬法（reductio ad impossibile, ἀπαγωγὴ εἰς τὸ ἀδύνατον）來證明這兩個式。對Baroco的證明這樣說道：「如果M屬於所有N，但不屬於有些X，則N應不屬於有些X，就是必然的了；因爲如果N屬於所有X，而M也表述所有N，M必

屬於所有X；但已假定M不屬於有些X。」㉘這個證明是太簡潔了而且需要解釋，通常是用以下方式解釋：㉙

我們要證的三段論：

(1) 如果M屬於所有N並且M不屬於有些X，則N不屬於有些X。

已經承認前提「M屬於所有N」以及「M不屬於有些X」都眞；則結論「N不屬於有些X」必須也是眞的。因爲如果它是假的，它的矛盾命題「N屬於所有X」就會是眞的。這最後一個命題就是我們逆推的起點。因爲已經承認前提「M屬於所有N」是眞的，我們從這個前提與命題「N屬於所有X」（用Barbara式）得到結論「M屬於所有X」。但這個結論是假的，因爲已經承認了它的矛盾命題「M不屬於有些X」是眞的，所以我們逆推的起點「N屬於所有X」導致了一個假的結論，從而它必是假的，而它的矛盾命題，「N不屬於有些X」必是眞的。

這個論證只有表面的說服性；事實上它並沒有證明上面的三段論。它僅能應用

㉘《前分析篇》，i.5, $27^{a}37$。

㉙例如，參見邁爾《亞里士多德的三段論》，卷ii a，第八十四頁。

於傳統的Baroco式（我以這個式通常帶有動詞「是」的形式來引述它，而不用亞里士多德式的帶有「屬於」字樣的形式）：

(2) 所有N是M，

有些X不是M，

所以

有些X不是N。

這是一條推論規則，假定前提都眞的話，那也就允許我們斷定這個結論。它並不說明當前提都假時，會發生什麼事情。這是與一條推論規則無關的，因爲，顯然，一個基於假前提的推論不能是正確的。但亞里士多德式三段論都不是推論規則，它們都是命題。三段論(1)是一個蘊涵式，它對於變項M、N和X的所有的值都是眞的，而不僅是對於那些能確證這些前提的值才是眞的。如果我們將此Baroco式應用於詞項M＝鳥，N＝動物，與X＝貓頭鷹時，我們得到一個眞的三段論（我用帶「是」字的形式，如亞里士多德在例子中所作的那樣）：

(3) 如果所有動物都是鳥，

並且有些貓頭鷹不是鳥，

那麼有些貓頭鷹不是動物。

這是一個Baroco式的例子，因爲它用替換而由該式得出。但上面的論證不能應用於這個三段論。我們不能承認這些前提都是眞的，因爲命題「所有動物是鳥」和「有些貓頭鷹不是鳥」確實是假的。我們不需要假定結論是假的；不論我們假定它的虛假性與否，它總是假的。但主要之點在於：結論的矛盾命題，亦即命題「所有貓頭鷹是動物」與第一個前提「所有動物都是鳥」在一起產生出的結論不是假的，而是眞的：「所有貓頭鷹都是鳥。」「歸謬」在這個情況下是不可能的。

亞里士多德所提出的證明既不是充分的，也不是一個歸謬的證明。亞里士多德用與直接的或顯示的證明相對比的辦法，來描述間接的證明或「歸謬法」的論證。間接證明假定它希望否決的東西，即用還原法去否決被認爲假的命題，而顯示法證明從承認爲眞的命題開始。[30]因爲如果我們要用歸謬法證明一個命題，我們必須從

[30]《前分析篇》，ii.14, 62^b29，「歸謬法的論證，不同於顯示法的證明在於它設置它希望反駁的命題，即用還原為公認為虛假的命題的辦法來反駁設置的命題；而顯示法證明則從它所承認（為真）的論點出發。」

它的否定出發，並從而匯出一個顯然虛假的命題。Baroco式的間接證明應從該式的否定出發，而不是由它的結論的否定出發，並且這個否定應導致一個無條件的虛假的命題，而不是一個僅在某些條件下才是假的命題。我將在此處提出一個這樣的證明的簡述。令α指示命題「M屬於所有的N」，β指示「N屬於所有X」，以及γ指示「M屬於所有X」。因爲一個A前提的否定是一個O前提，「非β」㉛是「N不屬於有些X」的意思，而「非γ」是「M不屬於有些X」的意思。根據Baroco式，蘊涵式「如果α並且非γ，則非β」是眞的，或者，換言之，α並且非γ與β不同眞。因此，這個命題的否定意味著「α並且β並且非γ」同眞。但從「α並且β」用Barbara式得出「γ」；因此，我們得到了「γ並且非γ」，亦即一個由於有著形式的矛盾而顯然虛假的命題。這個用歸謬法對Baroco式的眞正的證明，完全不同於亞里士多德所提出的證明，這是易於看出的。

Baroco式能以一個極簡易的顯示證明從Barbara式得到證明，它需要一個，也僅僅只需要一個命題邏輯的斷定命題，那就是以下的複雜的易位律：

㉛我用「非」作為命題的否定「這是不真實的……」的縮寫。

(4) 如果（如果p並且q，則r），那麼（如果p並且非r，則非q）。[32]令「M屬於所有N」代p，「N屬於所有X」代q，以及「M屬於所有X」代r。透過此替代，從(4)的前件得到Barbara式，並因而可分離出後件，它讀作：

(5) 如果M屬於所有N並且M屬於所有X是不眞的，那麼N屬於所有X是不眞的。

因爲O前提是A前提的否定，我們可以在(5)中以「不屬於有些」替代「屬於所有是不眞的」，從而得到Baroco式。

毫無疑問，亞里士多德是知道在上述證明中所涉及的易位律的。這個定律與亞里士多德透徹地研究過的所謂三段論的「轉換」[33]（conversion）密切相連。轉換一個三段論，就是：把結論的反對命題或矛盾命題（在歸謬法證明中僅採取矛盾命題）與前提之一一起採取，從而推翻另一個前提。亞里士多德說：「這是必然的：如果結論已被轉換並且前提之一成立，則另一個前提應被推翻。因爲如果它應

---

[32] 見《數學原理》，第一一八頁，斷定命題*3.37。

[33] 《前分析篇》，ii.8—10。

當成立，則結論也必定成立了。」[34]這是對複雜的易位律的一個描述。所以亞里士多德知道這個定律；而且，他應用它從Barbara式得出Baroco式和Bocardo式。在同一章中研究第一格各式的轉換的時候，他說：「令三段論是肯定的（即Barbara式），又令它如已說過的那樣轉換（即用矛盾的否定）。那麼，如果A不屬於所有C但屬於所有B，B將不屬於所有C。而且，如果A不屬於所有C，但B屬於所有C，A將不屬於所有B。」[35]在這裡提出了Baroco式與Bocardo式證明的最簡單的形式。

在三段論理論的系統解說中，這些正確的證明都被不充分的歸謬論證所代替。我想，理由在於亞里士多德並沒有把通過假設的論證（arguments ἐξ ὑποθέσεως）看作眞正證明的手段。所有論證，對於他來說，都是使用直言三段論的證明；他力圖表明歸謬證明，就其至少包括的一部分是直言三段論而言，乃是一種眞正的證

---

[34] 同上，8, 59^b3，「因為這是必然的，如果結論已被改變成與它相反的東西並且前提之一成立，則另一個前提應被推翻。因為如果它應當成立，則結論也必定成立了。」參見《論辯篇》，viii.14，163^a34，「如果一個結論是不真的，那麼必然導致諸前提中的某一個的取消，因為給出所有前提的話，那個結論就必定產生。」

[35] 《前分析篇》，ii.8, 59^b28。

明。在分析正方形的一邊與其對角線不可公約的定理的證明時，他明白地說：我們由一個三段論可知：這個定理的矛盾將導致荒誕的後果，即奇數應等於偶數，但定理本身是由一個假設來證明的，因爲當它被否定時，就得出虛假的命題。㊱亞里士多德斷定，所有其他假設論證都是這一類的；因爲在每一場合，三段論都導致一個與原斷定命題不同的命題，而原斷定命題是由認可或由某些其他的假設所得到的。㊲當然，所有這些都是不眞實的；亞里士多德並不懂得假設論證的性質。Baroco式與Bocardo式是用易位定律來證明，不是由認可或由某些其他的假設而達到的，而是由一個清楚的邏輯定律來進行的；同時，它確實是在另外一個基礎上對一個直言三段論的證明，但它不是由一個直言三段論來進行的。

在《前分析篇》第一卷之末，亞里士多德指出有許多假設論證應當加以考慮和

㊱《前分析篇》，i.23, $41^{a}23$，「凡是進行歸謬論證的人們，用三段論的方法推出虛假的命題，並且，就假設地證明了原來的結論了，當從它的矛盾的假定而得出某些不可能的東西的時候；例如，正方形的對角線是不能與其一邊通約的，因為如果假定可以通約則奇數將會等於偶數。一個人用三段論推出奇數將會等於偶數，他就通過假設證明了對角線不能通約，因為通過它的矛盾就會得到一個虛假的命題。」

㊲《前分析篇》，i.23, $41^{a}37$，「所有其他的假設三段論都是一樣；因為在每一場合，三段論都導致一個由代換原斷定命題而得的命題，而原斷定命題是由認可或某些其他假設所得到的。」

描述，並許諾將在以後來作這項工作[38]。這個諾言他並未在任何地方兌現。[39]這個任務留給了斯多亞派。他們把這個假設論證的理論包括在他們的命題邏輯系統之內，在那裡，複雜易位律找到了自己合適的地位。在埃奈西德謨斯的一個論證的場合（它與我們的目的無關），斯多亞派學者分析了以下的推論規則，它相當於複雜的易位律：「如果第一並且第二，則第三；但非第三並且第一；所以非第二。」[40]這個規則化歸爲斯多亞派邏輯的第二個和第三個不可證明的三段論。我們已經知道了第一個不可證明的三段論，那就是肯定前件的假言推理；第二個是否定後件的假言推理（modus tollens）：「如果第一，則第二；但非第二；所以，非第一。」第三個不可證明的三段論從否定的合取式開始而讀作：「非（第一並且第二）；但

---

[38]《前分析篇》44, $50^{a}39$，「許多其他論證也是借助於一個假設而導致結論的；這些我們也應當考慮並弄清楚，我們將在以後來描述這些假設的論證的差別和形成的各種方式。」〔W.D.羅斯主編的《亞里士多德全集》英譯本（一九二八年牛津版）在此處加上了一個註腳：「這個諾言在亞里士多德的現存著作中未曾兌現。」——譯者注〕

[39]亞歷山大389.32，他在注釋這一段的時候說：「他說有許多其他的結論也是借助於一個假設而導致結論的。因為打算在以後更加詳盡地來分析這些論證，所以他把它們擱下了。但是，他並未留下任何與此有關的著作。」

[40]斯多亞派學者用序數詞指示命題變項。

第一；所以，非第二。」根據塞克斯都．恩披裡可，這個分析是這樣進行的：用第二個不可證明的三段論，從蘊涵式「如果第一並且第二，則第三」，以及它的後件的否定「非第三」，我們得到它的前件的否定「非（第一並且第二）」。從這個命題（它是實際包括在前提中，但未用文字明顯地表示出來）與前提「第一」結合在一起，用第三個不可證明的三段論得出結論「非第二」。❹❶這是我們歸之於斯多亞

❹❶塞克斯都．恩披裡可（穆契曼編）《反數學家》，viii.235—236：「這個規則〔即指埃奈西德謨斯（懷疑論者，約與西塞羅同時。——譯者注）作為問題提出的〕化歸為借助於第二個和第三個不可證明的式的論證，正如可以從對我們具有更大明晰性的分析中學會的一樣，如果我們把關於式（τρόπου）的理論表述如下：『如果第一並且第二，則第三；令第三被否定，但第一被採用；這樣就得到第二的否定』。因為那時我們有一個蘊涵式（συνημμένον = implication），其前件（ἡγούμενου = antecedent）是合取式（συμπεπ λεγμένον = conjunction），即『第一並且第二』，其後件（λῆγον = consequent）是『第三』，而我們有一個矛盾的後件，即『非第三』，根據第二個不可證明的式，我們也得到一個矛盾的前件，即『非（第一並且第二）』。然而這一切都潛在地包括在規則之中。因為在我們這裡各前提將結合起來；如果我們說出來，它就全被顯露出來。當其與餘下的命題『第一』*（τοῦ ‘τὸπρῶτον’）相連結時，根據第三個不可證明的式，我們將有綜合的結論所以，『非第二』。」〔*此處古抄本作第一個（τοῦ πρῶτον）（命題）；科恰爾斯基氏作：論式的（τοῦ τροπου）（命題）：手抄本作：（命題『第一』 τοῦ ‘τὸ πρῶτον’）。又，τρόποϛ = 由變項表達的式。〕

派學者的最乾淨俐落的論證之一。可見有才能的邏輯學家在兩千多年前以我們今天所作的同樣方式進行了推理。

九、顯示法證明

用換位法和用歸謬法證明，對於將不完全的三段論化爲完全的三段論說來是足夠了。但亞里士多德還作出了第三種證明，即所謂用顯示法證明（proofs by exposition or ἔκθεσις）。雖然對亞里士多德系統來說，它是無關緊要的，但它們本身是有興趣的，並且值得仔細研究。

在《前分析篇》中僅有三處地方亞里士多德對這個證明做了一個簡短的刻畫。第一處是與證明E前提的換位相連繫的，第二處是Darapti式的證明，第三處是Bocardo式的證明。ἐκθέσθαι一字僅僅出現在第二處，但無疑另兩段也是指的用顯示法證明。[42]

讓我們從第一處開始，它這樣說：「如果A屬於無一B，B也不會屬於任何

---

[42] 還有另外兩段關於顯示法的篇章：《前分析篇》，30^a6—14及30^b31—40（這個提示我得之於W.D.羅斯爵士），但都是有關模態三段論的圖式的。

A。因爲，如果它應屬於某些，如C，則A屬於無一B就不是眞的；因爲C就是B的某些分子。」[43] E前提的換位在這裡是用歸謬法加以證明的，但這個歸謬證明基於I前提的換位，而I前提的換位是由顯示法證明的。用顯示法證明需要引入一個新詞項，叫作「顯示詞項」（exposed term）；它在此處，就是C。由於這段文字的隱晦，這個C的恰當的意義以及這個證明的邏輯結構只有用揣測來得到了。我將根據現代形式邏輯試著對這問題加以解釋。

我們要證明I前提的換位律：「如果B屬於有些A，則A屬於有些B。」亞里士多德爲此目的引入一個新詞項C；從他的話中，可知C包括於B之中也包括於A之中，由此我們可得到兩個前提：「B屬於所有C」及「A屬於所有C」。從這些前提，我們能用三段論（用Darapti式）推出結論「A屬於有些B」。這是亞歷山大提出的第一個解釋。[44] 但這個解釋是可以反駁的，它預先假定了Darapti式，而這

---

[43] 《前分析篇》，i.2, 25ª15〔據W.D.羅斯校正〕。

[44] 亞歷山大32.12，「如果B屬於有些A，……令它也屬於C。令它（C）是有些A，這些A也是B所屬於的。令C整個地包括在B之中且成為B的一部分，而B表述所有的C。因為說一個東西被包括在另一個東西的全部之中，與說另一個東西表述它的全體，這是完全一樣的。然而C是一部分A，而B同時整個地被包括於A之中。如果它整個地被包括，那麼A表述所有C。然而C是B的一部分，因此，A將表述某些B。」

個式是還沒有被證明的。因此，亞歷山大寧願採取另外一個不是基於三段論的解釋；他主張詞項C是一個由知覺提供的單一詞項，而顯示證明在於一種知覺的證據。㊺無論如何，這個被邁爾承認的解釋，㊻是沒有《前分析篇》本文的支持的。亞里士多德並沒有說過C是一個個體的詞項。況且，一個用知覺作的證明並不是邏輯證明。如果我們要邏輯地證明前提「B屬於有些A」可以換位，而證明是借助於第三個詞項C來進行的，我們就必須找到一個連結上述前提與含有C的命題的斷定命題。

當然，簡單地說，如果B屬於有些A，則B屬於所有C並且A屬於所有C，是不眞的；但稍微修改一下這個蘊涵式的後件就容易解決我們的問題。我們必須在後件之前加上一個約束變項C的存在量詞，「有一個」。因爲，如果B屬於有些A，

㊺ 亞歷山大32.32，「但是更好和更適宜的有關的顯示法將表明，在這裡證明的獲得是通過感性知覺而獲得的，而不是靠所說的式，也不是靠三段論。顯示法的式得之於感覺方面，而不是得之於三段論的方式。某些人從感覺方面所取的C構成A的一部分。如果B表述可感覺的和單一的C，構成A的一部分，並且C作為B的一部分也包括於其中，那麼C就成為兩者的一部分，並且包括於兩者之中。」

㊻ 《亞里士多德的三段論》，卷ii a，第二十頁「所以論證不取決於一個三段論，而取決於明晰性的提示。」

這裡總存在一個詞項C，使得B屬於所有C並且A屬於所有C。C可以是A和B的共同部分，或包括在這共同部分中的一個詞項。例如：如果有些希臘人是哲學家，這裡就存在著詞項「希臘人」與「哲學家」的共同部分，即「希臘哲學家」，並且顯然，所有希臘哲學家都是希臘人，而所有希臘哲學家也都是哲學家。因此，我們可以陳述下列斷定命題：

(1) 如果B屬於有些A，則有一個C使得B屬於所有C並且A屬於所有C。

這個斷定命題是顯然的。而且(1)的換位也同樣是顯然的。如果有A和B的共同部分，B必定屬於有些A。因此，我們得到：

(2) 如果有一個C使得B屬於所有C並且A屬於所有C，則B屬於有些A。

也許亞里士多德直觀地感到這些斷定命題的眞，雖然他沒有能夠明顯地加以塑述；並且儘管他沒有看到所有導致這個結果的演繹的步驟，他卻抓住了它們與I前提換位的連繫。我將在這裡作出I前提換位的完全的形式證明，由斷定命題(1)與(2)開始，並對它們運用某些命題邏輯的定律和存在量詞的規則。

亞里士多德一定知道下面的命題邏輯的斷定命題：

(3) 如果p並且q，則q並且p。

這就是合取式的交換律。[47]應用這條定律於前提「B屬於所有C」以及「A屬於所有C」，我們得到：

(4) 如果B屬於所有C並且A屬於所有C，則A屬於所有C並且B屬於所有C。

我們應用存在量詞規則於這條斷定命題。有兩條這樣的規則；兩者都與有關的一個眞蘊涵式相連繫來陳述。第一條規則讀作：在一個眞蘊涵式的後件之前允許加上一個存在量詞，把出現於後件中的自由變項約束起來。由此規則得到：

[47] 見《數學原理》第一一六頁，斷定命題*3.22。

(5) 如果B屬於所有C並且A屬於所有C，則有一個C使得A屬於所有C並且B屬於所有C。

第二條規則讀作：在一個眞蘊涵式的前件之前允許加上一個存在量詞，把出現在前件中的自由變項約束起來，只要它不在後件中作爲自由變項出現。在(5)中，C已經在後件中約束起來了；因此，根據這條規則，我們可以在前件中約束C，從而得到公式：

(6) 如果有一個C使得B屬於所有C並且A屬於所有C，則有一個C使得A屬於所有C並且B屬於所有C。

這個公式的前件與斷定命題(1)的後件相同；因此，由假言三段論定律得出：

(7) 如果B屬於有些A，則有一個C使得A屬於所有C並且B屬於所有C。

從(2)將A與B交換，我們得到斷定命題：

(8) 如果有一個C使得A屬於所有C並且B屬於所有C，則A屬於有些B。

而從(7)和(8)用假言三段論我們可以推出I前提的換位定律：

(9) 如果B屬於有些A，則A屬於有些B。

從以上所述，可見I前提的可轉換性的眞正理由在於合取式的可交換性。屬於A和B兩者的個體詞項的知覺可以直觀地使我們相信這個前提的可轉換性，但對於一個邏輯證明來說是不充分的。沒有必要假定C是由知覺提供的單一詞項。

用顯示法證明Darapti式現在能夠易於理解了。亞里士多德用換位法把這個式化爲第一格，從而說道：「用歸謬法和用顯示法來論證這個都是可能的。因爲如果P和R二者都屬於所有S，則P和R二者必屬於S的某些分子，例如說N、P和R都屬於它，那麼，P屬於有些R。」[48]亞歷山大對這一段的注釋值得我們注意。它以一個批判的評論開始。如果N是一個包括於S中的普遍詞項，我們就

[48] 《前分析篇》，i.5, $28^{a}22$。

得到前提「P屬於所有N」和「R屬於所有N」。但這恰好是相同的前提的組合（συζυγία），猶如「P屬於所有S」和「R屬於所有S」一樣，而問題仍如前面一樣保留著。因此，亞歷山大繼續說：N不能是一個普遍詞項；它是一個由知覺提供的單一詞項、一個明顯地存在於P與R之中的詞項，而且整個用顯示法的證明是一種借助於知覺的證明。㊾我們已經在上面碰見這個意見了。爲了支持這個說法，亞歷山大舉出三個論證：第一，如果他的解釋被拒絕了，我們就將根本沒有證明了；其次，亞里士多德並沒有說P和R屬於所有N，而是簡單地說屬於N；第三，他並沒有轉換帶N的命題。㊿這些論證中沒有一個是有說服力的：在我們的例子中

㊾亞歷山大99.28，「如果我們採用『P屬於所有S』與『R屬於所有S』或者我們又說它們屬於S的某一部分，即N，這之間有什麼區別呢？要知道同樣的東西關係到我們所取的N。不論我們說它們兩者屬於所有N，或者說它們兩者屬於所有S，我們將有同樣的前提組合。但在兩種情況下不是使用的同樣的論證。顯示法的式得之於感性知覺，我們不說P和R表述相關的具有普遍性的S的一部分，……而說它們表述它們之中的某個可感覺的東西，這個可感覺的東西是明顯地包括在P以及R之中的。」

㊿亞歷山大100.7，「對於顯示法的式帶有感覺性質有利的第一個論證乃是：如果我們摒棄了它，那麼我們就根本不能得到任何的論證了；他本人不說P和R屬於所有N（這些N構成S的某些部分），而他僅僅說，它們簡單地屬於N。他也不使用命題的換位。」

並沒有換位的需要；亞里士多德經常在應當使用全稱的記號的地方把它省去了；[51]至於第一個論證，我們已經知道有了另一個更好的解釋。

Darapti式：

(10) 如果P屬於所有S並且R屬於所有S，則P屬於有些R，

來自斷定命題(2)的替代（以P代B，以R代A）：

(11) 如果有一個C使得P屬於所有C並且R屬於所有C，則P屬於有些R，

以及斷定命題：

(12) 如果P屬於所有S並且R屬於所有S，則有一個C使得P屬於所有C並且R屬於所有C。

---

[51] 例如，見本書第二十一頁的注[4]。

斷定命題⑿可以由應用存在量詞的第二條規則於同一律的公式：

⒀ 如果P屬於所有C並且R屬於所有C，則P屬於所有C並且R屬於所有C，

而得到證明，由此得到：

⒁ 如果P屬於所有C並且R屬於所有C，則有一個C使得P屬於所有C並且R屬於所有C，

再於⒁中用字母S替代自由變項C，亦即僅在前件中進行替代，因爲不允許用任何東西去替換約束變項。

從⑿和⑾，借助假言三段論就得出Darapti式。我們又一次地看到顯示詞C是一個像A或B一樣的普遍詞項。當然，用N而不用C來指示這個詞項是不重要的。

較爲重要的似乎是第三處，它包括用顯示法對Bocardo式的證明。這一段說：「如果R屬於所有S，但P不屬於有些S，那麼，P應不屬於有些R就是必然的了。因爲，如果P屬於所有R，而R屬於所有S，則P將屬於所有S；但我們假定

它並不如此。不用歸謬法證明也是可能的，如果P並不屬於所有的S的某些分子的話。」[52]我將用與其他的用顯示法證明同樣方式來分析這個證明。

令P不屬於S的那個部分爲C；我們得到兩個命題：「S屬於所有C」及「P屬於無一C」。由這些命題中的第一個與前提「R屬於所有S」從Barbara式我們得到結論「R屬於所有C」，它與第二個命題「P屬於無一C」一起用Felapton式產生所需要的結論「P不屬於有些R」。問題在於我們如何能從原前提「R屬於所有S」及「P不屬於有些S」得到這兩個帶有C的命題。這兩個前提中的第一個由於它不包括P，從而對於我們的目的來說是沒有用處的；從第二個前提我們也不能用通常的方法得到我們的命題，因爲它們是特稱的，而我們的兩個命題都是全稱的。但是，如果我們引入存在量詞，那麼我們就能得到它們，因爲下面的斷定命題是眞的：

(15) 如果P不屬於有些S則有一C使得S屬於所有C並且P屬於無一C。

---

[52]《前分析篇》，i.6, 28^b17。

如果我們實際認識到對C所需要的條件總可由P並不屬於的S的那個部分滿足，這個斷定命題之爲眞也就明顯了。

由斷定命題(15)出發，在Barbara式與Felapton式的基礎上，借助於一些命題邏輯的定律和存在量詞的第二條規則，我們就能證明Bocardo式。因爲這個證明相當長，我在此處只作一簡述。

在(15)之外，我們取調換過前提的Barbara式：

(16) 如果S屬於所有C並且R屬於所有S，則R屬於所有C，

以及同樣的調換過前提的Felapton式：

(17) 如果R屬於所有C並且P屬於無一C，則P不屬於有些R。

作爲前提。對這些前提，我們可以應用命題邏輯的一個複雜的斷定命題。奇怪得很，這一點逍遙學派是知道的並且亞歷山大還將它歸之於亞里士多德本人。它被稱爲「綜合定理」。（Synthetic theorem, συνθετικὸν θεώρημα）。它說「如果α

並且β蘊涵γ，而γ與δ一起蘊涵ε，則α並且β與δ一起蘊涵ε」。[53]令α、β和γ分別爲Barbara式的第一前提、第二前提以及結論，δ和ε分別爲Felapton式的第二前提與結論；我們得到公式：

(18) 如果S屬於所有C並且R屬於所有S並且P屬於無一C，則P不屬於有些R。

這個公式可按另一條命題邏輯的定律變形如下：

(19) 如果S屬於所有C並且P屬於無一C，那麼如果R屬於所有S，則P不屬

---

[53] 亞歷山大274.19，「他本人是其發明人的，被稱之為『綜合定理』的東西，向我們清楚地表明他現在所談的東西。它的進程可以簡略地這樣敘述：『如果從某些前提得出某個命題，而這個命題與另一個命題一起引出新的結論，那麼第一組與第四個命題一起也引出那同一個結論。』」下面的例子是在同一個地方舉出的（26）「『所有公正的是善的』是由『所有公正的是美好的，所有美好的是善的』所引出的，通過『所有善的是有益的』引出結論『所有公正的是有益的』；這恰恰與下述情況是一樣的：命題『所有公正是美好的，所有美好的是善的』（它引出命題『所有公正是善的』）通過『所有善的是有益的』也得出同樣的結論『所有公正的是有益的』。」

於有些R。

對這公式可應用第二條存在量詞的規則。因爲C是在⒆的前件中出現的一個自由變項，但不在後件中出現。根據這條規則，我們可得斷定命題：

⒇如果有一個C使得S屬於所有C並且P屬於無一C，那麼如果R屬於所有S，則P不屬於有些R。

從前提⒂和斷定命題⒇，由假言三段論得出後件：

(21)如果P不屬於有些S那麼如果R屬於所有S，則P不屬於有些R。

而這就是Bocardo式的蘊涵形式。

當然，亞里士多德看到這個推演的所有步驟是極不可能的；但知道這一點是重要的，即他對於顯示法證明的直觀是對的。亞歷山大對這個Bocardo式的證明的注釋是值得引證的。他說：「證明這個式，不必假定某個由知覺提供的、單一的S，而採用P不屬於它的那樣一個S，這是可能的。因爲P不屬於這個S，而R屬於所有這個S，而這兩個前提的組合產生結論，P不屬於有些R。」[54]在這裡，亞歷山大終於承認了顯示詞可以是普遍的。

顯示法證明對於亞里士多德的三段論理論的系統來說沒有什麼重要性，所有由顯示法證明的定理都能由換位法或歸謬法加以證明。但是它們本身卻是極重要的，因爲它們包括了一個新的邏輯因素，亞里士多德對於它的意義並不是完全明白的。或許這就是亞里士多德爲什麼在他的《前分析篇》第一卷的總結性的一章中（即第七章，他在此章中總括了他的三段論的系統研究），除掉了這一類的證明。[55]在他之後沒有人懂得這些證明。它留待現代形式邏輯用存在量詞的觀念來解釋它們。

二十、排斥的形式

亞里士多德在其三段論形式的系統研究中不僅證明了眞的而且也指出了所有其他那些假的和必須排斥的形式。讓我們借助於一個例子來看亞里士多德如何排斥假

[54] 亞歷山大104.3。

[55] 參看亞歷山大的注釋，他始終堅持他認為顯示法證明的感覺性質的看法。112.33「顯示法證明帶有感覺的性質，而不帶有三段論的性質，從下面這一點可以明顯看出來：他本人在任何地方都沒有像提到三段論所得到的東西那樣地提到它們」。

的三段論形式。下面兩個前提已經給定：A屬於所有B並且B屬於無一C。這是第一格：A是第一個詞項或大項，B是中項，而C是最後一個詞項或小項。亞里士多德寫道：

「如果第一個詞項屬於所有中項，而中項不屬於最後一個詞項，就沒有兩端項的三段論；因爲沒有什麼東西必然隨著如此關聯的詞項而來；因爲第一個詞項應屬於最後一個詞項的所有分子以及不屬於最後一個詞項的任何分子都是可能的，所以特稱結論與全稱結論都不是必然的。但如果借助於這些前提沒有必然的結論，就不能有三段論。屬於所有分子的詞項如：動物、人、馬；不屬於任何分子的詞項如：動物、人、石頭。」[56]

與顯示法證明的簡短和隱晦相比，上面這一段是相當充分和清楚的。然而，我恐怕它並沒有被注釋家們恰當地了解。按照亞歷山大的意見，亞里士多德在這一段中表明從前提的同樣組合，對於某些具體詞項可以引出（can be derived,

[56] 《前分析篇》，i.4, 26ª2。

δυνάμενον συνάγεσθαι）全稱肯定結論，而對於另一些具體詞項，可以引出全稱否定結論。亞歷山大斷定，這就是那樣的前提的組合不具有三段論力量的最明顯的標誌，因爲彼此推翻的反對和矛盾的命題都由它加以證明（δείκνυται）。(57)亞歷山大所說的，的確使人迷誤，因爲從前提的非三段論式的（asyllogistic）組合不能形式地推導出任何東西，而且也不能證明任何東西。此外，具有不同具體主項和謂項的命題既不彼此反對也不互相矛盾。邁爾又把亞里士多德指出的詞項置於三段論的形式中：

所有人都是動物
沒有馬是人
———————
所有馬都是動物

所有人都是動物
沒有石頭是人
———————
沒有石頭是動物

（他把前提放在橫線之上，猶如在三段論裡一樣），並且說：從邏輯上等價的前提

---

(57) 亞歷山大55.22，「通過具有具體詞項的前提的同樣的一個組合既能夠得到全稱肯定的結論，也能得到全稱否定的結論，提供了這個組合不具有三段論力量的最有說服力的證明，因為借助於它，彼此互相推翻的反對和矛盾的命題都得到證明。」

得出了（results，ergibt sich）一個全稱肯定命題和一個全稱否定命題。[58]我們在下面將會看到亞里士多德所給出的詞項並非意圖置於三段論的形式中，並且沒有什麼東西從邁爾所引述的冒充的三段論中形式地得出。考慮到這些錯誤的了解，對這個問題的邏輯分析似乎是必要的。

如果我們想證明下面的三段論形式：

(1) 如果A屬於所有B並且B屬於無一C，

則A不屬於有些C

不是一個三段論，並且從而不是一個眞的邏輯定理，我們必須指出變項A、B、C

---

[58]《亞里士多德的三段論》，卷ii a，第七十六頁：「因而，這關係到以下的組合：

所有人是動物
沒有馬是人
所有馬是動物

所有人是動物
沒有石頭是人
沒有石頭是動物

由例子表明：通過我們看到的、由邏輯上完全等價的前提所建立的前提組合，既可以得出一個全稱肯定命題也可以得出一個全稱否定命題。」

有那樣的值，它們可以確證前提，而不能確證結論。因爲一個包括變項的蘊涵式，只有當變項的一切值確證前件也確證後件，它才是眞的。表明這一點的最容易的辦法是找出具體詞項確證前提「A屬於所有B」和「B屬於無一C」，但不確證結論「A不屬於有些C」。亞里士多德找到了那樣的詞項：以「動物」代A，「人」代B，「馬」代C。前提「動物屬於所有人」或「所有人都是動物」，以及「人屬於無一馬」或「沒有馬是人」，都可以確證；但結論「動物不屬於有些馬」或「有些馬不是動物」是假的。因此公式⑴不是一個三段論。同理，下面的形式：

⑵ 如果A屬於所有B並且B屬於無一C，則A屬於無一C，

也不是一個三段論，因爲前提被與前面的相同詞項所確證，但結論「動物屬於無一馬」或「沒有馬是動物」是假的。由⑴和⑵的假可知不能從已給定的前提中得到否定的結論。

從它們也不能得出肯定結論。例如其次一個三段論形式：

⑶ 如果A屬於所有B並且B屬於無一C，則A屬於有些C。

對於A、B和C，有値（亦即具體詞項）確證前提而不確證結論。亞里士多德也舉出了那樣的詞項：以「動物」代A，「人」代B，「石頭」代C。於是前提被確證了，因爲「所有人都是動物」和「沒有石頭是人」都是眞的，但結論「有些石頭是動物」明顯是假的。因此，公式(3)不是一個三段論。最後一個形式：

(4) 如果A屬於所有B並且B屬於無一C，則A屬於所有C，

也不能是一個三段論，因爲對於上面所舉的詞項來說，與前面一樣，前提被確證了，而結論「所有石頭都是動物」沒有被確證。由以上所述得出：從前提「A屬於所有B」與「B屬於無一C」的組合中，無論什麼結論（當A爲結論的謂項、B爲結論的主項時）都不能推出。這個前提的組合對三段論是無用的。

這個排斥的過程的主要之點是找出一個眞的全稱肯定命題（像「所有馬都是動物」）和一個眞的全稱否定命題（像「沒有石頭是動物」），兩者皆與前提相容。這種說法，例如說，只找出對某些詞項來說是眞的全稱肯定陳述，而對另一些詞項來說是眞的特稱否定陳述，是不夠的。這個意見是由亞歷山大的老師黑爾米魯斯以

及某些老的逍遙派學者們提出，並被亞歷山大正確地駁斥了的。(59)這又一次地證明了亞里士多德關於排斥的思想沒有被恰當地了解。

三段論形式(1)—(4)被亞里士多德排斥是基於有某些具體詞項確證前提而不確證結論。然而，亞里士多德也還知道另一種對於排斥的證明。在研究第二格的三段論形式時，亞里士多德一般地說：在這個格中無論是兩個肯定前提還是兩個否定前提都不能產生必然的結論，接著他這樣繼續說：

「令M屬於無一N，並且不屬於有些X。則對N來說，屬於所有X或屬於無一X都是可能的，屬於無一的詞項：黑色、雪、動物。屬於所有的詞項不能找到，如果M屬於有些X並且不屬於有些X的話。因爲，如果N屬於所有X而M屬於無一N，則M將屬於無一X；但已假定它屬於有些X。在這種情況下，就不可能舉出詞項，而證明必須從特稱前提的不確定的性質著手。因爲，由於M不屬於有些X是眞的（甚至，當它屬於無一X時，這也是眞的），而且因爲如果它屬於無一X，一個

(59) 亞歷山大89.34—90.27，黑爾米魯斯的話被引述於89.34：「黑爾米魯斯說：『從一個同樣的前提組合能夠得出矛盾的結論；那樣的結論是完全能夠合理地得出的，而不是用最壞的和非三段論方式得出的。它們是能夠彼此不相容的。』」

三段論就是不可能的，很清楚，二者中的任一個都是不可能的。」[60]

這裡，亞里士多德以舉出具體詞項的辦法開始排斥的證明，如第一個例子。但接著他破壞了他的證明，因爲他不能找出具體詞項能確證前提「M屬於無一N」與「M不屬於有些X」，而不確證命題「N不屬於有些X」，倘若不屬於有些X的M，在同時又屬於有些（其它的）X的話。理由在於：從前提「M屬於無一N」與「M屬於有些X」，由Festino式得出命題「N不屬於有些X」。但當M不屬於有些（其他的）X時，M應屬於有些X並非必然的；M可以屬於無一X。確證前提「M屬於無一N」與「M屬於無一X」而不確證命題「N不屬於有些X」的具體詞項能夠容易地挑選出來，並且事實上亞里士多德在排斥帶兩個全稱否定前提的第二格三段論形式時，找到了它們；所需要的詞項是：M——「線」、N——「動物」、X——「人」。[61] 相同的詞項可以用於反駁這個三段論形式：

(5) 如果M屬於無一N並且M不屬於有些X，則N不屬於有些X。

---

[60] 《前分析篇》，i.5, 27^b12—23。

[61] 《前分析篇》，i.5, 27^a20，「當M既不表述任何N也不表述任何X時，一個三段論是不可能的。表示屬於的詞項是線、動物、人；表示不屬於的詞項是線、動物、石頭。」

因爲前提「沒有動物是線」是眞的，而第二個前提「有些人不是線」也是眞的，因爲「沒有人是線」是眞的，但結論「有些人不是動物」是假的。無論如何，亞里士多德並沒有用這個方式完成他的證明，[62]因爲他看到了另一種可能性：如果具有全稱否定前提的形式：

(6) 如果M屬於無一N並且M屬於無一X，則N不屬於有些X。

被排斥了，(5)也必定被排斥，因爲如果(5)成立，有著一個比(5)強的前提的(6)，也必定成立。

現代形式邏輯，就我所知，沒有使用「排斥」作爲與弗雷格的「斷定」相對立的一種運算。「排斥」的規則還沒有聽說過。在上述亞里士多德證明的基礎上，我們可以陳述下面的規則：

---

[62] 亞歷山大完成了這個證明，88.12，「表示N屬於所有X的詞項為M——線，N——動物，X——人。線不屬於任何動物，並且不屬於有些人，因為它並不屬於任何人，所以動物屬於所有的人。」

(c) 如果蘊涵式「如果α，則β」被斷定了，但後件β被排斥，那麼前件α必定也被排斥。

這條規則不僅當(6)被排斥時可應用以排斥(5)，而且當(1)被排斥時，也可以應用以排斥(2)。因為從一個E前提，得出一個O前提，而如果(2)是眞的，則(1)必眞。但如果(1)被排斥，則(2)必定被排斥。

排斥的規則(c)相當於斷定的分離規則。我們可以認為排斥的另外一條規則相當於斷定的代入規則。它可以這樣構成：

(d) 如果以α代β，而且α被排斥了，則β必定也被排斥。

例如：假定「A不屬於有些A」被排斥了；則「A不屬於有些B」必定也被排斥，因為，如果第二個表達式被斷定，我們就可以用替代從它得到第一個表達式。而第一個表達式是被排斥的。

這些規則中的第一條是亞里士多德早已知道的，第二條則是他所不知道的。如果已有某些形式被排斥，這兩條規則均可使我們排斥另外一些形式。亞里士多德排斥某些形式是借助於具體詞項，如「人」、「動物」、「石頭」。這個處理是對的，但它往邏輯中引入了與它並無密切關係的詞項和命題。「人」和「動物」都不是邏輯詞項，而命題「所有人都是動物」並非邏輯斷定命題。邏輯不能依賴於具體詞項和命題。如果我們要避免這個困難，我們必須從公理上排斥某些形式。我發現如果我們從公理上排斥以下兩個第二格的形式：

(7) 如果A屬於所有B並且A屬於所有C，則B屬於有些C和，

(8) 如果A屬於無一B並且A屬於無一C，則B屬於有些C。

那麼，所有其他形式可以借助於規則(c)和(d)而加以排斥。

二、一些未解決的問題

亞里士多德的非模態三段論系統是一個四常項的理論，這四個常項可以由「所有——是」、「沒有——是」、「有些——是」與「有些——不是」來表示：這些常項是二元的函子。這兩個元由變項表示，並且僅僅以具體的普遍詞項爲值。排除了用單一的、空的以及否定詞項等作爲它的值，各常項與其元在一起形成四類叫作前提的命題，即「所有A是B」，「沒有A是B」，「有些A是B」和「有些A不

是B」。這系統可以稱爲「形式邏輯」，因爲具體詞項，如「人」或「動物」，並不屬於它而僅系它的應用。這系統不是思維形式的理論，它也不依賴於心理學；正如斯多亞派所正確地觀察到的，它與「大於」關係的數學理論是相似的。

這四類前提借助於兩個函子「如果——則」與「並且」形成這系統的斷定命題。這些函子屬於命題邏輯，命題邏輯是這系統的輔助理論。在某些證明中，我們會遇見第三個命題函子，即命題的否定「這不是眞的……」，簡化地用「非」表示。這四個亞里士多德式的常項：「所有——是」、「沒有——是」、「有些——是」和「有些——不是」，與三個命題常項：「如果——則」、「並且」與「非」加在一起，就是三段論系統僅有的元素。

這個系統的所有斷定命題，對於在其中出現的變項的所有的値而言，都是眞的。沒有一個亞里士多德式三段論是作爲帶「所以」一詞的推論規則而構成的，如像傳統邏輯那樣。傳統邏輯是一個不同於亞里士多德三段論系統的系統，而不應當與眞正的亞里士多德邏輯攪混在一起。亞里士多德劃分三段論爲三個格，但是他知道並承認第四格的所有三段論的式。三段論劃分爲格沒有什麼邏輯上的重要性，而僅有一個實踐的目的：我們要確信沒有漏掉一個正確的三段論的式。

這系統是公理化的。亞里士多德取第一格的頭兩個式，Barbara與Celarent，作爲公理。在這兩條公理之外，我們還應當加上兩條換位定律，因爲它們都不能用三段論加以證明。如果我們希望這個系統中有同一律：「所有A是A」，我們就應假定它們是公理。我們能夠得到的最簡單的基礎，是取常項「所有——是」和「有些——是」爲原始詞項，憑著它們用命題否定來定義其他兩個常項，並設定四條斷定命題爲公理，即兩條同一律和Barbara式與Datisi式，或者Barbara式與Dimaris式。把這個系統建立在僅僅一條公理之上是不可能的，如果「原則」指的是與「公理」相同的東西的話，那麼，尋求亞里士多德的三段論的原則就是一種徒勞的企圖。「所謂全和零原則」，在這個意義上，也不能是三段論的原則，並且亞里士多德本人也沒有那樣陳述它。

亞里士多德將所謂不完全的三段論化歸爲完全的，即化歸爲公理。這裡，化歸指的是從公理出發對一個定理的證明或推導。他使用三種證明：換位法、歸謬法和顯示法。邏輯的分析表明：在頭兩類的所有證明中，包括著命題邏輯最基礎部分的斷定命題，即演繹理論。亞里士多德直觀地使用它們，但在他之後不久，命題邏輯的第一個系統的創始者——斯多亞派明白地陳述了它們之中的某一些斷定命題，——複雜的易位律和所謂「綜合定理」（後者曾被人歸功於亞里士多德的發現，但它並不見於他現存的邏輯著作中）。一個新的邏輯因素好像蘊藏在顯示法證明之中；這些證明可借存在量詞之助而得到解釋。存在量詞系統地引入三段論理論，將完全改變這個系統：原始詞項「有些——是」能由詞項「所有——是」來定義，而許多爲亞里士多德所不知道的新的斷定命題將會出現。由於亞里士多德本人在其三段論理論的最後提要中拋棄了顯示法證明，這就沒有必要把它引入他的系統了。

另一個新的邏輯因素包括在亞里士多德關於不能成立的三段論形式的研究中，那就是排斥。亞里士多德通過具體詞項的例證來排斥不正確的形式。這個處理在邏輯上是對的，但它把與之沒有密切連繫的詞項和命題引進了這個系統。然而還有這樣的情況，他運用另一種邏輯處理：把一個不正確的形式化爲另一個已經排斥了的形式。在這個提示的基礎上，可以陳述一條與斷定的分離規則相應的排斥規則。這可看作是邏輯研究的新領域的開端和應當解決的新問題。

亞里士多德並沒有系統地研究所謂複合三段論（polysyllogisms），即帶有三個以上詞項和兩個以上前提的三段論。如我們已經看到的，加倫研究了包括四個詞項和三個前提的複合三段論。把第四格的作者看作是加倫是一個古老的邏輯錯誤。加倫把四個詞項的複合三段論劃分爲四個格，而不是劃分我們熟知其中世紀名稱的那些簡單的三段論。他的研究完全被遺忘了。但複合三段論也屬於三段論的理論並且應當加以考慮，在這裡是另外一個應當加以系統地研究的問題。對這個問題的重要的貢獻是C.A.麥雷狄士先生提出的那一組公式，這在前面第十四節的末尾處已經提到過了。

還剩下一個未曾爲亞里士多德看到，但卻是他的整個系統的最重要的問題：這就是判定問題。有意義的三段論的表達式的數目是無窮的；它們的絕大多數確實是假的，但它們之中有一些可以是眞的，如n個詞項的有效的複合三段論（無論n是任何正整數）。我們能夠相信，我們的公理與推論規則一起，對於證明所有眞的三段論表達式是足夠的嗎？並且，同樣地，我們能夠相信在第二十節之末構造的排斥規則，對於排斥所有假的表達式是足夠的嗎（即使我們從公理上排斥了它們之中有限的數量）？我於一九三八年在華沙大學我的數理邏輯討論班上提出了這些問題。一個我從前的學生，現任佛羅克拉夫（wroclaw）大學邏輯與方法論教授J.斯盧派斯基找到了這兩個問題的解答。他對第一個問題的回答是肯定的，而對於第二個問題的回答是否定的。據斯盧派斯基說，要用第二十節所引用的規則(c)和(d)去排斥所有假的三段論的表達式，是不可能的，即令這些表達式中的一個有限數目已經公理地排斥了。無論怎樣多的假表達式我們可以公理地排斥，除了公理地已排斥者外，總還會有不能加以排斥的其他的假表達式。而要建立一個無窮的公理集合是不可能的：一條新的排斥規則必須加進這個系統以補足由四條公理所作出的亞里士多德邏輯的不充分的刻畫。這條規則是斯盧派斯基發現的。

斯盧派斯基專爲亞里士多德的三段論所發現的排斥規則，可以陳述如下：令α與β表示亞里士多德邏輯的否定前提，亦即「沒有A是B」或「有些A不是B」這種類型的前提，並令γ表示簡單前提（任何類型的），或者後件爲簡單前提、前件為簡單前提的合取的一個蘊涵式：如果表達式「如果α，則γ」與「如果β，則γ」都已被排斥，則表達式「如果α並且β，則γ」也必被排斥。❻❸這條規則與排斥規則(c)和(d)，以及用公理方法排斥了的表達式「如果所有C是B並且所有A是B，則有些A是C」一起，可以使我們排斥這個系統中的任何假的表達式。此外，如我們已提出的那樣，假定三段論的四條斷定的公理，E和O前提的定義，斷定的表達式的推論規則，以及演繹理論作為輔助系統。用這種辦法，判定問題獲得了解決：對於這個系統作出的任何有意義的表達式，我們可以決定它是否為眞並可斷定，或者它是否為假並須排斥。

關於亞里士多德三段論理論的主要研究，由於這問題的解決而宣告終結。還剩下的唯一的一個問題，或者甚至是一個等待解釋的神秘之點就是：為了排斥這個系統的所有假的表達式，那麼用公理方法排斥唯一一個假的表達式，亦即第二格的全稱肯定前提與特稱肯定結論的三段論形式，就是必要與充分的。沒有適合於這個目的的其他表達式。這個奇怪的邏輯事實的解釋也許可以導致邏輯領域內的若干新的發現。

❻❸ J.斯盧派斯基：《關於亞里士多德三段論理論的研究》（*Z badań nad sylogistyka Arystotelesa*），《佛羅克拉夫科學與文學學會會刊》，B類，第九期，佛羅克拉夫一九四八年出版。見討論判定問題的第五章。

第四章

用符號形式表達的亞里士多德系統

三、符號系統的說明

這一章並不屬於邏輯史。它的目的是根據現代形式邏輯的要求，但與亞里士多德本人所陳述的觀念密切連繫，構造一個非模態三段論的系統。

現代形式邏輯是嚴格地形式化的。為了得到一個精確的形式化理論，使用一套為此目的而發明的符號系統，比起使用有著自己的語法規律的普通語言要方便得多。所以，我必須從這樣一套符號系統的說明開始。由於亞里士多德的三段論系統包括著命題邏輯的最基本部分（即演繹理論），我將同時說明這兩個理論系統的符號標記法。

在這兩個理論系統中，都有變項和常項出現。變項由小寫拉丁字母表示，常項由大寫拉丁字母表示。我用起首的字母a，b，c，d，…，表示亞里士多德邏輯的詞項變項（term variables）。這些詞項變項以普遍詞項作為它的值，如「人」或「動物」。我用大寫字母A、E、I、O表示亞里士多德邏輯的常項（中世紀的邏輯學家已經在這個意義上使用這些符號）。借助於這兩類字母，我構成亞里士多德邏輯的四個函項，書寫時把常項置於變項之前：

Aab表示　所有a是b或b屬於所有a，

Eab表示　沒有a是b或b屬於無一a，

Iab表示　有些a是b或b屬於有些a，

Oab表示　有些a不是b或b不屬於有些a。

常項A、E、I、O都叫函子，a和b叫作它們的變元（arguments）。所有亞里士多德的三段論都是由彼此相連繫的這四種函項借助於「如果」和「並且」等詞而組成。「如果」、「並且」等詞也表示函子，但它是與亞里士多德邏輯常項不同的另一類：它們的變元不是詞項表達詞（term-expression），即具體詞項或詞項變項，而是命題表達式（propositional expression），即是像「所有人都是動物」那樣的命題，像「Aab」那樣的命題函項或命題變項。我用p，q，r，s，…，表示命題變項，用C表示函子「如果」，用K表示函子「並且」。表達式Cpq即是「如果p，則q」的意思（「則」可以省去），並且叫作以p爲前件，q爲後件的「蘊涵式」。C並不屬於前件，它僅僅把前後件連繫起來。表達式Kpq即是「p並且q」的意思，並稱爲「合取式」。在有些證明中我們還會遇到命題邏輯的第三個函子，即命題的否定。它是一個變元的函子，用N表示。要把函項Np翻譯爲英語或任何其他現代語言都是困難的，因為沒有與命題否定相當的單個的字眼❶。我們只得用一種繞彎子的方式說「p不是眞的」（it-is-not-true-that p）或「不是p那種情況」（it-is-not-the-case-that p）。為了簡便起見，我採用表達式「非p」（not-p）。

我的表示法的原則是將函子寫在變元之前，用這種辦法，我能夠不用括號。我發明的並從一九二九年起在我的邏輯論文中使用的這一套不用括號的符號❷，可用於數學，同樣也可用於邏輯。加法的結合律在原來的表示法中是這樣寫的：

$$(a+b)+c=a+(b+c)，$$

而且不能不用括號來陳述。然而如果你把函子＋寫在它的變元之前，你得到：

$$(a+b)+c=++abc$$

---

❶ 斯多亞派用一個詞οὐχί（即「非」、「不」。——譯者注）表示命題的否定。

❷ 例如，見盧卡西維茨與塔斯基：「關於命題演算的研究」，《華沙科學與文學學會會刊》，xxiii卷（一九三〇年），第三類，第三十一—三十二頁。

以及　$a+(b+c)=+a+bc$。

結合律現在就可以不用括號而寫出了：

$++abc=+a+bc$。

現在，我要解釋一下有些用這種符號標記法寫出的表達式。一個三段論的符號表達式是易於了解的。以Barbara式爲例：

如果所有b是c並且所有a是b，則所有a是c。用符號寫成：CKAbc Aab Aac

前提Abc和Aab的合取式，即KAbc Aab，是公式的前件，結論Aac是它的後件。

有些演繹理論的表達式是很複雜的。如假言三段論

如果（如果p，則q），那麼〔如果（如果q，則r）則（如果p，則r）〕

的符號表達式寫成：

CCpq CCqr Cpr.

爲了了解這個公式的結構，你們必須記住：C是直接在C之後的兩個命題變元的函子。這兩個命題變元與C一起構成一個新的複雜命題表達式。公式中的表達式Cpq，Cqr與Cpr即屬於這一類。在它們每一個的周圍畫上括號，就得到表達式：

C(Cpq)C(Cqr)(Cpr).

現在你們能夠容易地看到C(Cpq)是整個公式的前件，而其餘的，即C(Cqr)（Cpr）是後件。這個後件本身又是以（Cqr）爲前件和C(pr)爲後件的。

以同樣的方式我們可以分析所有其他表達式，如除了C之外還包括N和K的下面的例子：

CCKpqrCKNrqNp.

記住K與C一樣也是兩個變元的函子，而N是一個變元的函子。使用不同種類的括號我們得到表達式：

C[C(Kpq)r]{C[K(Nr)q](Np)}.

[C(Kpq)r]在這裡是整個公式的前件，而{C[K(Nr)q](Np)}是後件，這個後件又有合取式[K(Nr)q]爲自己的前件以及否定式（Np）爲自己的後件。

三、演繹理論

所有其他邏輯系統都建立於其上的那個最基本的邏輯系統乃是演繹理論。因此每一個邏輯學家都應當知道這個系統，我在這裡將對它作一簡單描述。

根據什麼函子被選擇作爲原始詞項，演繹理論可以用幾種不同方式加以公理化。最簡單的一種是按照弗雷格的方式。他採用蘊涵與否定這兩個函子作爲原始詞項，這在我們的符號系統中就是C和N。這個C—N系統有很多組公理；其中最簡單和幾乎普遍讚許的一組，是我自己在一九二九年以前所發明的❸。它包括三條公理：

T_1. CCpq CCqrCpr

❸第一次發表於用波蘭文寫的「論數理邏輯的重要性與必要性」《波蘭科學》（Nauka polska）卷X，華沙（一九二九年），第六一〇—六一二頁。又參見本書第一五八頁注❷所引用德文寫的論文：命題6，第三十五頁。

T_2. CCNppp

T_3. CpCNpq.

第一條公理是已經在前面一節中解釋過的假言三段論定律。第二條公理，在文字上讀作：「如果（如果非p，則p），那麼p」，歐幾里得曾用於一條數學定理的證明❹。我把它叫作克拉維烏斯定律，因爲克拉維烏斯（一位博學的耶穌會士，生活於十六世紀後半期，西方新曆——格列高里曆法的創造人之一）在注釋歐幾里得時首先注意到這個定律。第三條公理在文字上就是「如果p，那麼如果非p，則q」，就我所知，它第一次出現在據說是鄧斯·司各脫的關於亞里士多德的注釋中；我稱之爲鄧斯·司各脫定律❺。這條定律遏制著通常加之於矛盾的誹謗：如果兩個矛盾的語句，如α與Nα，同眞，我們能夠用這個定律從它們引出任意的命題q，亦即無論任何命題。

屬於這個系統的有兩條推論規則：代入規則和分離規則。

代入規則允許我們從這系統裡已斷定的命題中，用一個同樣的有意義的表達式

❹ 見前，第七十四頁。

❺ 參看第一〇五頁注⓯所引用的我的論文。

替換其中每一個相同的變項，從而匯出一個新的斷定命題。有意義的表達式用以下方式歸納地定義爲：(a)任何命題變項是一個有意義的表達式；(b)如果α是一個有意義的表達式的話，Nα也是一個有意義的表達式；(c)如果α和β都是有意義的表達式，則$C\alpha\beta$也是有意義的表達式。

分離規則就是前面談到過的斯多亞派的「肯定前件的假言推理」：如果$C\alpha\beta$這種類型的命題被斷定爲眞，並且它的前件α也被斷定爲眞，那麼就可以允許斷定它的後件β，而把它從蘊涵式中分離出來作爲一個新的斷定命題。

用這兩條規則我們能從我們這組公理推導出所有C—N系統的眞斷定命題。在這個系統中，如果我們要有除C和N之外的其他的函子，如像K，我們必須用定義來引進它們。這可以用兩種不同方式來做到，如我將在K的例子中表明的那樣。合取式「p並且q」的意思猶如「（如果p，則非q）這不是眞的」一樣。Kpq與NCpNq之間的這個連繫可以表達於這個公式中：

Kpq＝NCpNq，

其中記號＝相當於文字「意思猶如……一樣」。這種定義需要一個特殊的推論規則，它允許我們用被定義項替換定義項，並且反之亦然。或者我們可以用等值來表示Kpq與NCpNq之間的這個連繫，但因爲等值不是我們系統的原始詞項，所以用兩個彼此可以替換的蘊涵式來表示這個連繫：

CKpqNCpNq與CNCpNqKpq.

在這個情況下就不需要特殊的定義規則。我將使用第一種定義。

現在讓我們用一個例子來表明借助於推論規則如何能從公理引出新的斷定命題。我將從公理T_1—T_3推導出同一律Cpp。這一推導要求兩次使用代入規則以及兩次使用分離規則；它是這樣進行的：

T_1. q/CNpq×CT_3—T_4

T_4. CCCNpqrCpr

T_4. q/p，r/p×CT_2—T_5

T_5Cpp.

第一行叫作「導出行」（derivational line）。它包括以×號相互隔開的兩個部分。第一部分，T_1.q/CNpq，意思是在T_1中CNpq應當代替q。由此代替所產生的斷定命題爲了節省篇幅而省略了。它將是以下形式：

(1) CCpCNpqCCNpqrCpr.

第二部分，CT_3—T_4，表明了這個省略了的斷定命題是怎樣構造的，使得分離規則可以應用於它這一點成爲顯然。斷定命題(1)以C開始，接著是公理T_3作爲它的前件，和斷定命題T_4作爲後件。所以，我們可以把T_4分離出來作爲一個新的斷定命題。在T_5之前的導出行作同樣的理解。斜線（/）是替換的記號，短線（—）是分離的記號。幾乎所有以後的推導都是以相同的方式進行的。

當一個人想要從公理T_1—T_3推導出交換律CCpCqrCqCpr，或者甚至推出簡化律CpCqp，那麼，他在進行這樣的證明時，必須非常熟練。因此，我將說明一個容易的方法來驗證我們系統中的表達式而不用從公理來推導它們。這個方法是美國邏輯學家查爾士．S.皮爾士在一八八五年左右發明的。它基於所謂二值原則（principle of bivalence），這就是把每一個命題看作或是眞的或是假的，也就是說每一個命題具有兩個可能的眞值中的一個也僅僅一個：眞或假。這個原則一定不要與排中律相混淆，根據排中律，兩個矛盾命題中的一個必定是眞的。二值原則曾被斯多亞派，特別是克裡西普斯當作邏輯的基礎來陳述❻。

所有演繹理論的函項都是眞值函項，亦即，它們的眞假僅僅依靠它們的變元的眞假。讓我們用0表示常假命題，用1表示常眞命題。我們可以用以下方式定義否定：

$$N0 = 1 \text{ 與 } N1 = 0.$$

這個意思是說：假命題的否定與眞命題的意思是一樣的（或簡言之，是眞的），而眞命題的否定是假的。對於蘊涵式我們有以下四條定義：

$$C00 = 1，C01 = 1，C10 = 0，C11 = 1.$$

❻ 西塞羅，《學院研究前篇》，ii.95，「辯論術的基礎乃是所有的陳述（他們稱之為ἀξίωμα）或者是真的，或者是假的」；《論命運，21》「這樣，克裡西普斯集中全力於這個論證，即所有ἀξίωμα或者是真的或者是假的」。在斯多亞派的術語中，ἀξίωμα的意思是「命題」而不是「公理」。

這個意思是：一個蘊涵式僅當其前件眞而後件假時，它才是假的；在所有其他情況下都是眞的。這是蘊涵式的最古老的定義，曾經由麥加拉的菲羅陳述並爲斯多亞派採用❼。對於合取式我們有四個明顯的等式：

K00＝0，K01＝0，K10＝0，K11＝1.

一個合取式只有當它的變元都眞時才是眞的；在所有其他情況下它都是假的。

現在，如果我們要驗證演繹理論的一個有意義的表達式，它包括函子C、N和K的全部或者其中的某些，我們就要用符號0與1的所有可能的排列去代替在這個表達式中出現的各個變項，並將這樣得到的公式根據上面給出的等式加以推演。如果在推演之後所有的公式最後都得出1，那麼這個表達式就是眞的或者是一個斷定命題；如果其中之任一公式最後得出0，這個表達式就是假的。讓我們以易位律CCpqCNqNp作爲第一類的例子；我們得到：

---

❼ 塞克斯都·恩披裡可，《反數學家》，viii.113，「菲羅說蘊涵式成為真的，當其並非前件真而後件假時，所以蘊涵式本身在三種情況下是真的，而在一種情況下是假的。」

對於p/0，q/0：CC00CN0N0＝C1C1C11＝C11＝1，

對於p/0，q/1：CC01CN1N0＝C1C01＝C11＝1，

對於p/1，q/0：CC10CN0N1＝C0C10＝C00＝1，

對於p/1，q/1：CC11CN1N1＝C1C00＝C11＝1.

因爲對於所有的替換而言最後得出的都是1，所以易位律是我們系統的斷定命題。讓我們舉出表達式CKpNqq作爲第二類的例子。只要試一試一個替換就夠了：

p/1, q/0:CK1N00＝CK110＝C10＝0.

這個替換最後得出了0，所以表達式CKpNqq是假的。在亞里士多德三段論系統中作爲輔助前提使用的所有演繹理論的斷定命題，我們都可以用同樣的方法加以檢查。

二四　量詞

亞里士多德沒有量詞的明確觀念並且沒有在他的著作中使用它們；因而我們不能把它們引入他的三段論系統。但如我們所已經看到的，在他的系統中有兩點，如果我們應用量詞來解釋的話，我們就能較好地理解它們。全稱量詞與所謂「三段論

的必然性」相連繫，存在量詞或特稱量詞與顯示法證明相連繫。現在，我將把在第十九節述說的、用存在量詞來作的證明以及在第五節提到的依賴全稱量詞的論證翻譯爲符號。

我用大寫的希臘字母表示量詞，用Π表示全稱量詞，而用Σ表示特稱或存在量詞。Π可以讀作「對於所有而言」，而Σ可以讀作「對於有些而言」或「有」；例如Σc KAcbAca的意思用語言說出來就是：「有一個c使得所有c是b並且所有c是a」，或者更簡短地說：「對於有些c而言，所有c是b並且所有c是a。」每一個帶量詞的表達式，例如ΣcKAcbAca，包括三個部分：第一部分，在我們的例子中就是Σ，總是一個量詞；第二部分，在這裡就是c，總是一個用前面的量詞約束著的變項；第三部分，在這裡就是KAcbAca，總是一個命題表達式，它包括著恰好被量詞當作自由變項約束起來了的變項。由於把Σc放在KAcbAca之前，最後這個公式中的自由變項c就變成被約束的了。我們可以簡單地說：Σ（第一部分）約束c（第二部分）於KAcbAca（第三部分）之中。

存在量詞的規則已經在第十九節中陳述過了。在各導出行中，我用Σ_1表示允許我們把Σ置於一個眞蘊涵式的前件之前的規則，並且Σ_2表示允許我們把Σ置於一個眞蘊涵式的後件之前的規則。以下的推導將是易於了解的。因爲它們都是第十九節中用文字作出的推導的翻譯，相應的斷定命題帶有相同的番號（running number），並且用相應的小寫字母作爲變項以代替大寫字母。

I 前提換位的證明：

設定爲眞而不用證明的斷定命題：

(1) CIab Σ cKAcbAca

(2) CΣcKAcbAcaIab.

斷定命題(1)和(2)能用作 I 前提的定義。

(3) CKpqKqp（合取的交換律）

(3) p/Acb, q/Aca×(4)

(4) CKAcbAcaKAcaAcb

(4) Σ2c×(5)

(5) CKAcbAca Σ cKAcaAcb

(5) Σ1c×(6)

(6) CΣ cKAcbAca Σ cKAcaAcb

T_1.CCpqCCqrCpr（假言三段論定律）

T_1.p/Iab, q/ΣcKAcbAca, r/Σ cKAcaAcb×

C(1)—C(6)—(7)：

(7) CIab Σ cKAcaAcb

(2) b/a, a/b×(8)

(8) C ΣcKAcaAcbIba

T_1.p/Iab, q/Σ cKAcaAcb, r/Iba×

C(7)—C(8)—(9)

(9) CIabIba

這些推導行表明，(4)與(8)僅用替換而從其他斷定命題得到，而(7)與(9)乃用替換與兩次分離而得到。讀者可按這種方式自己試作Darapti式的證明，它是容易的。

Bocardo式的證明

（第十九節所用的變項P、R和S必須改換字母，因爲相應的小寫字母p、r和s是用以表示命題變項的，把P改爲d，R改爲a，S改爲b）

不加證明而設定的斷定命題：

(15) CObd Σ cKAcbEcd

兩個三段論取作前提：

(16) CKAcbAbaAca (Barbara)

(17) CKAcaEcdOad (Felapton)

T_6.CCKpqrCCKrstCKKpqst

這就是人們認爲由亞里士多德發現的「綜合定理」。

T_6.p/Acb, q/Aba, r/Aca, s/Ecd, t/Oad×

C(16)—C(17)—(18)

(18) CKKAcbAbaEcdOad

T_7.CCKKpqrsCKprCqs（輔助斷定命題）

T_7.p/Acd, q/Aba, r/Ecd, s/Oad×C(18)—(19)

(19) CKAcbEcdCAbaOad

(19) Σ1c×(20)

(20) CΣcKAcbEcdCAbaOad

T_1.CCpqCCqrCpr

T_1.p/Obd, q/ΣcKAcbEcd, r/CAbaOad×
C(15)—C(20)—(21)

(21) CObdCAbaOad

這就是Bocardo式的蘊涵形式。如果我們希望有這個式的通常的合取形式，我們必須應用所謂輸入律（law of importation）：

T_8. CCpCqrCKpqr

於(21)，我們得到：

T_8. p/Obd, q/Aba, r/Oad×C(21)—(22)

(22) CKObdAbaOad(Bocardo)

用所謂輸出律（law of exportation）

T_9. CCKpqrCpCqr.

（它是輸入律的轉換），我們可以從Bocardo式的合取形式倒退回去得到它的蘊涵形式。

全稱量詞的規則與第十九節陳述的特稱量詞的規則是相似的。全稱量詞能夠無條件地放在眞蘊涵式的前件的前面，以約束出現於前件中的自由變項。只有滿足這樣的條件，即在後件中被約束的變項不在前件中作爲自由變項出現時，才可以在眞蘊涵式的後件之前加上全稱量詞。我用II_1表示這個規則的頭一條，用II_2表示第二條。

從以上全稱量詞的原始規則，得到兩條導出規則：第一，（從規則II_2及簡化定律）一個眞表達式，在約束出現於其中的自由變項時，允許把全稱量詞置於它的前面；第二，（從規則II_1及命題的同一律）允許消掉位於眞表達式之前的全稱量詞。這些規則怎樣可以匯出，我將用I前提的換位律爲例來加以說明。

從換位律：

(9) CIabIba

就得到量化了的表達式

(26) IIaIIbCIabIba

而從量化了的表達式(26)又得到非量化的換位律(9)。

首先，從(9)到(26)

T_{10}. CpCqp（簡化定律）

T_{10}. p/CIabIba × C(9)—(23)

(23) CqCIabIba

應用規則II_2於這個斷定命題以約束 b 並隨後約束 a，因爲 b 與 a 都不在前件中出現：

(23) II2b × (24)

(24) CqIIbCIabIba

(24) II2a × (25)

(25) CqIIaIIbCIabIba

(25) q/CpCqp × CT_{10}—(26)

(26) IIaIIbCIabIba

其次：從(26)到(9)。

T_5Cpp（同一律）

　　T_5. p/CIabIba×(27)

(27) CCIabIbaCIabIba

我們應用規則II_1於這個斷定命題以約束 b 並隨後約束 a：

　　(27) II1b×(28)

(28) CIIbCIabIbaCIabIba

　　(28) II1a×(29)

(29) CIIaIIbCIabIbaCIabIba

　　(29)×C(26)—(9)

(9) CIabIba

亞里士多德斷定：「如果有些 a 是 b，那麼，有些 b 應是 a 就是必然的」，依我看，「就是必然的」這表達詞只能有這個意思：要找到變項 a 和 b 的那樣的值，它會確證前件而不能確證後件，那是不可能的。換句話說，那就是指「對於所有a與所有b而言，如果有些a是b，則有些b是a。」這就是我們的量化的斷定命題(26)。這個斷定命題與非量化的換位律「如果有些a是b，則有些b是a」（它不包括必然性的記號）是等值的，這是已經證明了的。由於三段論的必然性是與全稱量詞等價的，所以它可以被省略，因爲一個全稱量詞在眞公式之前是可以省略的。

三五、三段論系統的基本要素

每一個公理化的演繹系統都以三項基本要素爲基礎：原始詞項、公理和推論規則。我從對斷定的表達式而言的基本要素開始，對排斥的表達式而言的基本要素將於以後給出。

我取常項A和I爲原始詞項，用它們來定義其他兩個常項E和O：

Df_1　Eab＝NIab

Df_2　Oab＝NAab.

爲了把證明縮短我將使用下面的兩條推論規則來代替上述定義：

規則RE：NI在任何地方均可用E去替換，反之亦然。

規則RO：NA在任何地方均可用O去替換，反之亦然。

當作公理來斷定的這個系統的四條斷定命題就是兩條同一律和Barbara式及Datisi式：

1. Aaa
2. Iaa
3. CKAbcAabAac (Barbara)
4. CKAbcIbaIac (Datisi).

除了規則RE與RO之外，我採用以下兩條對於斷定的表達式的推論規則：

(1) 代入規則：如果α是這一系統的一個斷定的表達式，那麼，用正確的代入從α得出的任何表達式也是一個斷定的表達式。唯一正確的代入是對詞項變項a，b，c，代以其他的詞項變項，如以b代a。

(2) 分離規則：如果Cαβ與α都是這系統的斷定的表達式，那麼β也是斷定的表達式。

我採取帶有被定義的函子K的演繹理論的C—N系統，作爲輔助理論。命題變項可以代之以三段論的命題表達式，如Aab，Iac，KEbcAab，等等。在所有以後的證明中（並且也對排斥的表達式）我將只用下面十四條用羅馬數字指明的斷定命題：

I. CpCqp（簡化定律）

II. CCqrCCpqCpr（假言三段論定律、第二個形式）

III. CCpCqrCqCpr（分配律）

IV. CpCNpq（鄧斯・司各脫定律）

V. CCNppp（克拉維烏斯定律）

VI. CCpqCNqNp（易位律）

VII. CCKpqrCpCqr（輸出律）

VIII. CpCCKpqrCqr

IX. CCspCCKpqrCKsqr

X. CCKpqrCCsqCKpsr

XI. CCrsCCKpqrCKqps

XII. CCKpqrCKpNrNq

XIII. CCKpqrCKNrqNp

XIV. CCKpNqNrCKprq

斷定命題VIII是輸出律的一個形式，斷定命題IX—XI都是複合的假言三段論定律，而XII—XIV是複雜的易位律。所有這些，用第二十三節所說的0—1方法，都是易於驗證的。斷定命題IV、V與II、III一起給出全部C—N系統，但IV、V只是對排斥的表達式的證明才是需要的。

公理1—4的系統是一致的，也就是說是無矛盾的。無矛盾性的最容易的證明是把詞項變項當作命題變項，以及把函項A和I定義爲常眞（即令Aab＝Iab＝KCaCbb）而作出的。於是公理1—4作爲演繹理論的斷定命題都是眞的，而且已知這演繹理論是無矛盾的，所以三段論系統也是無矛盾的。

我們系統的所有公理都是彼此獨立的。這一點的證明可以用演繹理論範圍內的解釋來作出。在後面的解釋中，詞項變項作爲命題變項處理。

公理1的獨立性：取K代替A，取C代替I，公理1就不能確證了，因爲Aaa＝Kaa，而Kaa在a/0時，得出0。如同用0—1方法所能看出的那樣，其他公理均可確證。

公理2的獨立性：取C代替A，與K代替I，公理2就不能確證了，因爲Iaa＝Kaa。其他公理均可確證。

公理4的獨立性：取C代替A與I，公理4就不能確證了，因爲CKAbcIbaIac＝CKCbcCbaCac在b/0，a/1，c/0時，它得出0。其他均可確證。

公理3的獨立性：在只有0與1二值的演繹理論的基礎上證明這條公理的獨立性是不可能的。我們必須引入第三個眞值，令其爲2，它可看作是代表眞，亦即1的另一個符號。對於第二十三節所作出的C、N和K的諸等值式，我們還要加上下面這些公式：

C02＝C12＝C21＝C22＝1, C20＝0, N2＝0, K02＝K20＝0, K12＝K21＝K22＝1.

在這些條件下，所有C—N系統的斷定命題都可確證，這能很容易地表明。讓我們現在把Iab定義爲常眞的函項，亦即對於a與b的所有的值而言，Iab＝1，而把Aab定義爲具有以下諸值的函項：

Aaa＝1，A01＝A12＝1，以及A02＝0（其餘均無關）。公理1、2與4都可確證，但從公理3用代入b/1，c/2，a/0我們得到：CKA12A01A02＝CKA110＝C10＝0.

用在自然數域的解釋來作獨立性的證明也是可能的。例如，我們要證明公理

3獨立於其餘公理，我們能夠把Aab定義為$a+1\neq b$，而把Iab定義為$a+b=b+a$，Iab是常真的，因而，公理2與4確證了，公理1也確證了，因為$a+1$總是不同於a的。但公理3，即「如果$b+1\neq c$並且$a+1\neq b$，則$a+1\neq C$」就不能確證。取3替a，2替b，以及4替c，則前提將會是真的，而結論是假的。

從以上的獨立性證明得出：沒有三段論的單個的公理或「原則」。1—4這四條公理可以機械地用「並且」這個字連結成為一個命題，但是它們在這個沒有有機連繫的合取式中，仍然保留著差別而並不代表一個單個的觀念。

三六、三段論的斷定命題的推導

用我們的推論規則以及借助於演繹理論從公理1—4我們能夠引出亞里士多德邏輯的所有斷定命題。我希望在作了前面幾節的解釋之後，以後的證明就會是完全可以理解的。在所有三段論的式中，大項用c表示，中項用b表示，小項用a表示。大前提首先陳述，以便易於將公式與各式的傳統名稱相比較❽。

❽在一九二九年出版的我的波蘭文教科書《數理邏輯初步》（*Elements of mathematical logic*）（見第一〇一頁注⓫）中，我第一次表明已知的三段論的斷定命題怎樣可以從公理1—4形式地推出（第一八〇—一九〇頁）。在上述教科書中說明的方法，由I.M.波亨斯基教授在他的論文「論直

A. 換位定律

VII. p/Abc, q/Iba, r/Iac×C4—5

5. CAbcCIbaIac

5. b/a, c/a, a/b×C1—6

6. CIabIba（I前提的換位律）

III. p/Abc, q/Iba, r/Iac×C5—7

7. CIbaCAbcIac

7. b/a, c/b×C2—8

8. CAabIab（肯定前提的從屬律）

II. q/Iab, r/Iba×C6—9

9. CCpIabCpIba

9. p/Aab×C8—10

10. CAabIba（A前提的換位律）

6. a/b, b/a×11

言三段論」中稍作修改後加以採納。見《多明尼卡研究》（Dominican studies），卷i，牛津，一九四八年版。

11. CIbaIab

VI. p/Iba, q/Iab × C11—12

12. CNIabNIba

12.2baIba

16. s/Aba × C19—20

20. CKAbcAbaIac (Darapti)

XI. r/Iba, s/Iab × C11—21

21. CCKpqIbaCKqpIab

4. c/a, a/c × 22

22. CKAbaIbcIca

21. p/Aba, q/Ibc, b/c × C22—23

23. CKIbcAbaIac (Disamis)

17. c/a, a/c × 24

24. CKAbaIcbIca

21. p/Aba, q/Icb, b/c × C24—25

25. CKIcbAbaIac (Dimaris)

18. c/a, a/c × 26

26. CKAbaAcbIca

 21. p/Aba, q/Acb, b/c × C26—27

27. CKAcbAbaIac (Bramantip)

C. 否定式

 XIII. p/Ibc, q/Aba, r/Iac × C23—28

28. CKNIacAbaNIbc

 28. RE × 29

29. CKEacAbaEbc

 29. a/b, b/a × 30

30. CKEbcAabEac (Celarent)

 IX. s/Eab, p/Eba × C13—31

31. CCKEbaqrCKEabqr

 31. a/c, q/Aab, r/Eac × C30—32

32. CKEcbAabEac (Cesare)

 XI. r/Eab, s/Eba × C13—33

33. CCKpqEabCKqpEba

 32. c/a, a/c × 34

34. CKEabAcbEca

  33. p/Eab, q/Acb, a/c, b/a×C34—35

35. CKAcbEabEac (Camestres)

  30. c/a, a/c×36

36. CKEbaAcbEca

  33. p/Eba, q/Acb, a/c, b/a×C36—37

37. CKAcbEbaEac (Camenes)

  II. q/Eab, r/Oab×C15—38

38. CCpEabCpOab

  38. p/KEbcAab, b/c×C30—39

39. CKEbcAabOac (Celaront)

  38. p/KEcbAab, b/c×C32—40

40. CKEcbAabOac (Cesaro)

  38. p/KAcbEab, b/c×C35—41

41. CKAcbEabOac (Camestrop)

  38. p/KAcbEba, b/c×C37—42

42. CKAcbEbaOac (Camenop)

XIII. p/Abc, q/Iba, r/Iac×C5—43

43. CKNIacIbaNAbc

43. RE, RO×44

44. CKEacIbaObc

44. a/b, b/a×45

45. CKEbcIabOac (Ferio)

31. a/c, q/Iab, r/Oac×C45—46

46. CKEcbIabOac (Festino)

X. p/Ebc, q/Iab, r/Oac×C45—47

47. CCsIabCKEbcsOac

47. s/Iba×C11—48

48. CKEbcIbaOac (Ferison)

31. a/c, q/Iba, r/Oac×C48—49

49. CKEcbIbaOac (Fresison)

10. a/b, b/a×50

50. CAbaIab

47. s/Aba×C50—51

51. CKEbcAbaOac (Felapton)

31. a/c, q/Aba, r/Oac×C51—52

52. CKEcbAbaOac (Fesapo)

作爲所有這些推導的一個結果，一個顯著的事實值得我們注意：有二十個三段論的式毋需使用公理3，即Barbara式，就可能推導出來。甚至Barbari也可以不用Barbara式而得到證明。公理3是三段論系統的最重要的斷定命題，因爲它是唯一能產生全稱肯定結論的三段論，但在簡單三段論系統中它只有次等的地位，只有在證明Baroco與Bocardo式時，才是必需的。以下就是這兩個證明：

XII. p/Abc, q/Aab, r/Aac×C3—53

53. CKAbcNAacNAab

53. RO×54

54. CKAbcOacOab

54. b/c, c/b×55

55. CKAcbOabOac (Baroco)

XIII. p/Abc, q/Aab, r/Aac×C3—56

56. CKNAacAabNAbc

56. RO×57

57. CKOacAabObc

57. a/b, b/a×58

58. CKObcAbaOac　(Bocardo)

三、排斥的表達式的公理和規則

關於斷定一個命題和排斥一個命題這兩種智力活動，[9]現代形式邏輯只就第一種加以考慮。弗雷格把斷定的概念和斷定符號（⊢）引進了邏輯，它們在以後又得到《數學原理》的作者們的承認。然而，就我所知，排斥的概念，從過去到現在一直都被忽略了。

我們斷定眞命題而排斥假命題。只有眞命題才能加以斷定，因爲斷定一個原來不眞的命題就是一個錯誤。關於排斥則不能作類似性質的斷定：並非只有假命題才

[9] 我把這個區別歸功於弗朗茨·布倫塔諾（Franz Brentano），他把信賴的活動描述為承認（anerkennen）與排斥（verwerfen）。

應加以排斥。每一個命題或眞或假，這當然是眞的，但也有既不眞也不假的命題表達式。所謂命題函項就是屬於這一類的。命題函項就是包括著自由變項的表達式，對於它們的有些值而言，它可以成爲眞的，而對於另外一些值而言，它可以成爲假的。以 p 這個命題變項爲例，它既不是眞的，也不是假的，因爲，對 p/1 它就成爲眞的，而對 p/0 它就成爲假的了。現在，關於兩個矛盾命題，α與非α，一個必定是眞的而另一個必是假的，所以一個應當被斷定而另一個應被排斥。但是兩個矛盾的命題函項 p 與 Np 中的任何一個都不能加以斷定，因爲它們之中的任何一個都不是眞的；它們兩者都要被排斥。

被亞里士多德排斥的三段論形式都不是命題而是命題函項。讓我們舉一個例子。亞里士多德說，在第一格中當第一個詞項屬於所有中項，而不屬於任何最後的詞項時，就不會出現任何三段論。所以這個三段論形式：

(i) CKAbcEabIac

沒有被他作爲正確的三段論來斷定，而是加以排斥。亞里士多德本人提出具體的詞項來反駁上述形式：用「人」代 b，「動物」代 c，以及「石頭」代 a。但還有其他的值使得公式 (i) 能被確證：把變項 a 與 c 等同起來我們就可以得到一個眞蘊涵式

CKAbaEabIaa，因爲它的前提是假的而其後件是眞的。公式(i)的否定：

(j)NCKAbcEabIac

因此也必須被排斥，因爲對於c/a它是假的。

把量詞引入這個系統我們就能毋需要排斥。我們能夠斷定下面的斷定命題以代替對形式(i)的排斥。

(k)Σ a Σ b Σ cNCKAbcEabIac.

這個就是說：有詞項a、b和c確證(i)的否定。所以，(i)這形式對於所有a、b和c不是眞的，而且不能是正確的三段論。同樣，代替對表達式(j)的排斥，我們可以斷定這個斷定命題：

(l)Σ a Σ b Σ cCKAbcEabIac

但亞里士多德不知道有關量詞的任何東西；他使用排斥來代替將帶量詞的新斷定命

題加在他的系統中。因爲，排斥似乎是比量化較爲簡單的概念，讓我們隨著亞里士多德的步驟來考察。

亞里士多德排斥絕大多數的不正確的三段論形式都是用具體詞項來舉例說明。這是我們唯一不能追隨他的地方，因爲我們不能把像「人」或「動物」這樣的具體詞項引入邏輯中來。有些形式必須公理地加以排斥。我曾發現[10]如果我們公理地排斥第二格的以下兩個式：

CKAcbAablac

CKEcbEablac，

那麼借助於兩條排斥的規則也可以排斥所有其他不正確的三段論形式：

(c) 排斥的分離規則：如果蘊涵式「如果α，則β」被斷定了，但後件β被排斥，那麼前件α必定也要被排斥。

---

⑩ 見第二十節。

(d)排斥的代入規則：如果β是α的一個代入，而且β被排斥了，那麼α也必定要被排斥。

兩條規則都是十分明顯的。

三段論形式的數目一共是$4\times4^3=256$∴24個形式是正確的三段論，2個形式是公理地排斥了的。證明其餘230個不正確的形式都可以用我們的公理和規則來排斥，那將是冗長而可厭的。我將只用帶有前提Abc和Eab的第一格三段論形式的例子來表明，我們的排斥規則如何在第一條排斥的公理的基礎上進行證明。

排斥的表達式我用一個星號加在它們的序數之前來表示。這樣，我們有：

*59. CKAcbAabIac（公理）

*59[a] CKEcbEabIac（公理）

I. p/Iac, q/KAcbAab×60

60. CIacCKAcbAabIac

60×C*61—*59

*61. Iac

這裡第一次應用了排斥的分離規則。斷定的蘊涵式60有一個排斥的後件，*59；所以它的前件，*61，必定也被排斥。用同樣的方法我得到排斥的表達式*64，*67，*71，*74和*77。

V. p/Iac×62

62. CCNIacIacIac

62. RE×63

63. CCEacIacIac

63×C*64—*61

*64. CEacIac

1. a/c×65

65. Acc

VIII. p/Acc, q/Eac, r/Iac×C65—66

66. CCKAccEacIacCEacIac

66×C*67—*64

*67. CKAccEacIac

*67×*68.b/c

*68. CKAbcEabIac

這裡應用了排斥的代入規則。表達式*68必須被排斥，因爲在*68中用 c 替代 b，我們就得到排斥的表達式*67。這個同樣的規則也用以得出*75。

II. q/Aab, r/Iab × C8—69

69. CCpAabCpIab

69. p/KAbcEab, b/c × 70

70. CCKAbcEabAacCKAbcEabIac

70 × C*71—*68

*71. CKAbcEabAac

XIV. p/Acb, q/Iac, r/Aab × 72

72. CCKAcbNIacNAabCKAcbAabIac

72. RE, RO × 73

73. CCKAcbEacOabCKAcbAabIac

73 × C*74—*59

*74. CKAcbEacOab

*74×*75.b/c c/b

*75. CKAbcEabOac

38. p/KAbcEab, b/c×76

76. CCKAbcEabEacCKAbcEabOac

76×C*77—*75

*77. CKAbcEabEac

排斥的表達式*68，*71，*75與*77是帶有前提Abc與Eab的第一格的四個可能的形式。在第一格中，從這些前提不能得出任何正確的結論。用同樣的方法，在兩條公理地排斥的形式的基礎上，我們能夠證明所有四個格中的一切其他不正確的三段論形式也必定被排斥。

六、我們的公理和規則不充分

用我們的公理和斷定規則來證明亞里士多德邏輯的所有已知斷定命題，以及用我們的公理和排斥規則來反駁所有不正確的三段論形式，雖然都是可能的，結果仍然遠遠不能令人滿意。理由在於：在亞里士多德邏輯中，除了三段論的形式外，還有其他許多有意義的表達式。實際上它們是無窮的，以至於我們不能確信這個三段論系統的所有眞表達式是否都能從我們的公理和規則的系統中推導出來，而所有的假表達式是否都能被排斥。事實上，要找出一個用我們的公理和排斥規則不能排斥的假表達式，是容易的。例如，那樣的表達式有：

(F_1) CIabCNAabAba

它的意思是：「如果有些 a 是 b，那麼如果並非所有 a 是 b，則所有 b 是 a。」這個表達式在亞里士多德邏輯中不是眞的，而且不能用斷定的公理來證明，但它與這些公理是不矛盾的，把它加在公理之中，並不推出任何不正確的三段論形式。我們來考慮一下如此擴展的這個三段論的系統是值得的。

從亞里士多德的邏輯定律：

8. CAabIab與

50. CAbaIab

以及演繹理論定律：

(m) CCprCCqrCCNpqr

我們能夠得出下面的新斷定命題78：

(m) p/Aab q/Aba, r/Iab×C8—C50—78

78. CCNAabAbaIab.

這個斷定命題是（F_1）的換位蘊涵式，它與（F_1）一起給出一個等值式。在這個等值式的基礎上，我們可以用函子A定義函子I：

(F_2)Iab＝CNAabAba.

這個定義讀作：「『有些a是b』的意思同於『如果並非所有a是b，則所有b是a。』」因爲表達式「如果非p，則q」與另一表達式「或者p或者q」是等值的，我們也能夠說：「『有些a是b』的意思同於『或者所有a是b或者所有b是a』。」現在，容易在所謂「歐拉圈」（Eulerian Circles）中找到這個擴展系統的一個解釋。如同在通常解釋中一樣，用圓圈代表詞項a、b、c，但是在任何兩個圓圈都不會彼此相交的條件下，公理1—4得到確證，而形式*59CKAcbAabIac與*59aCKEcbEabIac遭到排斥，因爲可能劃出兩個圓圈彼此位於對方之外而又都包括於第三個圓圈之中，這就駁倒了形式CKAcbAabIac，並且又可能劃出三個圓圈，它們每一個都獨立於其他兩個圓圈，這就駁倒了形式CKEcbEabIac。於是亞里士多德邏輯的所有定律都得到確證，而所有不正確的三段論形式都被排斥。然而，這個系統不同於亞里士多德三段論系統，因爲公式（F_1）是假的，如我們從以下例子中能夠看出：「有些偶數可被3整除」是眞的，但是不論是「所有偶數都可以被3整除」還是「凡被3整除的數都是偶數」都不是眞的。

從這個考慮可以得出結論，我們的公理和規則的系統不是範疇的（Categorical）⓫即並非我們系統的任何解釋都確證並否證（Verify and falsify）同一個公式或者都是同構的（isomorphic）。剛才說明的這一解釋確證了（F_1），而（F_1）是沒有被亞里士多德邏輯確證的。所以，對於作出亞里士多德邏輯的全面和精確的描述來

⓫ 一公理系統是範疇的，如果它具有一個模型，而且它的一切模型是彼此同構的。一個公理系統的兩個模型稱之為同構的，如果在這兩個模型中所使用的個體的兩個域之間有著一一對應的關係。參看阿隆若·丘爾其：《數理邏輯導論》（Alonzo Church: *Introduction to mathematical Logic*），一九五六年版，卷1，第三二九—三三〇頁。——譯者注。

說，我們的公理和規則系統是不充分的。

爲了排除這個困難，我們可以把表達式（F_1）作爲公理來排斥。但是這個藥方是否有效，也還是個疑問；還可以有其他的與（F_1）同一類的公式，甚至無數的這種公式。問題是要爲亞里士多德三段論系統找到一個公理和規則的系統，使得對於該三段論系統來說，我們能夠判定所給出的其中任何有意義的表達式是否應被斷定或被排斥。這個最重要的判定問題將於下一章討論。

第五章

判定問題

元、不能判定的表達式的數目

我把以下的三段論系統的基本元素作爲我現在的研究的基礎：

(1) 四條斷定的公理1—4。
(2) 斷定表達式的代入規則(a)和分離規則(b)。
(3) 兩條排斥的公理*59和*59[a]。
(4) 排斥表達式的分離規則(c)和代入規則(d)。

必須把演繹理論作爲一個輔助理論加在這個公理和規則的系統中。從斷定的公理和規則能導出全部已知亞里士多德邏輯的斷定命題，亦即邏輯方陣諸定律，換位諸定律，以及所有正確的三段論的式；在排斥的公理和規則的基礎上，所有不正確的三段論的形式能被排斥。但是正如我們已經看到的，這個公理和規則的系統並不足以充分描述亞里士多德三段論系統，因爲有著有意義的表達式，如CIabCNAabAba，它既不能被我們的斷定的公理和規則所證明，也不能被我們的排斥的公理和規則所推翻。我把這樣的表達式叫作在我們的基礎上是不能判定的。不能判定的表達式在亞里士多德邏輯中可以是眞的也可以是假的。當然，表達式

CIabCNAabAba是假的。

爲了在這個基礎上解決判定問題，有兩個問題必須解決。第一個問題是：不能判定的表達式的數目是有窮的呢還是不是有窮的？如果它是有窮的，判定問題是容易解決的：我們可以承認眞表達式爲新的斷定公理，而作爲公理排斥假的表達式。然而，當不可斷定的表達式的數目不是有窮的時候，這個方法是不能應用的。我們不能斷定或排斥無窮多的公理。第二個問題在這個情況下提出：是否可能補足我們的公理和規則系統，以便使得我們能夠判定一個給定的表達式是不是應當被斷定或排斥？這兩個問題均已由斯盧派斯基解決了：第一個問題的解決是否定的，辦法是表明在我們的基礎上的不可判定的表達式的數目不是有窮的；第二個問題的解決是肯定的，辦法是加上一條新的排斥規則❶。

我從第一個問題開始。每一個傳統邏輯的學生都熟悉用歐拉圈來解釋三段論：根據這個解釋，詞項變項 a、b、c，都用圓圈表示，前提Aab當且僅當圓圈 a或等同於圓圈 b或包括於圓圈 b的時候才是眞的，前提Iab當且僅當圓圈 a與 b有著

❶見第一五四頁注63所引斯盧派斯基的論文。我曾試圖簡化作者的論證，以便使得它們為未曾受過數學思維訓練的讀者們所理解。當然，對於斯盧派斯基的觀念的以後的解釋是要由我獨自負責的。

共同的部分時，才是眞的。從而，前提Eab，作爲Iab的否定，當且僅當圓圈 a 與 b 沒有任何共同部分，亦即它們彼此排斥時，才是眞的。所以，如果 a 與 b 是等同的，Iab是眞的而Eab是假的。

現在，我將研究有關這個圓圈的數目的種種假定。這個圓圈的數目設定爲我們的「論域」，亦即我們解釋的領域。很明顯，我們的基礎的規則貫穿全部的解釋仍然是正確的。如果我們的論域包括著三個圓圈或者更多一些，四條斷定的公理當然都被確證，而這個作爲公理的排斥的表達式

*59. CKAcbAabIac

被排斥，因爲能夠畫出兩個彼此排斥的圓圈 c 和 a 都包括於第三個圓圈 b 之中。前提Acb與Aab因而都眞，而結論Iac是假的。表達式

*59a CKEcbEabIac

也被排斥了。因爲我們能夠畫三個圓圈每一個都與其他兩個排斥，因而前提Ecb與Eab都是眞的而結論Iac是假的。所以，這個解釋滿足我們的基礎的條件，而且所

有我們的其他解釋亦複如此。

現在讓我們假定我們的論域只包括三個圓圈而沒有更多的，並且讓我們考慮以下的表達式：

(F_3) CEabCEacCEadCEbcCEbdIcd.

這個表達式包括四個不同的變項，但它們每一個只能取三個值，因爲我們只能畫三個不同的圓圈。無論用什麼方式以這三個值來替代變項，兩個變項總必定要接受同一個值，也即是必須等同。但如果某一對變項，a與b，或a與c，或a與d，或b與c，或b與d，含有等同的元素，則相應的那個E前提就成爲假的，而整個的蘊涵式，即表達式（F_3），就被確證了；並且如果最後一對變項，c與d，有等同的元素，則結論Icd就成爲眞的，而整個蘊涵式也被確證了。在只能畫三個圓圈的條件下，表達式（F_3）是眞的並且不能用我們的排斥的公理和規則加以反駁。然而，如果我們假定我們的論域含有多於三個的圓圈，那麼，我們可以畫四個圓圈，它們每一個排斥其他三個，於是（F_3）成爲假的。所以（F_3）不能被我們的判定的公理和規則證明，由於用我們的公理和規則系統，（F_3）既不能被證明，也不能被反駁，所以它是一個不可判定的表達式。

現在讓我們考慮一個表達式，它有著這個形式

$(F_4)\ C\alpha_1 C\alpha_2 C\alpha_3 \cdots C\alpha_n \beta$，

包括n個不同的變項：

$\alpha_1, \alpha_2, \alpha_3, \cdots, \alpha_n$，

並且讓我們假定：⑴ (F_4)的每一個前件，都是Ea_ia_j型的，a_i不同於a_j；⑵後件β是Ia_ka_l型的，a_k不同於a_l；⑶所有可能的不同變項的偶都出現在（F_4）中。如果我們的論域只含有（n—1）個圓圈，（F_4）就被確證了，因爲某兩個變項必須是等同的，並且或者前件之一成爲假的，或者後件是眞的。但如果我們的論域包括多於（n—1）個圓圈，（F_4）就不能確證，因爲可以畫出幾個圓圈，每一個都排斥其餘的，使得所有前件成爲眞的，而後件是假的，所以（F_4）是一個不能判定的表達式。

這樣的不可判定的表達式在數目上是無窮的，因爲n可以是任何正整數。很明顯，在亞里士多德邏輯中它們都是假的，並且應被排斥，因爲我們不能把亞里士

多德邏輯限制在一個有窮數的詞項中，而（F_4）形式的表達式當詞項數目是無窮時就被反駁了。這個無窮數目的不可判定的表達式除非作爲公理來排斥，否則是無法排斥的，這是從以下考慮得出的：（F_3）不能被我們的公理和規則系統所反駁，所以必須作爲公理加以排斥。其次，一個包括著五個不同詞項的不可判定的表達式（F_4），我們的公理和規則系統以及與已被排斥的表達式（F_3）一起也不能予以反駁，也必須作爲公理加以排斥。對每一個（F_4）形式的其他的不可判定的表達式都可以重複這樣的論證。因爲不能作爲公理排斥無窮數目的表達式，我們必須尋求另外的手段，如果我們想肯定地解決判定問題的話。

三、斯盧派斯基的排斥規則

我從兩個術語的說明開始：Aab、Iab、Eab和Oab類型的表達式，我稱爲簡單的表達式；頭兩個是簡單肯定表達式，而三、四兩個是簡單否定表達式。簡單表達式以及這種類型的表達式：

$$C\alpha_1 C\alpha_2 C\alpha_3 \cdots C\alpha_{n-1} C\alpha_n，$$

（其中所有α都是簡單表達式），我都稱爲初等表達式。斯盧派斯基排斥規則可以借助於這個術語陳述如下：

> 如果α和β都是簡單否定表達式並且γ是一個初等表達式，那麼，如果Cαγ與Cβγ都被排斥，則CαCβγ必定也被排斥。

斯盧派斯基排斥規則與傳統邏輯的下列元邏輯原則（metalogical principle）有密切連繫：「utraque si praemissa neget, nil inde sequetur.」（如果兩前提都是否定的，那麼不能得出結論。）然而這個原則並不是十分普遍的，因爲它僅僅涉及三個詞項的簡單三段論。同一原則的另一公式，「ex mere negativis nihil sequitur，」（「僅從否定前提不能得結論」），表面看來是更爲普遍的，但是把它不僅用於三段論而且也用於三段論系統的其他表達式時，它卻是假的。像斷定命題CEabEba或CEabOab這樣的表達式明明表現出僅從否定前提可以得出某些東西。斯盧派斯基規則是一條普遍規則，而且避免了傳統公式的困難。

爲了弄清楚斯盧派斯基規則，讓我們更充分地解釋這一點。命題Aac不能從前提Aab或者從前提Abc得出；但當我們連結這些前提成爲「Aab並且Abc」時，我們就從Barbara式得到結論Aac。Eac不能從Ebc得出，也不能從Aab得出；但從這些前提的合取「Ebc並且Aab」用Celarent式，我們就得到結論Eac。在這兩個場合，我們都從前提的合取得到某個新的命題，這些新的命題是前提中的任何孤立的一個所不能得出的。然而，如果我們有兩個否定命題，像Ecb與Eab，當然我們能夠從第一個得到結論Ocb而從第二個得到結論Oab，但是從這兩個否定命題的合取，除了那些從它們各自孤立地得出的新命題外，不能得出任何新命題。這就是斯盧派斯基排斥規則的意思：如果γ並不從α或從β得出，它也不能從α與β的合取式得出，因爲從兩個否定前提不能得出它們孤立地並未得出的任何東西。斯盧派斯基規則是與傳統邏輯的相應規則同樣的淺顯明白。

現在我將表明這個規則怎樣能夠應用於排斥不能判定的表達式。爲此目的，我把這規則用在符號的形式中。用RS（Rule of Slupecki）來表示它：

RS. *Cαγ, *Cβγ→*CαCβγ.

在這裡猶如在任何地方一樣，我用希臘字母表示滿足某些條件的變項表達式：這樣，α和β必須是三段論系統的簡單否定表達式，γ必須是一個像前面說明過的初等表達式，而且三個表達式必須使得Cαγ和Cβγ可以被排斥。箭頭（→）是「所以」的意思。我想著重指出這個事實，即RS是一個特別的規則，只是對亞里士多德邏輯的否定表達式α和β才是正確的，並且，如我們已經看到的，它不能應用於三段論系統的肯定表達式。它也不能應用於演繹理論。這一點可從下面的例子得出：表達式CNCpqr與CNCqpr都不是眞的，並且都應當被排斥（如果排斥已引入這個理論之中的話），但是CNCpqCNCqpr卻是一個斷定命題。同樣，在代數中，從前提「a不小於b」或從前提「b不小於a」都不能得出命題「a等於b」，但是它從這些前提的合取式中得出。

作爲這條新規則的首次應用，我將表明已被作爲公理排斥的表達式

*59[a]. CKEcbEabIac，

現在能被反駁。這一點來自以下的推導：

9. p/Eac, a/c, b/a×79

79. CCEacIcaCEacIac

79×C*80—*64

*80. CEacIca

*80×*81.c/a, b/c, a/c

*81. CEcbIac

*64×*82.b/c

*82. CEabIac

RS. α/Ecb, β/Eab, γ/Iac×*81, *82→*83

*83. CEcbCEabIac。

RS規則在這裡得到了第一次的應用；α和β是簡單否定表達式，而γ也是一個簡單表達式。從*83我們用輸出律VII得出公式*59^{a}：

VII. p/Ecb, q/Eab, r/Iac×84

84. CCKEcbEabIacCEcbCEabIac

84×C*59^{a}—*83

*59^{a}. CKEcbEabIac

從以上所述可知斯盧派斯基規則強於我們作爲公理排斥的表達式*59^{a}。由於*59^{a}應被消去，公式*59，即CKAcbAabIac成了剩下的作爲公理排斥的唯一的表達式。

其次我將應用RS規則再一次地反駁公式（F_3）：

*64×*85.d/c, c/a

*85. CEadIcd

*85×*86.b/a

*86. CEbdIcd

RS. α/Ead, β/Ebd, γ/Icd×*85, *86→*87

*87. CEadCEbdIcd

*80×*88. b/a, d/a

*88. CEbcIcd

RS. α/Ebc, β/Ebd,γ/Icd×*88, *86→*89

*89. CEbcCEbdIcd

RS. α/Ead, β/Ebc, γ/CEbdIcd×*87, *89→*90

*90. CEadCEbcCEbdIcd

*88×*91.a/b

*91. CEacIcd

RS. α/Eac, β/Ebd, γ/Icd×*91, *86→*92

*92. CEacCEbdIcd

RS. α/Eac, β/Ebc, γ/CEbdIcd×*92, *89→*93

*93. CEacCEbcCEbdIcd

RS. α/Eac, β/Ead, γ/CEbcCEbdIcd × *93, *90→*94

*94. CEacCEadCEbcCEbdIcd

*85 × *95, b/d

*95. CEabIcd

RS. α/Eab, β/Ebd, γ/Icd × *95, *86→*96

*96. CEabCEbdIcd

RS. α/Eab, β/Ebc, γ/CEbdIcd × *96，*89→*97

*97. CEabCEbcCEbdIcd

RS. α/Eab, β/Ead, γ/CEbcCEbdIcd × *97，*90→*98

*98. CEabCEadCEbcCEbdIcd

RS. α/Eab, β/Eac, γ/CEadCEbcCEbdIcd × *98，*94→*99

*99. CEabCEacCEadCEbcCEbdIcd

RS規則在這個推導中用了十次；α和β總是簡單否定表達式，而γ在任何地方都是一個初等表達式。用同樣方式，我們能反駁（F_4）形式的其他公式，並且也能反駁第二十八節的公式（F_1），然而，沒有必要進行這些推導，因爲現在我們能夠提出一般的判定問題。

三、演繹的等值式

對於我們的判定證明，我們需要演繹的或推論的等值式的概念。我認爲由於對待這個概念有著一些誤解，因此，它的意義必須謹慎地定義。我將在演繹理論的基礎上來做到這一點。

通常說有兩個表達式α和β，當其如果α被斷定了，就可以從α推導出β，反之，如果β被斷定了，就可以從β推導出α，我們就說α與β是彼此演繹地等值的。推論的各種規則總假定爲已給定的，但它們很少是充分的。例如，它們在下面的例子中是充分的。從斷定的交換律CCpCqrCqCpr，我們能推導出斷定命題CqCCpCqrCpr：

(1) CCpCqrCqCpr

(1) p/CpCqr, r/Cpr×C(1)—(2)

(2) CqCCpCqrCpr，

從這個斷定命題我們能夠再推導出交換律：

(2) q/CqCCpCqrCpr, p/s, r/t×C(2)—(3)

(3) CCsCCqCCpCqrCprtCst

(2) q/CpCqr, p/q, T/Cpr×(4)

(4) CCpCqrCCqCCpCqrCprCqCpr

(3) s/CpCqr, t/CqCpr×C(4)—(1)

(1) CCpCqrCqCpr❷

但是我們不能用這個簡單方法從斷定的表達式CNpCpq推導出鄧斯·司各脫定律CpCNpq，因爲我們只能用代入規則從第一個表達式推出新命題，而所有的CNpCpq的代入都是以CN開頭的，沒有一個是用Cp開頭。要從另外一個表達式推

❷ 這個簡潔的推導是A.塔爾斯基在華沙提出的。

導出那些表達式中的一個來，我們必須要有進一步的支援。一般地說，演繹等值式的關係少有是絕對的，而在大多數場合，它是與一些斷定命題的某一個基礎相關的。在我們的場合，這個基礎就是交換律。從

(5) CNpCpq

開始，我們用交換律得到鄧斯·司各脫定律：

(1) p/Np, q/p, r/q×C(5)—(6)

(6) CpCNpq，

並且從(6)開始，我們又用交換律再得到(5)：

(1) q/Np, r/q×C(6)—(5)

(5) CNpCpq.

所以我說CNpCpq與CpCNpq就交換律而言是演繹地等值的，並且我寫作：

CNpCpq～CpCNpq　對(1)而言。

記號～表示演繹的等值式的關係。這個關係不同於通常的等值關係（此處用Q表示）。通常的等值關係是用兩個彼此互相換位的蘊涵式的合取式來定義的，

Qpq＝KCpqCqp，

而不需要任何基礎。如果一個通常的等值關係Qαβ被斷定了，並且α或α的一個替代者也被斷定了，那麼，我們就能斷定β，或β的相應的替代者，並且，反之亦然。所以，一個斷定的通常的等值式Qαβ對於演繹的等值式α～β是一個充分的基礎；但是它並非是必要的基礎，這恰好就是需要說明之點。

不僅斷定的或眞的表達式而且假的表達式都可以是演繹地等值的。爲了解決對於C—N系統的判定問題，我們必須把一個任意的有意義的表達式α變形爲表達式CNαπ，π是一個不在α中出現的命題變項。這可以借助於兩條斷定命題做到：

S1. CpCNpq

S2. CCNppp.

我說對S1與S2而言，α與CNαπ是演繹地等值的，並且我寫作：

I. α～CNαπ　對S1與S2而言。

當α被斷定時，一切都容易進行。以NNCpp爲例。這是一個容易由0—1方法確證的斷定命題。根據公式I我陳述：

NNCpp～CNNNCppq　對S1與S2而言。

從

(7) NNCpp

開始，我們用S1得到：

S1. p/NNCpp×C(7)—(8)

(8) CNNNCppq，

並且從(8)開始，我們用代入和S2得到：

(8)q/NNCpp×(9)

(9) CNNNCppNNCpp

S2. p/NNCpp×C(9)—(7)

(7) NNCpp.

但α是一個任意的表達式；它可以是假的，例如Cpq。在這個場合公式I讀作：

Cpq～CNCpqr　　對S1與S2而言。

在這裡，困難開始了：我們能從S1用代入p/Cpq，q/r，得到斷定命題CCpqCNCpqr，但我們不能從這個斷定命題引出後件CNCpqr，因爲Cpq不是一個斷定命題並且不能加以斷定。所以CNCpqr不能被分離出來。還有一個更大的困難在另一個方向出現：我們能夠從S2用代入p/Cpq得到斷定命題CCNCpqCpqCpq，但CNCpqCpq沒有被斷定，我們也不能從CNCpqr用代入得到CNCpqCpq，因爲CNCpqr不是一個斷定命題。我們不能說：假定Cpq被斷定了，那麼，就會得出

CNCpqr。斷定一個假的表達式是一個錯誤。而我們不能希望用一個錯誤來證明任何東西。因此公式 I 看來不是對所有的表達式而只是對那些被斷定的表達式才是正確的。

照我看，只有一個辦法來避免這些困難：那就是把排斥引入演繹理論。我們作爲公理排斥變項 p，並且承認清楚的排斥規則 (c) 和 (d)。在這個基礎上就能夠容易地表明Cpq必定被排斥。因爲我們從公理

(*10)p

以及斷定命題

(11) CCCpppp

用排斥規則可得：

(11)×C(*12)—(*10)

(*12) CCppp

(*12)×(*13)p/Cpp, q/p

(*13)Cpq.

現在我們能夠證明如果Cpq被排斥，CNCpqr必定也被排斥；以及相反地，如果CNCpqr被排斥，Cpq必定也被排斥。

從

(*13)Cpq

開始，我們用S2及排斥規則得到：

S2. p/Cpq×(14)

(14)CCNCpqCpqCpq

(14)×C(*15)—(*13)

(*15)CNCpqCpq

(*15)×(*16)r/Cpq

(*16)CNCpqr.

在另一方向從（*16）用S1我們容易地得到Cpq：

S1. p/Cpq, q/r×(17)

(17)CCpqCNCpqr

(17)×C(*13)—(*16)

(*13)Cpq.

公式I現在已充分地被證明了。然而，我們必須校正我們前面的演繹等值式的定義，說成：

> 兩個表達式就某些斷定命題而言是演繹地互相等值的，當且僅當我們能夠用這些斷定命題和推論規則來證明：如果那些表達式之一被斷定，另一個必定也被斷定，或者如果它們中的一個被排斥，其他一個必定也被排斥。

從這個定義可知通常的等值式不是演繹等值式的一個必要的基礎。如果$Q\alpha\beta$是一個斷定命題，對於$Q\alpha\beta$而言，α是演繹地等值於β這是眞的；但是如果對於某些斷定命題而言α是演繹地等值於β，那麼$Q\alpha\beta$是一個斷定命題就並不總是眞的了。

以剛才考慮的演繹等值式爲例：

Cpq～CNCpqr　　對S1與S2而言。

其相應的通常的等值式QCpqCNCpqr不是一個斷定命題，因爲它對於p/1，q/0，r/1來說乃是假的。

很明顯，演繹等值的關係是自返的、對稱的和傳遞的。有這種情況，對於某些斷定命題而言，α是演繹地等值於兩個表達式β並且γ。那就是說：如果α被斷定，則β被斷定並且γ被斷定，並從而它們的合取式「β並且γ」被斷定；而反之，如果β和γ兩者，或它們的合取式「β並且γ」被斷定了，那麼α也被斷定。再有，如果α被排斥，則合取式「β並且γ」必定被排斥，而且在這個場合，只要β和γ兩者之一應被排斥就足夠了，而反之，如果它們中有一個被排斥，α必定也被排斥。

三、化歸爲初等表達式

我們的判定的證明是基於以下定理：

（TA）亞里士多德三段論系統的每一個有意義的表達式都能夠用一個演繹地等值的方法（對於演繹理論的斷定命題而言）化歸爲一組初等表達式，亦即具有形式

$$C\alpha_1 C\alpha_2 C\alpha_3 \cdots C\alpha_{n-1}\alpha_n$$

的表達式，其中所有α都是三段論系統的簡單表達式，亦即Aab、Iab、Eab和Oab類型的表達式。

所有已知三段論系統的斷定命題或者是初等表達式或者能夠容易地被變形爲初等表達式。換位定律，如CIabIba或CAabIba，都是初等表達式。所有三段論都是CKαβγ形式，而這類表達式都是演繹地等值於CαCβγ形式的初等表達式（對於輸出和輸入定律而言）。但是還有三段論系統的其他有意義的表達式，有些是眞的，有些是假的，卻並不是初等表達式。我們已經碰到過這樣一個表達式，即是斷定命題78，CCNAabAbaIab，它的前件不是一個簡單表達式，而是一個蘊涵式。當然，有無窮的這樣的表達式，並且它們全都應當在判定的證明中加以考慮。

定理（TA）在演繹理論的一個類似的定理（TB）的基礎上能夠容易地被證明：

（TB）每一個以C和N爲原始詞項的演繹理論的有意義的表達式，都能夠用一個演繹地等値的方法（對於有窮數的斷定命題而言）化歸爲一組

$C\alpha_1 C\alpha_2 C\alpha_3 \cdots C\alpha_{n-1} \alpha_n$

形式的初等表達式，其中所有α都是簡單表達式，亦即或者是變項或者是它們的否定式。

這個定理的證明是不容易的，但是，由於它對於判定問題來說乃是精華所在，所以不能加以省略。下面所作的（TB）的證明是爲對形式邏輯有興趣的讀者提出的；沒有受過數理邏輯訓練的讀者可以把（TA）、（TB）兩條定理當作是認可的東西。

令α是演繹理論的任意的一個有意義的表達式，並且它不同於變項（它可以，但是並不需要，加以變形）：如我們所知，每一個這樣的表達式，都能夠用演繹地等値的方法，對於斷定命題S1與S2而言：

S1. CpCNpq

S2. CCNppp

變形爲表達式CNαπ，其中 π 是一個不在 α 中出現的變項。因此，我們有變形 I：

I. α⌢CNαπ　　　對於S1與S2而言。

變形 I 允許我們把所有有意義的表達式化歸爲蘊涵式（有一個變項作爲它們的最後的詞項）。現在我們必須試著將CNαπ的前件Nα變爲一個變項或它的否定。爲此目的，我使用以下三項變形：

II. CNNαβ⌢Cαβ　　　對於S3與S4而言
III. CNCαβγ⌢CαCNβγ　　　對於S5與S6而言
IV. CCαβγ⌢CNαγ, Cβγ　　　對於S7、S8、S9而言

相關的斷定命題是：對於變形II：

S3. CCNNpqCpq
S4. CCpqCNNpq：
對於變形III：

S5. CCNCpqrCpCNqr

S6. CCpCNqrCNCpqr；

對於變形IV：

S7. CCCpqrCNpr

S8. CCCpqrCqr

S9. CCNprCCqrCCpqr.

現在讓我們解釋用這些變形我們怎樣能夠從CNαπ的前件中得到一個變項或它的否定式。在CNαπ中出現的表達式α，像C—N系統的每一個有意義的表達式一樣可以或者是一個變項，或者是一個否定式，或者是一個蘊涵式。如果α是一個變項，就不需要任何變形；如果它是一個否定式，我們得到CNNαβ，而根據變形II，兩個否定互相抵消；如果它是一個蘊涵式，我們從CNCαβγ得到等值的表達式CαCNβγ，它的前件α比原來的前件NCαβ簡單，這個新的α又可以是一個變項（因而也無需變形），或是一個否定式（這個情況已經解決過了），或是一個蘊涵式。在最後這個情況中，我們從CCαβγ得到兩個表達式CNαγ和Cβγ，它們有著比原前件Cαβ簡單一些的前件。II、III和IV的重複地應用，我們必定最後地在一個前件中達到一個變項或它的否定式。

現在讓我們用例子來看一看這些變形是如何工作的。

第一個例子：NNCpp

NNCpp　～CNNNCppq　由Ⅰ；
CNNNCppq　～CNCppq　由Ⅱ；
CNCppq　～CpCNpq　由Ⅲ。

NNCpp就這樣化歸爲表達式CpCNpq，它在前件中有變項p。CpCNpq是一個初等表達式。

第二個例子：CCCpqpp

CCCpqpp　～CNCCCpqppr　由Ⅰ；
CNCCCpqppr　～CCCpqpCNpr　由Ⅲ；
CCCpqpCNpr　～CNCpqCNpr，CpCNpr　由Ⅳ；
CNCpqCNpr　～CpCNqCNpr　由Ⅲ。

CCCpqpp就這樣化歸爲兩個表達式：CpCNqCNpr與CpCNpr，兩者在前件中都有變項 p；兩者都是初等表達式。

第三個例子：CCCpqqCCqpp

CCCpqpCCqpp ～CNCCCpqqCCqppr 由 I；

CNCCCpqqCCqppr ～CCCpqqCNCCqppr 由 III；

CCCpqqCNCCqppr ～CNCpqCNCCqppr，CqCNCCqppr 由 IV；

CNCpqCNCCqppr ～CpCNqCNCCqppr 由 III。

CCCpqqCCqppr化歸為兩個表達式CpCNqCNCCqppr以及CqCNCCqppr，兩者都在第一個前件中有一個變項。但是兩者都不是初等表達式，因為第一個有著複雜的表達式NCCqpp作為它的第三個前件，而第二個有著同樣的複雜的表達式作為它的第二個前件。

我們能從最後的例子中看到，我們的任務還沒有完成。用變形 I－IV 我們能得到在第一個前件中有一個變項的蘊涵式，以及還有

$C\alpha_1 C\alpha_2 C\alpha_3 \cdots C\alpha_{n-1}\alpha_n$

形式的表達式，但並非這個形式的所有前件（除α_1之外）都必定是簡單表達式。爲了解除這樣的複雜前件，我們需要三個進一步的變形：

V. CαCβγ～CβCαγ　對於S10而言

VI. CαCβCγδ～CαCγCβδ　對於S11而言

VII. CαCβγ～CNCαNβγ　對於S12與S13而言

相應的斷定命題是：對變形V：

S10. CCpCqrCqCpr；

對變形VI：

S11. CCpCqCrsCpCrCqs；

對變形VII：

S12. CCpCqrCNCpNqr.

S13. CCNCpNqrCpCqr.

用S10我們能把複雜的前件從第二個位置移到第一個位置，而用S11能從第三個位置移到第二個位置。應用這些變形於第三個例子的表達式CpCNqCNCCqppr與CqCNCCqppr我們得到：

(α) CpCNqCNCCqppr～CpCNCCqppCNqr　由Ⅵ；
CpCNCCqppCNqr～CNCCqppCpCNqr　由Ⅴ；
CNCCqppCpCNqr～CCqpCNpCpCNqr　由Ⅲ；
CCqpCNpCpCNqr～CNqCNpCpCNqr，
CpCNpCpCNqr　由Ⅳ.

(β) CqCNCCqppr～CNCCqppCqr　由Ⅴ；
CNCCqppCqr～CCqpCNpCqr　由Ⅲ；
CCqpCNpCqr～CNqCNpCqr，
CpCNpCqr　由Ⅳ.

這樣CCCpqCCqpp化歸爲四個初等表達式：CNqCNpCpCNqr, CpCNpCpCNqr, CNqCNpCqr與CpCNpCqr。

變形VII用於複雜前件出現在第四個位置或者更遠的地方的所有那些情況。這個變形允許我們減少前件的數目；事實上，NCpNq與Kpq的意思是一樣的，並且S12與S13相應地都是輸入定律與輸出定律的另外的形式。現在CNCαNβγ，像CKαβγ一樣，只有一個前件，而其等值的表達式CαCβγ有兩個前件。所以，如果一個複雜的表達式出現於第四個位置，如δ在CαCβCγCδε中那樣，我們相繼應用VII和VI能夠把它移至第三個位置：

CαCβCγCδε～CNCαNβCγCδε 由VII；

CNCαNβCγCδε～CNCαNβCδCγε 由VI.

從這個最後的表達式，我們由VII的逆向的應用（the Converse application）得到公式：

CNCαNβCδCγε～CαCβCδCγε 由VII.

現在用VI和V就易於將δ帶到第一個位置：

CαCβCδCγε～CαCδCβCγε　　由VI；

CαCδCβCγε～CδCαCβCγε　　由V.

重複地在兩個方向應用變形VII我們能夠把任何前件從第n個位置移到第一個位置，如果它是複雜的，就用II、III與IV使之變形爲一個簡單表達式。

定理（TB）的證明就這樣完成了。現在容易表明這個定理推出對於演繹理論C—N系統的判定的證明。如果一個給定的表達式α已經被化歸爲若干初等表達式，而所有這些初等表達式都是眞的，亦即，如果在它們的諸前件中有兩個P與Np型的表達式，那麼α就是一個斷定命題並必須加以斷定。另一方面，如果α已經化歸成的初等表達式中，至少有一個表達式在其中沒有兩個前件是P與Np型的，那麼α必須被排斥。在第一種情況下，我們能用斷定命題S1—S13來證明。在第二種情況下，我們能夠反駁它，除了用上面的斷定命題外，還得加上兩條新的：

S14. CpCCpqq

S15. NNCpp，

以及排斥的公理：

*S16. P.

用兩個例子來把這一點說清楚。

第一個例子：斷定命題CpCCpqq的證明。

這個斷定命題必須首先化歸爲初等表達式。這是由以下的分析（L）作出的：

CpCCpqq～CNCpCCpqqr　由Ⅰ；

CNCpCCpqqr～CpCNCCpqqr　由Ⅲ；

CpCNCCpqqr～CNCCpqqCpr　由Ⅴ；

CNCCpqqCpr～CCpqCNqCpr　由Ⅲ；

CCpqCNqCpr～CNpCNqCpr, CqCNqCpr　由Ⅳ.

CpCCpqq化歸成的初等表達式是CNpCNqCpr與CqCNqCqr。像所有曾應用過變形Ⅰ的表達式一樣，這兩個都有一個不在前件中出現的變項作爲最後一個詞項。這樣的表達式只有在它們有兩個前件是p與Np型的條件下，才能是眞的，並且這類的任何表達式都能用變形V、VI與VII化歸爲S1的一個代入式，一個斷定命題的證明總必須由此開始。這裡就是所需要的推演：

S1. q/CNqr×(1)

(1) CpCNpCNqr

S10. q/Np, r/CNqr×C(1)—(2)

(2) CNpCpCNqr

S11. p/Np, q/p, r/Nq, s/r×C(2)—(3)

(3) CNpCNqCpr

S1. p/q, q/Cpr×(4)

(4) CqCNqCpr.

在(3)和(4)之中已得到了與我們的分析（L）之末達到的相同的初等表達式，現在我們用這些相繼的變形所依靠的那些斷定命題從它們進到其左方的等值式，這樣，一步一步地，借助於S9、S6、S10與S2，我們得到我們原來的斷定命題：

S9. r/CNqCpr×C(3)—C(4)—(5)

(5) CCpqCNqCpr

S6. p/Cpq, r/Cpr × C(5)—(6)

(6) CNCCpqqCpr

S10. p/NCCpqq, q/p × C(6)—(7)

(7) CpCNCCpqqr

S6. q/CCpqq × C(7)—(8)

(8) CNCpCCpqqr

(8)r/CpCCpqq × (9)

(9) CNCpCCpqqCpCCpqq

S2. p/CpCCpqq × C(9)—(10)

(10) CpCCpqq.

憑藉這種方式，我們能夠證明任何我們想要證明的斷定命題。

第二個例子：表達式CCNpqq的反駁。

我們首先在以下分析的基礎上把這個表達式化歸爲初等表達式：

CCNpqq⌢CNCCNpqqr　　由 I；

CNCCNpqqr～CCNpqCNqr　由Ⅲ；

CCNpqCNqr～CNNpCNqr，CqCNqr　由Ⅳ；

CNNpCNqr～CpCNqr　由Ⅱ.

表達式CCNpqq就這樣化歸爲兩個初等表達式，CqCNqr與CpCNqr，其中第一個是一個斷定命題，但第二個不是眞的，因爲它沒有兩個 p與Np型的前件。所以，導致這個不眞的後果的表達式CCNpqq必須加以排斥。我們根據給定的變形相繼地應用斷定命題S1、S5、S7與S3來從頭開始這一反駁：

S1. p/CCNpqq, q/r×(11)

(11) CCCNpqqCNCCNpqqr

S5. p/CNpq×(12)

(12) CCNCCNpqqrCCNpqCNqr

S7. p/Np, r/CNqr×(13)

(13) CCCNpqCNqrCNNpCNqr

S3. q/CNqr×(14)

(14) CCNNpCNqrCpCNqr.

現在我們必須反駁表達式CpCNqr：爲此目的我們需要新的斷定命題S14與S15以及排斥的公理。

S14. p/NNCpp, q/p×CS15—(15)

(15) CCNNCpppp

(15)×C(*16)—*S16

(*16) CNNCppp

S14. p/CpCNpq, q/CNNCppp×CS1—(17)

(17) CCCpCNpqCNNCpppCNNCppp

(17)×C(*18)—(*16)

(*18) CCpCNpqCNNCppp

(*18)×(*19)p/CpCNpq, q/NCpp, r/p

(*19) CpCNqr

排斥了CpCNqr，現在我們就能夠相繼地排斥它的各前件直到原來的表達式CCNpqq.

(14) ×C(*20)—(*19)

(*20) CNNpCNqr

(13)×C(*21)—(*20)

(*21) CCNpqCNqr

(12)×C(*22)—(*21)

(*22) CNCCNpqqr

(11)×C(*23)—(*22)

(*23) CCNpqq

用這種方式，你能夠反駁C—N系統的任何不眞的表達式。所有這些推導本可作得更爲簡短一些，但是我企圖表明包括在判定證明中的這個方法。這個方法使我們能夠在僅僅十五條基本的斷定命題（S1—S15）及排斥公理的基礎上有效地去判定，究竟一個給出的C—N系統的有意義的表達式是應當被斷定還是應當被排斥。因爲演繹理論的所有其他函子都可以用C與N來定義，所以演繹理論的所有有意義的表達式都是在一個公理系統的基礎上可被判定的。能夠列出十五條基本斷定命題的一個公理系統，在這個意義上是完全的，即所有這個系統的眞表達式都可以在其中推出。屬於這一類的有：在第二十三節提出的三條公理的系統，以及作爲變形IV的基礎的那三條公理（即CCCpqrCNpr、CCCpqrCqr以及CCNprCCqrCCpqr）的系統。

根據定理（TA），每一個有意義的亞里士多德邏輯的表達式，能夠化歸爲初等表達式，這個定理的證明隱含地包括在對於演繹理論的類似定理的證明之中。如果我們把用於變形I—VII中之希臘字母（除了在變形I中最後的那個變項之外）代之以亞里士多德邏輯的命題表達式，我們能夠用同樣的方式應用這些變形於它們，猶如用於演繹理論的表達式一樣。在CCNAabAbaIab的例子中，能夠容易地看出這一點來。我們得到：

CCNAabAbaIab～CNCCNAabAbaIabp　　由I；

CNCCNAabAbaIabp～CCNAabAbaCNIabp　　由III；

CCNAabAbaCNIabp～CNNAabCNIabp，

CAbaCNIabp　　由IV；

CNNAabCNIabp～CAabCNIabp　　由II.

我們通常能夠寫Oab來代替NAab，以Eab代替NIab。然而，應用帶N的形式在今後將是更爲便利的。

CCNAabAbaIab所化歸成的CAabCNIabp與CAbaCNIabp這兩個初等表達式，都有一個變項作爲它們的最後的詞項。這個變項是由變形I引入的。我們能夠用以下的演繹等值的變形消去它，其中π是一個不在α或β中出現的命題變項：

VIII. $C\alpha C\beta\pi \sim C\alpha N\beta$　對於S17與S18而言，

IX. $C\alpha CN\beta\pi \sim C\alpha\beta$　對於S19與S20而言。

對於變形VIII的斷定命題：

S17. CCpCqNqCpNq

S18. CCpNqCpCqr.

對於變形IX的斷定命題：

S19. CCpCNqqCpq

S20. CCpqCpCNqr.

當CαCβπ被斷定了，用Nβ替代π我們從它得到表達式CαCβNβ，並隨後再用S17得到CαNβ；並且，反過來，用S18從CαNβ得到表達式CαCβπ。當CαCβπ被排斥時，由S18我們得到CCαNβCαCβπ，所以CαNβ必須被排斥；並且反過來，當CαNβ被排斥時，由S17我們得到CCαCβNβCαNβ，所以CαCβNβ必須被排斥，從而CαCβπ也必須被排斥。變形IX能用同樣的方式加以解釋。這一點我們可以直接地應用於我們的例子。以Aab代α，Iab代β，以及p代π；你得到CAab Iab。用同樣方式，從CAba CNIabp得出CAbaIab。如果我們有多於兩個前件的表達式，例如，有幾個前件，我們必須重複地應用變形VII，首先把n－1個前件化爲一個前件，然後再應用變形VIII和IX。例如，舉以下例子：

CNIabCAcbCAdcCIadp～CNCNIabNAcbCAdcCIadp　　由VII，

CNCNIabNAcbCAdcCIadp

　～CNCNCNIabNAcbNAdcCIadp　　由VII；

CNCNCNIabNAcbNAdcCIadp

　～CNCNCNIabNAcbNAdcNIad　　由VIII；

CNCNCNIabNAcbNAdcNIad

~CNCNIabNAcbCAdcNIab　　由VII；

CNCNIabNAcbCAdcNIad

~CNIabCAcbCAdcNIad　　由VII.

定理（TA）現在充分地被證明了。所以我們能夠進行到我們的主要項目：亞里士多德三段論系統的判定的證明。

三三、三段論系統的初等表達式

根據定理（TA），亞里士多德三段論系統的表達式都能夠用演繹地等值的方式化歸爲一組初等表達式，亦即具有

$C\alpha_1 C\alpha_2 C\alpha_3 \cdots C\alpha_{n-1} C\alpha_n$，

形式的表達式，其中所有的α都是三段論系統的簡單表達式，亦即Aab，Iab，Eab或NIab，以及Oab或NAab等類型的表達式。現在，我將表明三段論系統的每一個初等表達式都是可判定的，也就是說或者被斷定，或者被排斥。我將首先證明所有簡單表達式（除Aaa及Iaa型的表達式外）都是被排斥的。我們已經看到（第二十七節，公式*61）Iac是被排斥的。這裡是其他表達式的排斥的證明：

*61×*100.c/b

*100. Iab

8×C*101—*100 (8.CAabIab)

*101. Aab

IV. p/Aaa, q/Iab×C1—102 (IV.CpCNpq)

102. CNAaaIab

102×C*103—*100

*103. NAaa (＝Oaa)

*103×*104.b/a

*104. NAab (＝Oab)

IV. p/Iaa, q/Iab×C2—105

105. CNIaaIab

105×C*106—*100

*106. NIaa (＝Eaa)

*106×*107b/a

*107. NIab (＝Eab)

現在轉向複雜的初等表達式，我將相繼地研究所有可能的情況，而省去可能的形式證明，而僅提出它們如何能得以證明的提示。有六種情況應當加以研究。

第一種情況：後件α_n是否定的，而所有各前件都是肯定的。這樣的表達式都是被排斥的。

證明：把在這個表達式中出現的所有變項都等同於a，作爲同一律Aaa或Iaa，所有前件都成爲眞的，而後件成爲假的。我們看出，對於這個情況的解決說來，同一律乃是根本的。

第二種情況：後件是否定的，並且只有一個前件是否定的。這個情況可以化歸爲只具有肯定元素的情況，並且這樣的情況，如我們隨後將看到的，總是可判定的。

證明：CαCNβNγ形式的表達式都演繹地等值於CαCγβ形式的表達式（對於斷定命題CCpCNrNqCpCqr與CCpCqrCpCNrNq而言），這不僅對於一個肯定的前件α是眞的，而且對於任何數量的肯定的前件都是眞的。

第三種情況：後件是否定的，並且一個以上的前件是否定的。這類表達式能化歸爲簡單表達式，以致最終化歸爲第二種情況。這個情況的解需要斯盧派斯基排斥規則。

證明：讓我們假定原表達式是CNαCNβCγ…Np形式的。因爲任一前件都可以移至無論哪一個位置，這個假定總是可以作出的。我們把這個表達式相應地省去其第二個或第一個前件，化歸爲兩個比較簡單一些的表達式CNαCγ…Np與CNβCγ…Np。如果這些表達式有一個以上的否定前件，我們就重複這種處理，一直到我們得出只帶有唯一的否定前件的公式爲止。因爲根據第二種情況，這樣的公式都是演繹地等值於可判定的肯定的各表達式的，所以它們總是或者被斷定或者被排斥。只要它們之中的一個被斷定了，那麼原表達式也必須被斷定，因爲用簡化定律我們可以把先前加以省略的所有其他否定前件加於這個斷定的公式之上。然而如果所有具有一個否定前件的公式都被排斥了，那麼我們重複運用斯盧派斯基排斥規則，從它們得出原表達式必須被排斥。舉兩個例子就可以透徹地說明問題。

第一個例子：CNAabCNAbcCNIbdCIbcNAcd是一個斷定命題。我們把這個表達式化歸爲(1)與(2)

(1) CNAabCNIbdCIbcNAcd，

(2) CNAbcCNIbdCIbcNAcd.

用同樣方式，我們把(1)化歸爲(3)和(4)：

(3) CNAabCIbcNAcd，

(4) CNIbdCIbcNAcd.

並且把(2)化歸爲(5)和(6)：

(5) CNAbcCIbcNAcd，

(6) CNIbdCIbcNAcd.

現在最後一個表達式是一個斷定命題；它是第三格的Ferison式。在CpCqp中，以(6)代p，並以NAbc代q，我們得到(2)，再一次應用CpCqp，以(2)代p，並以NAab代q，我們就達到了原命題。第二個例子：CNAabCNAbcCNIcdCIbdNAad，並非一個斷定命題。如同前面的例子一樣，我們把這個表達式化歸爲：

(1) CNAabCNIcdCIbdNAad，

(2) CNAbcCNIcdCIbdNAad；

然後，我們把(1)化歸爲(3)和(4)，並且把(2)化歸爲(5)和(6)：

(3) CNAabCIbdNAad，

(4) CNIcdCIbdNAad，

(5) CNAbcCIbdNAad，

(6) CNIcdCIbdNAad.

所有以上帶有一個否定前件的公式，都不是斷定命題，這可以用把它們化歸爲只有肯定元素的情況的辦法來加以證明。表達式(3)、(4)、(5)和(6)都是被排斥的。應用斯盧派斯基規則，我們從被排斥的表達式(5)和(6)得到(2)必須被排斥，並且從被排斥的表達式(3)和(4)，得到(1)必須被排斥。但是，如果(1)和(2)都被排斥了，那麼，原表達式也必須被排斥。

第四種情況：後件是肯定的，而有些（或所有）前件都是否定的。這個情況可以化歸爲第三種情況。

證明：CαCNβγ形式的表達式，在斷定命題

CCpCNqrCpCNqCNrNAaa與

CCpCNqCNrNAaaCpCNqr

的基礎上都演繹地等值於CαCNβCNγNAaa形式的表達式，因爲NAaa總是假的。

帶有否定元素的所有情況就這樣地窮盡地考察過了。

第五種情況：所有前件都是肯定的，而後件是一個全稱肯定命題。有幾種從屬情況應當加以區分：

(a) 後件是Aaa：這個表達式是斷定的，因爲它的後件是眞的。

(b) 後件是Aab，而且Aab也是前件之一。這個表達式當然是被斷定的。

以下都假定Aab不作爲前件出現。

(c) 後件是Aab，但是沒有前件是Aaf型的（f不同於a，並且，當然也不同於b）。這樣的表達式都是被排斥的。

證明：將不同於a與b的所有變項等同於b，我們只能得到以下的前件：

Aaa, Aba, Abb, Iaa, Iab, Iba, Ibb.

（我們不能得到Aab，因爲沒有前件是Aaf型的，其中f不同於a。）前提Aaa，Abb，Iaa，Ibb可因其是眞的而略去。（如果沒有其他前提，這個表達式就被排斥，猶如在第一種情況中一樣。）如果除了Iab之外還有Iba，它們之一可以省略掉，因爲它們彼此是等值的。如果有Aba，則Iab與Iba兩者都可以略去，因爲Aba蘊涵著它們二者。在這些化歸之後，只有Aba或Iab能夠作爲前件留下來。現在可以表明這兩個蘊涵式，

CAbaAab　與　CIab Aab，

根據我們的排斥公理都是被排斥的：

X. p/Acb, q/Aba, r/Iac, S/Aab×C27—108

108. CCAabAbaCKAcbAabIac (X.CCKpqrCCsqCKpsr：27.CKAcbAbaIac)

108×C*109—*59

*109. CAabAba

*109×*110.b/a a/b

*110 CAbaAab.

如果CAbaAab被排斥，則CIabAab必定也被排斥，因爲Iab是比Aba更弱的前提。

(d)後件是Aab並且有Aaf型的前件（其中f不同於a）。如果有一個由a導至b的系列，根據公理3（Barbara式）這個表達式被斷定；如果沒有這樣的系列，這個表達式就被排斥。

證明：我把一個由a導至b的系列了解爲一個有序的全稱肯定前提的序列：

$Aac_1, Ac_1c_2, \ldots Ac_{n-1}c_n, Ac_nb$，

序列的第一項有a作爲它的第一個變元。最後一項有b作爲它的第二個變元。而每一個其他項的第二個變元都與它的後承者的第一個變元相同。很明顯，從這樣一個表達式的序列，重複應用Barbara式就得出Aab。所以，如果有一個從a導至b的系列，這表達式就被斷定；如果沒有這樣的系列，我們能消去Aaf型的前提（將它們的第二個變元等同於a），用這種方法這表達式被化歸爲從屬情況(c)，而它已是被排斥的。

第六種情況：所有前件都是肯定的，而後件是一個特稱肯定命題。這裡我們也必須區分幾種從屬情況。

(a)後件是Iaa；這表達式是被斷定的，因爲它的後件是眞的。

(b)後件是Iab，而出現爲前件的或是Aab，或Aba，或Iab，或Iba；很顯然，在所有這些情況，這表達式必須被斷定。

以下都假定以上四者都不作爲前件出現。

(c)後件是Iab，而沒有前件是Afa型的（f不同於a），或者是Agb型的（g不同於b）這表達式是被排斥的。

證明：我們把所有不同於a、b的變項都等同於c；於是在Acc或Icc型的眞前提之外，我們只得到以下前件：

Aac, Abc, Iac, Ibc.

Aac蘊涵Iac，而Abc蘊涵Ibc。所以，前提的最強的組合是Aac與Abc。然而，從這個組合，不會得出Iab，因爲公式

CAacCAbcIab

等值於我們的排斥公理。

(d)後件是Iab，並且在前件之中有Afa型（f不同於a）的表達式，而沒有Agb型（g不同於b）的表達式。如果有Abe或Ibe（Ieb），並且有一個從e導至a的系列：

(α) $Abe; Aee_1, Ae_1e_2$，…，Ae_na，
(β) $Ibe; Aeel_1, Ae_1e_2$，…，Ae_na

我們從(α)得到Abe與Aea，從而用Bramantip式得到Iab，而從(β)得到Ibe與Aea，從而用Dimaris式得到Iab。在兩種情況中，這表達式都是被斷定的。然而，如果不滿足條件(α)和(β)，我們能夠消去Afa型的前提（用把它們的第一個變元等同於 a 的辦法），根據從屬情況(c)，這表達式必須被排斥。

(e)後件是Iab，並且在前件之中有Agb型（ g不同於 b ）的表達式，而沒有Afa型（ f 不同於 a ）的表達式。這個情況能夠化歸爲從屬情況(d)，因爲 a 與 b 就後件Iab而言是對稱的。

(f)後件是Iab，並且在前件之中有Afa型（ f 不同於 a ）的表達式與Agb型（ g不同於 b ）的表達式。我們可以設想條件(α)與(β)對於Afa是沒有滿足的，或者同樣的條件對於Agb也是沒有滿足的；否則，如我們已經知道的，這個原表達式將是被斷定的。現在，如果有Aca與一個從 c 導至 b 的系列：

(γ) $Aca; Acc_1, Ac_1c_2, \cdots, Ac_nb$，

或者Adb與一個從d導至a的系列：

(δ) $Adb;\ Add_1,\ Ad_1d_2,\ \cdots,\ Ad_na$，

我們從 (γ) 得到Aca與Acb，從 (δ) 得到Adb與Ada。從而在兩種情況下，用Darapti式都得出Iab。進一步說，如果有一前件Icd（或Idc）與兩個系列，一爲從c導至a，另一爲由d導至b：

$$(\varepsilon)\begin{cases} Icd;\ Acc_1,\ Ac_1c_2,\cdots,\ Ac_na \\ Icd;\ Add_1,\ Ad_1d_2,\cdots,\ Ad_nb \end{cases}$$

我從第一個系列得出前提Aca，從第二個系列得出前提Adb，而這兩個前提與Icd一起，基於複合三段論（polysyllogism）

CIcdCAcaCAdbIab

得出結論Iab。我們這樣來證明這個複合三段論：從Icd與Aca用Disamis式推出

Iad，然後從Iad與Adb用Darii式推出Iab。在所有這些情況下，這個原表達式都必須被斷定。然而，如果條件(γ)、(δ)或(ε)沒有一個是被滿足的，我們可以消去Afa與Agb型的表達式（用將它們的第一個變元分別地等同於a或b的辦法），而根據從屬情況(c)，這個原表達式必須被排斥。現在窮盡了一切可能的情況，並且證明了每一個有意義的亞里士多德三段論系統的表達式，在我們的公理和推論規則的基礎上，或者是被斷定的，或者是被排斥的。

三三　三段論系統的一個算術的解釋

萊布尼茲於一六七九年發現了亞里士多德三段論系統的一個算術的解釋。從歷史的以及從系統的觀點來說，它應當受到我們的注意。❸它是一個同構的解釋（isomorphic interpretation）。萊布尼茲並不知道亞里士多德三段論系統可以公理化，而且他也不知道關於排斥及其規則的任何東西。他為了相信他的解釋是不錯

❸ 見L.庫杜拉特：《萊布尼茲未刊行的著作和殘篇》（*Opuscules et fragments inédits de Leibniz*），巴黎，一九〇三年版，第七十七頁以下。又參看楊．盧卡西維茨《論亞里士多德的三段論》（*O sylogistyce Arystotelesa*），《克拉科夫科學院院刊》xliv，第六號（一九三九年），第二二〇頁。

的，他才檢驗了某些換位定律與某些三段論的式。所以，他的解釋滿足我們的斷定的公理1—4、排斥的公理*59，以及斯盧派斯基規則等等，好像僅僅是一種巧合。無論如何，在他的研究中他的哲學直觀指導著他產生了一個如此圓滿的結果，的確是一樁奇事。

萊布尼茲的算術解釋是基於三段論系統的變項與自然數彼此互素的有序偶（ordered pairs of natural numbers prime to each other）之間的相關關係（correlation）。例如，對於變項a，對應著兩個互素的數，a_1與a_2；對於變項b，對應著兩個其他的也是互素的數，b_1與b_2。當且僅當a_1可被b_1整除，並且a_2可被b_2整除時，前提Aab才是眞的。如果這些條件之一沒有滿足，Aab就是假的，從而NAab就是眞的。當且僅當a_1與b_2之間沒有公因數，並且a_2與b_1之間沒有公因數時，前提Iab才是眞的。如果這些條件之一沒有滿足，Iab就是假的，從而NIab就是眞的。

容易看出：我們的斷定的公理1—4都是被確證的。公理1，Aaa是被確證的，因爲每一個數可由它自己整除。公理2，Iaa是被確證的，因爲已經假定，對應於a的兩個數，a_1與a_2是互素的。公理3，Barbara式CKAbcAabAac也是被確證的，因爲可整除的關係是傳遞的。公理4，Datisi式CKAbcIbaIac，也是被確證的；因爲如果b_1可被c_1整除，b_2可被c_2整除，b_1與a_2之間沒有公因數，並且b_2與a_1之間沒有公因數，那麼，a_1與c_2之間必定沒有公因數，並且a_2與c_1之間必定沒有公因數。因爲，如果a_1與c_2有一個比1大的公因子，a_1與b_2也將有這個相同的公因子，因b_2包括c_2。但這是與a_1與b_2之間沒有公因數的假定相違背的。同樣，我們證明a_2與c_1之間必定沒有公因數。

表明公理*59 CKAcb AabIac必須被排斥，也是容易的。舉以下數字爲例：

$a_1 = 15$，$b_1 = 3$，$c_1 = 12$，

$a_2 = 14$，$b_2 = 7$，$c_2 = 35$.

Acb是眞的，因爲c_1被b_1整除，並且c_2可被b_2整除；Aab也是眞的，因爲a_1可被b_1整除，並且a_2可被b_2整除；但結論Iac不是眞的，因爲a_1與c_2不是互素的。

斯盧派斯基規則的確證較爲複雜些。我將借助實例來說明這個問題。讓我們取排斥的表達式：

(*1) CNAabCNIcdCIbdNAad與

(*2) CNIbcCNIcdCIbdNAad.

我們用斯盧派斯基規則，

$$*CN\alpha\gamma,\ *CN\beta\gamma \rightarrow *CN\alpha CN\beta\gamma,$$

從(*1)與(*2)得到第三個排斥的表達式，

(*3) CNAabCNIbcCNIcdCIbdNAad.

例如用以下一組數位，表達式(1)就被反駁了：

$$(4)\begin{cases} a_1=4, b_1=7, c_1=3, d_1=4, \\ a_2=9, b_2=5, c_2=8, d_2=3. \end{cases}$$

能夠很容易地證明：根據這個解釋Aab是假的（因爲4不能被7整除），從而NAab是眞的；Icd是假的（因爲c_2對於d_1不是互素的），所以NIcd是眞的；Ibd是眞的（因爲b_1與d_2，b_2與d_1兩對數，彼此都是互素的）；但是NAad是假的，因爲Aad是眞的（a_1可被d_1整除，而且a_2可被d_2整除）。所有前件都是眞的，後件是假的；所以表達式(1)被駁倒了。

相同的這樣一組數並不反駁表達式(2)，因爲Ibc是眞的（由於b_1與c_2，及b_2與c_1兩對數，彼此是互素的），從而NIbc是假的。但如果一個蘊涵式的前件是假的，這個蘊涵式就是眞的。爲了反駁表達式(2)，我們必須取另外一組數：

$$(5)\begin{cases} a_1=9, b_1=3, c_1=8, d_1=3, \\ a_2=2, b_2=2, c_2=5, d_2=2. \end{cases}$$

根據這個解釋，表達式(2)的所有前件都是眞的，而後件是假的；所以，這表達式就被反駁了。但這第二組數並不反駁表達式(1)，因爲Aab是眞的，從而NAab是假的，而一個假前件產生出一個眞蘊涵式。所以，(4)組與(5)組數都不能反駁表達式(3)，它包括NAab以及NIbc。

有一個一般的方法能使我們當表達式(1)與(2)被反駁後，就反駁表達式(3)。[4]首先，我們寫下構成反駁(1)與(2)的陣列的所有素數，我們得到對於(1)的一系列數2、

[4] 這個方法是由斯盧派斯基發現的。《關於亞里士多德三段論理論的研究》，第二十八—三十頁。

3、5與7，以及對於⑵的一系列數2、3與5。其次，我們用完全不同於第一系列的素數的新的素數來代換第二系列的數，例如，以11代2，13代3，17代5。這樣我們就得到一組新的數：

$$(6)\begin{cases}a_1=13\cdot 13, b_1=13, c_1=11\cdot 11\cdot 11, d_1=13,\\ a_2=11, \quad b_2=11, c_2=17, \quad d_2=11.\end{cases}$$

這個陣列也反駁⑵，因爲可整除性與互素性的關係保持著和它們在代換之前的同樣情況。第三，我們把⑷組和⑹組中出現的對應的變項的數相乘。這樣我們就得到一個新組：

$$(7)\begin{cases}a_1=4\cdot 13\cdot 13, b_1=7\cdot 13, c_1=3\cdot 11\cdot 11\cdot 11, d_1=4\cdot 13,\\ a_2=9\cdot 11, \quad b_2=5\cdot 11, c_2=8\cdot 17, \quad d_2=3\cdot 11\end{cases}$$ [5].

---

[5] 如果有一個變項出現於被反駁的表達式之一中，但不出現在另一個之中，我們在最後的置換之後，就簡單地取它的對應的數。

這個陣列反駁(3)。因爲很明顯，第一，如果對於前提Aef或Ief對應著組數：

e_1, e_2, f_1, f_2，e_1與e_2互素，f_1與f_2互素，

並且有另一組數

e_1', e_2', f_1', f_2'，e_1'與e_2'互素，f_1'與f_2'互素，

它們全都由不同於前一組數的素數組成，從而e_1與e_1'的乘積（即$e_1 \cdot e_1'$），與e_2與e_2'的乘積（即$e_2 \cdot e_2'$）必定是互素的，而且$f_1 \cdot f_1'$與$f_2 \cdot f_2'$也必定是互素的。其次，如果Aef被第一組數確證，亦即如果e_1可被f_1整除，而且e_2可被f_2整除，並且同樣情況對於第二組數也是眞的，使得e_1'也被f_1'整除，而且e_2'也被f_2'整除，那麼，e_1 $e \cdot e_1'$必定可被f1 · f_1'整除，$e_2 \cdot e_2'$必定可被$f_2 \cdot f_2'$整除。再有，如果Ief被第一組數確證，亦即e_1與f_2互素，而e_2與f_1互素，並且同樣情況對於第二組數也是眞的，使得e_1'與f_2'互素，而e_2'與f_1'互素，那麼，$e_1 \cdot e_1'$與$f_2 \cdot f_2'$必定是互素的，$e_2 \cdot e_2'$與$f_1 \cdot f_1'$必定是互素的，因爲所有第二組的數對第一組的數都是互素的。相反地，只要可整除性或互素性這些條件之一未能滿足，那麼，這相關的前提必定是假的。從我們的例子中可以

看出：Aad和Ibd都被⑺確證，因爲它們都被⑷和⑹確證，並且Icd同時被⑷和⑹兩者反駁，從而也被⑺反駁。Aab僅被⑷反駁（但這也足以使得用⑺來反駁它了），並且Ibc僅被⑹反駁（但這也足以使得用⑺來反駁它了）。這個方法可應用於這一類的任何情況，從而斯盧派斯基規則就由萊布尼茲的解釋所確證。

萊布尼茲曾經說過：科學的和哲學的爭論總能夠用一個演算來解決。依我看，他的著名的「演算」似乎是與以上的三段論系統的算術解釋相連繫，而不是與他的關於數理邏輯的觀念相連繫。

𠤎結束語

在亞里士多德三段論系統的歷史的和系統的研究的基礎上，我們所達到的結果，在許多點上都與通常的介紹不同。亞里士多德邏輯不僅被來自哲學方面的邏輯學家所誤傳，因爲他們錯誤地把它與傳統的三段論系統等同起來，而且也被來自數學方面的邏輯學家所誤傳。人們可以在數理邏輯教科書中一再地讀到：A前提的換位定律以及從它引出的有些三段論的形式（如Darapti或Felapton）都是錯的。這個批評是基於這個錯誤的概念：亞里士多德的全稱肯定前提「所有a都是b」與量化的蘊涵式「對所有c而言，如果c是a，則c是b」（其中c是一個單一詞項）的意思是一樣的，而且特稱肯定前提「有些a是b」與量化的合取式「對於有些c

而言，c是a並且c是b」（其中c也是一個單一詞項）的意思是一樣的。一個人如果承認這樣一種解釋，那麼，他當然能夠說定律CAabIba是錯的，因爲a可以是一個空詞項，以致沒有c是a，並且上面的量化的蘊涵式成爲眞的（因爲它的前件是假的），而上面的量化的合取式成爲假的（因爲它的因數之一是假的）。但是所有這些都是對亞里士多德邏輯的不恰當的誤解。在《分析篇》中沒有什麼段落能說明這樣一個解釋是正確的。亞里士多德並沒有把單一詞項或空詞項或量項引入他的邏輯。他把他的邏輯僅應用於普通詞項，如像「人」或「動物」。並且甚至這些詞項也僅僅屬於這個系統的應用，而不屬於這個系統本身。在這個系統中，我們只有帶有變元的表達式（如Aab或Iab）及其否定式。並且這些表達式中的兩個乃是原始詞項而不能被定義；它們僅僅有那些由公理陳述的性質。同樣的理由，像亞里士多德的三段論系統是否是一個類的理論（a theory of class）這樣的爭論，在我看來，是沒有益處的。亞里士多德的三段論系統既不是一個類的理論也不是一個謂項理論；它獨立於其他演繹系統而存在，有它自己的公理系統和自己本身的問題。

我曾試圖陳述這個系統使之從各種外來因素中解脫出來。我不把單一的、空的、否定的詞項引入其中，因爲亞里士多德未曾引進它們。我也不引入量詞；我只試圖借助量詞來解釋有些亞里士多德的觀念。在形式證明中，我使用了演繹理論的斷定命題，因爲亞里士多德直觀地把它們用在他的證明中，並且我使用排斥，因爲亞里士多德本人排斥有些公式，而且甚至還陳述過一條排斥規則。凡是亞里士多德的解說不完全正確的地方，我曾企圖改正他的解說的缺點，例如，有些不能令人滿意的使用歸謬的證明，或者通過具體詞項的排斥。我所關注的是根據作者本人畫定的輪廓，並且符合現代形式邏輯的要求來建立亞里士多德的三段論的原來的系統。這個系統的頂峰是判定問題的解決，而這是由斯盧派斯基的排斥規則而使之成爲可能的，而且這是亞里士多德或其他邏輯學家所不知道的。

亞里士多德三段論是一個系統，其嚴格性甚至超過了一門數學理論的嚴格性，而這就是它的不朽的價值。但是，它是一個狹小的系統，並且不能夠應用於所有種類的推論，例如，數學的論證。或許亞里士多德本人已經感到了他的系統不是適於每一種目的，因爲他後來在實然三段論理論之外增加了模態三段論理論❻。這當然是邏輯的一個擴展，但也許並非是一個正確的方向。斯多亞派的邏輯，命題演算的古代形式的發明者，比之亞里士多德所有的三段論都更爲重要。今天，我們都認識到演繹理論與量詞理論是邏輯的最基本的分支。

亞里士多德對這一事實是沒有責任的：即多少世紀以來，他的三段論，或者毋

---

❻ 我認為由亞里士多德在《前分析篇》，第I卷，第八—二十二章所說明的模態三段論理論是後來插進去的，因為第二十三章明顯地是第七章的一個直接的繼續。

寧說他的三段論的訛誤的形式，曾經是哲學家們所知道的唯一的邏輯。他對這個事實也是沒有責任的：他的邏輯對哲學的影響（在我看來）乃是災難性的。我認為，這個災難性的影響的根本點在於這樣一種偏見，即認為每一個命題跟亞里士多德邏輯的前提一樣有一個主項和一個謂項。這種偏見與把眞理標準了解為「事物與認識一致」（adaequatio rei et intellectus）合在一起，構成了某些著名的但是奇怪的哲學玄思的基礎。康德根據一個命題的謂項對於它的主項的關係，把所有命題（他稱為「判斷」）劃分為分析的和綜合的。他的《純粹理性批判》主要是企圖解釋眞的綜合的先驗的命題怎樣是可能的問題。有些逍遙學派的學者，例如亞歷山大，顯然已經察覺到有一大類沒有主項與謂項的命題，如像蘊涵式、析取式、合取式等等。❼所有這些都可以叫作函子命題（functorial proposition），因為在它們之中全都有一個命題函子，像「如果——那麼」、「或」、「並且」。這些函子命題乃

---

❼連繫著亞里士多德對於前提（πρότασις）的定義，亞歷山大寫道（11.17）：「這些前提的定義不是對所有的前提而言，而僅是對簡單的或所謂的直言的前提而言的。它的特點在於：某物包括於某物之中，或者包括於其全部之中，或包括於其部分之中，或包括於不加限定的某物之中。對於假言命題來說，不能斷言其中某物包括於某物之中，而它的內容乃是一命題由另一命題而得出或者它們矛盾，從而或是眞的或是假的。」

是每一種科學理論的主要支柱，並且不論是康德關於分析的和綜合的判斷的區分，還是眞理的通常標準，對它們都是不適用的，因爲沒有主項或謂項的命題是不能直接與事實比較的。康德的問題失去了它的重要性，並且必須代之以一個更爲重要的問題：眞的函子命題怎樣才是可能的？在我看來，這裡似乎存在著一個新哲學以及一個新邏輯的起點。

第六章

亞里士多德的模態命題邏輯

兲、導言

亞里士多德的模態邏輯之所以這樣很少爲人知道，有兩個原因。首先，應當歸咎於作者自己，因爲跟十分明確並且差不多完全沒有錯誤的實然三段論相反，亞里士多德的模態三段論，由於其中包括很多缺點和自相矛盾之處而使人幾乎不能理解。亞里士多德在《解釋篇》的某些有關章節中敘說了這個問題，但是他的模態三段論的系統卻在《前分析篇》的第I卷（第三章和第八章到第二十二章）做了詳細的闡述。哥爾克❶提出過這樣的假設：這些章節可能是後來插進去的，因爲第二十三章顯然與第七章直接銜接。如果哥爾克是正確的，那麼，模態三段論是亞里士多德最後的邏輯著作，應當作爲未經作者最後修訂的初稿看待。這種說法既可解釋系統中的缺點，也可解釋德奧弗拉斯特斯和歐德謨斯的修訂，這種修訂可能是根據亞里士多德自己的暗示作出的。

第二個原因就在於，現代邏輯學家尚不能建立一個可以普遍爲人接受的、對解釋和評價亞里士多德的著作提供堅實基礎的模態邏輯系統。我曾試圖建立這樣一個

❶ 保爾．哥爾克：《亞里士多德邏輯的形成》，柏林，一九三六年版，第八十八—九十四頁。

與迄今已知系統迥然不同的系統，並且已經依據亞里士多德的思想將它建立起來。❷現在這篇關於亞里士多德模態邏輯的專文，正是按照這個系統的觀點寫的。

模態詞項邏輯要以模態命題邏輯爲先決條件。這一點並沒有爲亞里士多德所清楚地意識到，他的模態三段論是一種詞項邏輯。不過仍然可以提到亞里士多德的模態命題邏輯，因爲亞里士多德的某些定理一般足以包括所有種類的命題，而其他一些定理被他以命題變項明白地表述出來。我們將從亞里士多德的模態命題邏輯開始論述，從邏輯和哲學的觀點看來，這種模態命題邏輯比他的模態詞項邏輯更爲重要得多。

三七、模態函項和它們的相互關係

亞里士多德使用了四個模態名詞：ἀναγκαῖον「必然」、ἀδύνατον「不可能」、δυνατόν「可能」和ἐνδεχόμενον「偶然」。後一名詞有兩重意義：在《解

---

❷ 楊・盧卡西維茨：《模態邏輯系統》，載《計算系統雜誌》第一卷，聖保羅，一九五三年版，第一一一－一四九頁。這篇論文的摘要以同樣的標題發表在《第十一屆國際哲學會議會刊》，第十四卷，布魯塞爾，一九五三年版，第八十二－八十七頁。在下面第四十九節對這個系統做了簡短的記述。

釋篇》中，它與δυνατόν具有同樣的含義；在《前分析篇》中，它還具有更爲複雜的意義，關於這一點我將在後面談到。

按照亞里士多德的意見，只有命題才是必然的、不可能的、可能的或者偶然的。我將使用表達式：「p是必然的」（這裡p是命題）去代替「命題『p』是必然的」（這裡「p」是命題p的名稱）這種說法。例如，代替「命題『人是一種動物』是必然的」這種說法，我將說：「『人是一種動物』是必然的。」我將以同樣的方式去表達其他模態。表達式如：「p是必然的」（這裡以Lp標誌），或者「p是可能的」（這裡以Mp標誌）我稱之爲「模態函項」；L和M（它相應於語詞「是必然的」和「是可能的」）是「模態函子」，p是它們的「主目」。由於模態函項是命題，因此我說L和M乃是具有一個命題主目的命題構成函子。以L起始的命題，或者它的等值式，稱爲「必然命題」。以M起始的命題，或者它的等值式，稱爲「或然命題」。非模態命題稱爲「實然命題」。這些現代的術語和符號將明我們給予亞里士多德的命題的模態邏輯一個清晰的說明。

「必然」和「可能」這兩個模態名詞以及它們的相互關係，是最爲重要的。亞里士多德在《解釋篇》中錯誤地斷定了：可能性蘊涵著非必然性，以我們的術語表示就是：

1. 如果p是可能的，那麼，p就不是必然的。❸後來他又看到，這不可能是正確的，因爲他承認必然蘊涵著可能性，也就是說：

2. 如果p是必然的，那麼，p是可能的，而從2.和1.依靠假言三段論就能推出：

3. 如果p是必然的，那麼，p就不是必然的；而這是荒謬的。❹經過對問題的深入考究，亞里士多德正確地陳述了：

4. 如果p是可能的，那麼，非p就不是必然的，❺但是他並沒有在《解釋篇》的正文中改正自己的上述錯誤。這種改正是在《前分析篇》中作出的，那裡可能性對必然性的關係具有一種等值形式：

5. p是可能的——當且僅當——非p不是必然的。❻我由此推想，另外一種關係，

---

❸《解釋篇》，13, 22^a15，「從命題『那是可能的』推出『那是偶然的』，而反過來也是一樣。它還推出『那不是不可能』和『那不是必然的』。」

❹《解釋篇》，13, 22^b11，「因為，當必然有一事物的時候，就可能有它」……14，「從命題『那是可能的』推出『那不是不可能的』，而從後者又推出『那不是必然的』。因此，就出現這樣的情況：那一定必然有的東西，不必一定有，而這是荒謬的。」

❺同上，22^b22，「因此，剩下的只能是：從命題『那是可能的』推出命題『那並非必然不是的』。」

❻《前分析篇》，i.13, 32^a25，「（表達式）『可能屬於』和『不是不可能屬於』和『不是必然不屬

即必然性對可能性的關係，（這種關係在《解釋篇》中陳述爲一種蘊涵式❼）同樣表示一種等值式，並且可以給以這樣的形式：

6. p是必然的——當且僅當——非p不是可能的。

如果我們以Q❽標誌函子「當且僅當」，將它放在它的主目之前，並且以N標誌「非」，那麼，我們就可以用符號的形式表示5.和6.的關係：

1. QMpNLNp，即Mp——當且僅當——NLNp，
2. QLpNMNp，即Lp——當且僅當——NMNp。

上述公式對任何模態邏輯系統都是基本的。

於』或者是同一的，或者從一個推出另一個。」

❼《解釋篇》，13, 22a20，「從命題『那不能不是』或『那並非偶然不是』推出命題『那必然是』和『那不可能不是』。」

❽平常我用E標誌等值，但由於這個字母在三段論中已經具有其他意義，我用了（第二一一頁）字母Q標誌等值。

三、基本模態邏輯

模態邏輯的兩個著名的經院哲學原則：*Ab oportere ad esse valet consequentia*和*Ab esse ad posse valet consequentia*[9]已爲亞里士多德所知，但是沒有爲他明確地表述出來。第一個原則用我們的符號標記是這樣表達的（C是函子「如果——那麼」的符號）：

3. CLpp，即：如果p是必然的，那麼p。

第二個原則讀爲：

4. CpMp，即：如果p，那麼，p是可能的。

從《前分析篇》的一段引文中[10]可以看出，亞里士多德是知道從實然的否定結

---

[9] 從必然的可以正確地推斷出是存在的，並且從存在的可以正確地推斷出是可能的。

[10] 《前分析篇》，i.16, $36^{a}15$，「而顯然『不屬於』的這種可能性能被推斷出來，因為『不屬於』的事實被推斷了」。這裡ἐνδέχεσθαι表示「可能」，而不是「偶然」。

論「非p」即Np，可以推斷出或然的結果「非p是可能的」，即MNp。因此，我們就有了CNpMNp。亞歷山大注釋這段引文時陳述了一個普遍規則：存在蘊涵著可能，即CpMp，但不能反轉過來，也就是說CMpp是被排斥的⓫。如果我們以星號標誌被排斥的表達式，那麼我們得出公式：⓬

*5. CMpp，即：如果p是可能的，那麼p——是被排斥的。

亞歷山大也陳述了關於必然性的相應公式。他說，必然性蘊涵著存在，即CLpp，但不能反轉過來，也就是說CpLp是被排斥的。⓭這樣我們就得出另一個被排斥的表達式：

*6. CpLp，即：如果p，那麼p是必然的——是被排斥的。

⓫ 亞歷山大，209.2，「從實有的也可推出（作為真實的）可能的，但是，從可能的則不一定能推出實有的。」

⓬ 在第六至第八章中，被斷定的表達式以不帶星號的阿拉伯數字標誌。

⓭ 亞歷山大，152, 32，「從必然的可推出實有的，但是，從實有的絕推不出必然的。」

公式1—6爲傳統邏輯所接受，並且，據我所知，也爲現代邏輯所接受。但是這些公式對揭示Mp和Lp的模態函項的特性來說是不充分的，因爲，如果我們將Mp解釋爲永眞命題，即「p是眞的」（「verum of p」），而將Lp解釋爲永假命題，即「p是假的」（「falsum of p」），上面所有的公式都是可滿足的。採用這種解釋，則建立在公式1—6之上的系統就不復是模態邏輯。因此，我們不能斷定Mp，即認爲所有的或然命題爲眞，也不能斷定NLp，即認爲所有的必然命題爲假；兩個表達式都應被排斥，因爲任何不能被斷定的表達式就應該被排斥。由此，我們得到兩個補充的被排斥的公式：

*7. Mp，即：p是可能的——是被排斥的，和

*8. NLp,即：p不是必然的——是被排斥的。

兩個公式都可稱爲亞里士多德的公式，因爲它們都是從亞里士多德所允許的假定中推出來的結果，這個假定就是：存在著被斷定的必然命題。因爲如果Lα被斷定，那麼，LNNα也應該被斷定，而從鄧斯．司各脫原則CpCNpq，我們用代入法和分離法得出斷定的公式CNLαp和CNLNNαP。由於 p是被排斥的，那麼，NLα和NLNNα也是被排斥的，而結果，NLp和NLNNp，即Mp，也應該是被排斥的。

當且僅當一個系統滿足公式1—8的時候，我稱之爲「基本的模態邏輯」系統。我已經表明過，基本的模態邏輯可以在古典命題演算的基礎上予以公理化。⓮兩個模態函子M和L中，一個作爲基本詞項，而另一個則可由它來下定義。取M爲基本詞項和公式2作爲L的定義，我們就能得出基本模態邏輯的下列一組獨立的公理：

4. CpMp　*5. CMpp　*7. Mp　9. QMpMNNp，

這裡公式9根據定義2和命題演算是與公式1演繹地等值的。取L爲基本詞項和公式1作爲M的定義，我們得出相應的一組公理：

3. CLpp　*6. CpLp　*8. NLp　10. QLpLNNp，這裡公式10根據定義1和命題演算是演繹地等值於公式2的。推出的公式9和10作爲公理是必不可少的。

⓮ 參閱我關於模態邏輯的論文第一一四—一一七頁。

基本的模態邏輯是任何模態邏輯系統的基礎，並且總必須包括在這類邏輯的任一系統之中。公式1—8與亞里士多德的直覺相一致，並且成爲我們關於必然性和可能性概念的基礎。但是它們並沒有窮盡公認的全部模態定律。例如，我們相信如果一個合取式是可能的，那麼，它的每一個因數也必須是可能的，用符號表示就是：

11. CMKpqMp　和　12. CMKpqMq，

而如果一個合取式是必然的，那麼，它的每一個因數也必須是必然的，用符號表示就是：

13. CLKpqLp　和　14. CLKpqLq.

這些公式的任何一個都不能從定律1—8推演出來。基本模態邏輯是一個不完全的模態系統，因而需要補充若干新的公理。讓我們看看亞里士多德本人是怎樣補充的。

卅九、擴展定律

亞里士多德的最爲重要，並且照我看來，最爲成功的超出基本模態邏輯範圍的嘗試，在於他斷定了某些可以稱爲「模態函子擴展定律」的原則。這些原則可以在《前分析篇》第一卷第十五章找到；它們在三個地方表述出來。在這一章開始我們讀到：

「首先，我們必須說明：如果（如果α存在，則β必須存在），那麼，（如果α是可能的，則β也必須是可能的）。」[15]

亞里士多德在幾行之後又說（指他的三段論）：

「……如果用α標誌前提，而用β標誌結論，則不僅由此可以得出：如果α是必然的，則β是必然的，而且得出：如果α是可能的，則β是可能的。」[16]

而在這一段結尾時他又重複說：

「已經證明過，如果（如果α存在，則β存在），那麼，（如果α是可能的，則β是可能的）。」[17]

---

[15]《前分析篇》，i.15,34^a5。

[16]同上，34^a22。

[17]《前分析篇》，34^a29。

讓我們首先從涉及三段論的第二段原文開始，來分析這些模態定律。所有亞里士多德的三段論都是具有Cαβ形式的蘊涵式，這裡α是兩個前提的合取，而β是結論。舉Barbara式爲例：

15. $C\underbrace{KAbaAcb}_{\alpha}\underbrace{Aca}_{\beta}$

按照這第二段引文，我們得出兩個具有蘊涵形式的模態定理，這個蘊涵式取Cαβ作爲前件和取CLαLβ或CMαMβ作爲後件，用符號表示就是：

16. CCαβCLαLβ　和　17. CCαβCMαMβ。

字母α和β在這裡代表一個亞里士多德三段論的前提和結論。由於最後一段引文沒有涉及三段論，所以我們可以將這些定理看作一般原則的特殊情況，這個一般原則我們可以通過用命題變項去代替希臘字母得出：

18. CCpqCLpLq　和　19. CCpqCMpMq。

兩個公式都可以稱爲廣義的「擴展定律」，第一個是關於L的，第二個是關於M的。這「廣義」一詞需要作些解釋。

作爲Sensu stricto（嚴格意義）的一般擴展定律，乃是一個通過引入變項函子而擴充的古典命題演算的公式，它具有下述形式：

20. CQpqCδpδq。

簡略地說，這表示：如果p等值於q，那麼，如果δ屬於p，那麼δ也屬於q，這裡δ是任一具有一個命題主目的命題構成函子，例如N。相應地，關於L和M的嚴格的擴展定律將具有下述形式：

21. CQpqCLpLq　和　22. CQpqCMpMq。

這兩個公式比公式18和19具有更強的前件，並且依靠命題CQpqCpq和假言三段論的原則可以容易地從公式18和19推演出來（從18推出21，從19推出22）。但是，也可以證明，在命題演算和基本模態邏輯的基礎上，反過來，從公式21推演出公式18，從公式22推演出公式19。我在這裡對L公式給以一個完整的推演：

前提：

23. CCQpqrCpCCpqr
24. CCpqCCqrCpr
25. CCpCqCprCqCpr
3. CLpp。

推演：

23. r/CLpLq×C21—26
26. CpCCpqCLpLq
    24. p/Lp, q/p, r/CCpqCLpLq×C3—C26—27
27. CLpCCpqCLpLq
    25. p/Lp, q/Cpq, r/Lq×C27—18
18. CCpqCLpLq

依據前提CCQpqrCNqCCpqr, CCpqCCqrCpr, CCNpCqCrpCqCrp和模態斷定命題

CpMp的易位CNMpNp，同樣可以從公式22推演出公式19。

從上面所述，我們看到，給予了命題演算和基本模態邏輯，公式18與嚴格的擴展定律21是演繹地等值的，而公式19與嚴格的擴展定律22是演繹地等值的。因此，我們將這些公式稱爲「廣義的擴展定律」是正確的。自然，不管我們是通過補充CCpqCLpLq或者是通過補充CQpqCLpLq去完成基本模態邏輯的L系統，它們在邏輯上都是毫無區別的；另外將CCpqCMpMq或者CQpqCMpMq任選其一補充到M系統中去也是同樣有效的。但是就直觀上說，其區別卻很大。公式18和19不像公式21和22那樣明顯。如果p蘊涵q，但是並不與它等值，那麼，如果δ屬於p，則也屬於q，這卻不是永眞的；例如：CNpNq就不能從Cpq推演出來。但是，如果p與q等值，那麼總是，如果δ屬於p，則δ屬於q，即如果p眞，則q也眞，而如果p假，則q也假；同樣，如果p是必然的，則q也是必然的，而如果p是可能的，則q也是可能的。這看來應該是十分明顯的，除非模態函項看作內涵函項，即作爲函項，它的眞值不單純依賴於它的主目的眞值。但是在這種情況下，必然性和可能性應該表示什麼，這對我來說至今還是個秘密。

四、亞里士多德對擴展的M-定律的證明

在上面的最後一段引文中，亞里士多德說他已證明了關於可能性的擴展定律。他實際上是這樣論證的：如果α是可能的，而β是不可能的，那麼當α出現時β卻不出現，所以α可以在沒有β的情況下出現，但這是與如果α存在則β也存在的前提相矛盾。⓲很難將這個論證改造成一個邏輯公式，因爲詞項「出現」與其說具有邏輯意義，不如說更具有本體論的意義。但是亞歷山大給這個論證所作的注釋卻值得仔細研究。

亞里士多德將「偶然的」定義爲某種不是必然的東西，而對這種東西設想的存在也不包括任何不可能。⓳亞歷山大將亞里士多德關於偶然性的定義與省去了「不是必然的」一語的「可能性」的定義等同起來。他說：「一個作爲不可能的β不能從一個作爲可能的α推演出來，這一點也可以從可能性的定義加以證明，這個

⓲《前分析篇》，i.15, 34^{a}8，「如果它是可能的，在它的存在成為可能的時候，就可以出現；而如果它是不可能的，在它的存在成為不可能的時候，就不會出現；而如果在同一時間α是可能的而β是不可能的，那麼，α就可能在沒有β的情況下出現，而如果它出現了，那麼就存在著……。」

⓳參閱下面第三〇三頁。

定義是：可能的東西是這樣的，對它設想的存在不包括任何不可能。」⑳這裡「不可能」和「不」（nothing）兩詞要求慎重的解釋。我們不能將「不可能」解釋爲「不是可能的」，因爲這樣定義就會產生迴圈。我們應當或者採用「不可能」作爲基本詞項，或者採用「必然」作爲基本詞項，用「非p是必然的」去定義表達式「p是不可能的」。我寧願採取第二個方式，並且將在L基本模態邏輯的基礎上來討論這個新的定義。「不」一詞應該用全稱量詞來表示，因爲要不然定義就不是正確的。因此，我們就得出等值式：

28. QMpΠqCCpqNLNq.

這用語言來表達就是：「p是可能的——當且僅當——對於所有的q，如果（如果p，則q），那麼，非q不是必然的。」這個等值式必須增加到L基本模態邏輯中去，以代替等值式1作爲Mp的定義，等值式1現在應當作爲定理而被證明。

等值式28由兩個蘊涵式組成：

---

⑳亞歷山大，177, 11。

29. CMpIIqCCpqNLNq　和　30.CIIqCCpqNLNqMp.

我們依靠定理CIIqCCpqNLNqCCpqNLNq和假言三段論，從29式得出這樣的結果：

31. CMpCCpqNLNq：

而通過替代q/p、Cpp，交換法和分離法，從31式就能容易地推出蘊涵式CMpNLNp.逆換的蘊涵式CNLNpMp與原來的蘊涵式結合起來得出等值式1。這個逆換的蘊涵式除了依靠L的擴展定律：CCpqCLpLq以外，不能用其他方法得到證明。由於這個證明略複雜，我將作出一個完整的證明。

前提：

18. CCpqCLpLq

24. CCpqCCqrCpr

30. CIIqCCpqNLNqMp

32. CCpqCNqNp

33. CCpCqrCqCpr.

推演：

18. p/Nq, q/Np×34

34. CCNqNpCLNqLNp

24. p/Cpq, q/CNqNp, r/CLNqLNp×C32—C34—35

35. CCpqCLNqLNp

32. p/LNq, q/LNp×36

36. CCLNqLNpCNLNpNLNq

24. p/Cpq, q/CLNqLNp，
r/CNLNpNLNq×C35—C36—37

37. CCpqCNLNpNLNq

33. p/Cpq, q/NLNp, r/NLNq×C37—38

38. CNLNpCCpqNLNq

38. Π2q×39

39. CNLNpΠqCCpqNLNq

24. p/NLNp, q/IIqCCpqNLNq，
r/Mp $\times$ C39—C30—40

40. CNLNpMp.

現在我們可以來證明M的擴展定律，這正是亞歷山大所論證的目的。這個定律可以輕易地從等值式1和斷定命題37推出來。除此以外，我們還看到，依靠具有量詞的定義所作的證明並不一定複雜。只要保留定義1並且將L擴展定律補充到L系統中去，就足以得出M擴展定律。如果我們將M擴展定律補充到M系統中去並且保留定義2，我們同樣可以得出L擴展定律。帶有擴展定律的L系統與M系統是演繹地等值的，正如不帶有擴展定律它們是演繹地等值的一樣。

當然，很難相信古代的邏輯學家能夠作出像上面所作的那樣精確的證明。但是證明是正確的這個事實本身卻有趣地闡明了亞里士多德關於可能性的觀念。我認爲亞里士多德已經直覺地看到了這一點，簡短地表達出來就是：今天可能的東西（例如說，一場海戰）可以在明天存在或成爲現實；但是，不可能的東西任何時候都不能成爲現實。這個觀點看來是亞里士多德和亞歷山大的證明的基礎。

四、命題之間的必然連繫

亞里士多德只有一次表述了L擴展定律，那是在他涉及三段論的章節中，與M定律一起談到的。

按照亞里士多德的意見，在一個有效的三段論的前提α和它的結論β之間存在著一種必然的連繫。因此，看來上面表述的具有以下形式的擴展定律

16. CCαβCLαLβ和 17. CCαβCMαMβ,

應該表達爲帶有必然的前件：

41. CLCαβCLαLβ　和　42. CLCαβCMαMβ,

而相應的一般擴展定律應當讀作：

43. CLCpqCLpLq　和　44. CLCpqCMpMq.

這由上面關於M定律的第一段引文得到證實，在那一段引文中，我們讀到：「如果（如果α存在則β必須存在），那麼（如果α是可能的，則β也必須是可能的）。」

公式43和44比帶有實然前件的相應的公式18和19爲弱，並且可以借助於公理CLpp和假言三段論24式從公式18和19得出。但是反過來從較弱的公式推出較強的公式卻是不可能的。問題在於，我們是不是應當排斥較強的公式18和19，而代之以較弱的公式43和44。要解決這個問題，我們必須探討亞里士多德的必然性的概念。

亞里士多德承認有些必然命題是眞的而應予斷定。在《分析篇》中可以找到兩類斷定了的必然命題：一類是命題之間的必然連繫，另一類是詞項之間的必然連繫。任何有效的三段論都可以作爲第一類的例證，就以Barbara式爲例：

(g) 如果每一個b是a並且每一個c是b，那麼，必然地每一個c必定是a。

這裡「必然」一詞不是意味著結論是必然命題，而是標誌著三段論的前提和它的實然結論之間的必然連繫。這就是所謂「三段論的必然性」。當亞里士多德在討論一個具有實然結論的三段論時，說這個結論並不是「簡單地」（ἁπλῶς）必然的，即本身是必然的，而是有「條件地」必然的，即關係到他的前提（τούτων ὄντων）㉑的時候，他非常清楚地看到在三段論的必然性和一個必然結論之間存在著區別。有這樣的章節，在那裡亞里士多德將必然性的兩個標記都用於結論中去，例如說：從前提「每一個b是a，並且有些c是b」得出結論：「這是必然的，有些c必然是a」。㉒這裡第一個「必然」是指三段論的連繫，第二個「必然」是指結論乃是一個必然命題。

順便指出亞里士多德的一個嚴重錯誤，他說，從單個前提不能必然地推出任何結論，而只有像在三段論中那樣，至少從兩個前提才能必然地推出結論。㉓在《後分析篇》中，他斷言這一點已經得到證明，㉔但是，連一點證明的嘗試在任何地方

㉑《前分析篇》，i.10, $30^{b}32$「……結論在這裡不是無條件地表達必然性，而是只有在具備所述條件時才表達必然性」。

㉒同上，9, $30^{a}37$。

㉓《前分析篇》，i.15, $34^{a}17$，「……從某個事物的存在並不能必然地推出任何東西，而至少要從兩個事物的存在，例如，當兩個前提按照所述三段論的那種方式連結起來的時候，才能必然地推出什麼來。」

㉔《後分析篇》，i.3, $73^{a}7$，「已經證明，舉出一個事物——不論是一個詞項或一個前提——絕不包括一個必然的結論。兩個前提對於推出一個結論，從而更加是，對於論證的三段論科學是最初的和最少的基礎。」

都沒有提供。相反，亞里士多德自己卻說：「如果有些b是a，那麼必然有些a是b」，這樣，就只從一個前提引出一個必然的結論。㉕

我已說過：三段論的必然性可以化歸爲全稱量詞。㉖當我們說，在一個有效的三段論中，結論是由前提必然地推出來的時候，我們需要指出的是三段論對於任何內容都是有效的，也就是說，它對於其中出現的變項的任何值都是有效的。正如我們在後來所發現的那樣，這種解釋是爲亞歷山大所確定的，他斷定：「三段論的結合是這樣的，從這種結合中有某種東西必然地推論出來；並且它是這樣的，在這種結合中，對於任何內容都將同樣地推出結果。」㉗化歸爲全稱量詞的三段論的必然性，可以依據三段論的定律而消去，這從下述考察中將看到。

三段論(g)，正確地譯成符號「語言」將具有這樣的形式：

(h) LCKAbaAcbAca，

㉕《前分析篇》，i.3, 25^a20。

㉖參閱第五節。

㉗亞歷山大，208, 16。

它的語言表達式就是：

(i) 這是必然的，（如果每一個b是a，並且每一個c是b，那麼，每一個c必定是a）。

在三段論之前的必然性記號表明，不是結論，而是前提和結論之間的連繫是必然的。亞里士多德會斷定(h)。而公式

(j) CKAbaAcbLAca，

在字面上相當於語言表達式(g)，但這個公式卻是錯誤的。亞里士多德排斥了這個公式，正如他排斥帶有更強的前提的公式一樣，即

(k) CKAbaLAcbLAca，

也就是：「如果每一個b是a，並且必然地每一個c是b，那麼，必然地每一

個c是a。」[28]

通過將必然性化歸爲全稱量詞，公式(h)可以改變爲表達式：

(l) IIaIIbIIcCKAbaAcbAca，

即：「對於任何a，對於任何b，對於任何c（如果每一個b是a，並且每一個c是b，那麼，每一個c是a）。」這最後的表達式等值於沒有量詞的Barbara式：

(m) CKAbaAcbAca，

因爲一個全稱量詞當放置在斷定了的公式之前時，是可以省略的。

公式(h)和(m)並不等值。顯然，(m)可以根據CLpp的原則而從(h)推演出來，而相反的推演過程卻不能不將必然性化歸爲全稱量詞。但是，如果將上述公式應用於具體詞項的話，這種推演終究是不可能做到的。例如，在公式(h)中，我們用「鳥」代

---

[28]《前分析篇》，i.9, 30^a23，「如果前提AB不表示必然性，而BC表示必然性，那麼，就不會得出關於必然屬於的結論。」

替b，用「烏鴉」代替a，用「動物」代替c，我們得出必然命題：

(n)這是必然的（如果每一隻鳥是烏鴉，並且每一個動物是鳥，那麼，每一個動物是烏鴉）。

從(n)又得出三段論(o)：

(o)如果每一隻鳥是烏鴉，並且每一個動物是鳥，那麼，每一個動物是烏鴉。

但我們卻不能通過將必然性變爲量詞而從(o)得出(n)，因爲(n)不包括可以被量化的變項。

這裡我們就遇到了第一個困難。當函子L加在包括自由變項的斷定了的命題之前，必然性的意義是容易了解的。在這種情況下，我們有一個一般定律，並且，我們可以說：我們將這個定律看作必然的，因爲它對於一定種類的任何客體都是眞的，而且不允許有例外。但是當我們有一個缺少自由變項的必然命題，特別是當命題是一個由假的前件和假的後件所組成的蘊涵式，如我們所舉的(n)的例子那樣，我們應當怎樣去解釋必然性呢？我認爲只有一個合理的回答：我們可以說，如果誰接受了這個三段論的前提，那麼，他就必然地要被迫接受它的結論。但是，這是一種心理學上的必然性，它與邏輯學是迥然不同的。除此以外，誰會將顯然假的命題斷定爲眞，這是很值得懷疑的。

我不知是否有比去掉在斷定了的蘊涵式之前的L函子更好的補救方式去排除這個困難。這種方法已經爲亞里士多德所採用，他有時就省略了有效的三段論式中的必然性符號。

四、「實質」蘊涵還是「嚴格」蘊涵？

按照麥加拉的菲羅的意見，蘊涵式「如果p，那麼q」，即Cpq，是眞的，當且僅當它不是從眞的前件開始和以假的後件結尾。這也就是現今在古典命題演算中普遍接受的所謂「實質」蘊涵。「嚴格」蘊涵：「這是必然的：如果p，那麼q，」即LCpq，乃是一個必然的實質蘊涵式，它是由C.I.劉易士引入符號邏輯中的。借助於這些術語，我們所討論的問題，可以這樣來陳述：我們應將亞里士多德的擴展定律的前件解釋爲實質蘊涵呢？還是解釋爲嚴格蘊涵？換句話說就是：我們應當接受較強的公式18和19（我稱這爲強的解釋），或者我們應當排斥它們，而採用較弱的公式43和44（弱的解釋）？

亞里士多德自然沒有意識到這兩種解釋之間的區別和它們對模態邏輯的重要

性。他不可能了解由菲羅所提出的實質蘊涵的定義。但是亞里士多德的注釋者亞歷山大卻非常了解斯多亞—麥加拉學派的邏輯學，並且熟悉在這個學派的後繼者中對蘊涵的意義所進行的熱烈的爭論。我們現在來看亞歷山大對我們這個問題所作的注釋。

亞歷山大在注釋亞里士多德「如果（如果α存在，則β必須存在），那麼，（如果α是可能的，則β必須是可能的）」這一段時，強調了「如果α存在，則β必須存在」這個前提的必然的性質。因此看來，他定會採用較弱的解釋CLCαβCMαMβ和較弱的M擴展定律CLCpqCMpMq。但是，他所指的必然蘊涵的意思和劉易士所認爲的嚴格蘊涵之間是有區別的。他說，在一個必然蘊涵中，後件應當總是（即在任何時候）從前件推出來，因此命題「如果亞歷山大存在，他就有若干歲」，就不是一個眞的蘊涵式，甚至當陳述這個命題時，亞歷山大事實上是這麼多歲數，這個蘊涵式也不是眞的㉙。我們可以說，這個命題表達得不夠嚴格，並

㉙ 亞歷山大，176, 2。「必然的推論是這樣的：它不具有時間的性質，而在它的表達式中，『這個前提推出』與表達式『這個前提有後件』永遠表示同樣的意思。例如，如果我們說：『如果亞歷山大存在，那麼就說亞歷山大』，或者『如果亞歷山大存在，那麼他就有若干歲』，就不是真的蘊涵式，即令在我們陳述這個命題的時刻，他是有若干歲。」

且爲了使它永眞，需要補充一些時間性的限定。一個眞的實質蘊涵，當然應當是永眞的，而如果它包括了變項，則對變項的所有的值都須是眞的。亞歷山大的注釋與強的解釋不是不相容的；它無助於解決我們的問題。

如果我們將第四十節所闡述的亞歷山大對M擴展定律所作的證明中的實質蘊涵Cpq，代之以嚴格蘊涵LCpq，問題就得到了某些解決。這樣來改變公式

31. CMpCCpqNLNq，

我們就得出：

45. CMpCLCpqNLNq.

從公式31我們可以容易地推出CMpNLNp，方式是依靠替代q/p，得出CMpCCppNLNp，從這個公式依靠交換法和分離法就得出我們的命題，因爲Cpp乃是一個斷定了的蘊涵式。但是這同一的方法卻不能運用於公式45。我們得出CMpCLCppNLNp；而如果我們希望分離CMpNLNp，我們必須斷定這必然的蘊涵式LCpp。而在這裡，我們遇到了正如上節所敘述的同樣的困難。表達式LCpp是什

麼意思呢？這個表達式，如果我們將它變形爲ΠpCpp，它可以解釋爲關於所有命題的一般定律；但是，如果我們將LCpp運用於具體詞項，例如運用於命題「二的二倍爲五」時，這種變形就成爲不可能的了。實然蘊涵式：「如果二的二倍爲五，那麼二的二倍爲五」是可以理解的，並且作爲同一律Cpp的一個推斷來說是真的；但是必然蘊涵式：「這是必然的：如果二的二倍爲五，則二的二倍爲五」，是什麼意思呢，這個奇怪的表達式不是關於所有數的一般定律，它充其量也只可能是某個必然定律的一個推斷；但是一個必然命題的推斷並非也必須是一個必然命題。按照CLCppCpp，（它是CLpp的一個代替式）Cpp是LCpp的推斷，但不是一個必然命題。

從上面的論述得出，在解釋亞歷山大的證明時，將它前後文中的συμβαίνει一詞與其解釋爲嚴格蘊涵，不如解釋爲實質蘊涵，這的確要簡便一些。可是我們的問題仍未得到明確的解決。因此，讓我們轉向爲亞里士多德所接受的另一類斷定的必然命題，即轉向詞項間的必然連繫。

四、分析命題

亞里士多德斷定了「這是必然的，人必定是動物」這個命題。㉚他在這裡所陳述的是主項「人」和謂項「動物」之間的必然連繫，即詞項之間的必然連繫。他顯然將命題「人是動物」，或者精確一點說「每一個人都是動物」必須是一個必然命題這一點，看作是自明的，因爲他將「人」定義爲一種「動物」，因此謂項「動物」包括於主項「人」之中。謂項包括於主項之中的命題就稱爲「分析」命題。我們推測，亞里士多德會將所有根據定義作出的分析命題都看作必然命題，這或許是正確的，因爲他在《後分析篇》中說到，本質的謂項必然屬於事物，㉛而本質的謂項是從定義中得出的。

分析命題最明顯的例子是其中主項與謂項同一的命題。如果每一個人必定是動物，乃是必然的，那麼，每一個人必定是人，更加是必然的。同一律「每一個 a 都是 a」乃是一個分析命題，從而也是必然命題。這樣，我們得到下述公式：

㉚《前分析篇》，i.9, 30^a30。

㉛《後分析篇》，i.6, 74^b6，「……本質地屬於其主體的屬性就必然地屬於它們。」

(p) LAaa，即：這是必然的，一個 a 必定是 a。

亞里士多德沒有陳述過同一律Aaa以作爲他的實然三段論的一個原則；只有一處地方後來爲I.托瑪斯所發現，那裡亞里士多德在一個證明中用了這一個定律。㉜因此，我們不能期望他已經知道了LAaa這個模態命題。

亞里士多德的同一律Aaa（A表示「每一個——都是」，a是普遍詞項的變項），與同一原則Fxx（F表示是「同一於」，x是個體詞項的變項），是有區別的。後一原則屬於同一理論，這個理論可以建立在下述公理的基礎上：

(q) Fxx，即：x 同一於 x，

(r) CFxy CφxφY，即：如果 x 同一於 y，那麼，如果 x 滿足 φ，則 y 也滿足 φ，

這裡φ是有一個主目的構成命題的函子的一個變項。現在，如果所有的分析命題都

㉜ Ivo.托瑪斯教授，《混合邏輯》（*Farrago Logica*），《多米尼卡研究》，第四卷，一九五一年，第七十一頁。這段話讀作（《前分析篇》，ii.22, 68^a19）：「……B也表述自身。」

是必然的，(q)就是必然的，我們也就會得出一個必然的原則：

(s) LFxx，即：必然x同一於x。

奎因已經發現：原則(s)如果被斷定了，則會導致一個困難的結果，[33]因爲，如果LFxx被斷定，通過替代φ/LFx，我們就可以從(r)得出(t)，（LFx在這裡起著具有一個主目的構成命題的函子的作用）：

(t) CFxyCLFxxLFxy

通過交換法得出

(u) CLFxxCFxyLFxy，

---

[33] W.V.奎因：「模態包括物的三個等級」（「*Three Grades of Modal involvement*」），《第十一屆國際哲學會議會刊》，第十四卷，布魯塞爾（一九五三年）。對於下面的論證，由我單獨負責。

從而推出命題：

(v) CFxyLFxy。

這表示，任何兩個個體，如果它們是同一的，它們就必然是同一的。相等關係經常被數學家作爲同一看待，這種關係建立在同樣的公理(q)和(r)的基礎之上。因此，我們可以將F解釋爲相等，將x和y解釋爲個別的數，並且說：如果等式是成立的，那麼，它就必然是成立的。

公式(v)顯然是錯誤的。奎因舉出一個例子以表明它的錯誤。讓x標誌行星的數，而y標誌數9。（大）行星的數等於9，這在實際上是眞的，但是它並不是必須等於9。奎因試圖以反對用這類單一詞項替代變項的方法去克服這個困難。但是，我認爲，他這種反對是沒有根據的。

公式(v)有另一個沒有被奎因所發現的困難的結果。依靠L的定義和易位律，我們從(v)得出這樣的結果：

(w) CMNFxyNFxy。

這表示「如果可能x不等y，那麼x（事實上）不等於y」。這個結果的錯誤可以從下述例子看出來：讓我們假定擲骰子落下的數爲x，可能下一次擲下來的數y，它不同於數x。但是，如果可能x將不同於y，即不等於y，那麼，按照(w)，x將事實上不同於y。這個結果顯然是錯誤的，因爲，可能兩次擲出同一個數。

我的意見是，要解決上述困難只有一個辦法，那就是我們必須不允許公式LFxx可被斷定，即不允許同一性原則Fxx是必然的。由於Fxx是一個典型的分析命題，並且由於沒有理由認爲這個原則與其他的分析命題有什麼不同，我們不得不假定任何一個分析命題都不是必然的。

在進一步討論這個重要的問題之前，讓我們先將對亞里士多德模態概念的研究告一段落。

四、一個亞里士多德的悖論

有一個由亞里士多德所提出的必然性原則很值得討論。他在《解釋篇》中說道，「任何存在的東西，當它存在的時候，它是必然的；而任何不存在的東西，當它不存在的時候，它是不可能的。」他補充說：這並不意味著，所有存在的東西都是必然的，所有不存在的東西都是不可能的。因爲說：「任何東西，當它存在的時候，它是必然的」，和說：「它僅僅是必然的」，這兩句話並不相同。[34]需要指出，在這段話中，使用了時間連詞「當」（ὅταν），以代替條件連詞「如果」。德奧弗拉斯特斯也陳述了一個同樣的斷定命題。當他爲各類必然的事物下定義時，他說第三類（我們不知道前兩類是什麼）是「這種存在物，因爲當它存在的時候，那時它不存在是不可能的」。[35]這裡，我們又遇到時間連詞「當」（ὅτε）和「那時」（τότε）。毫無疑問，在中世紀邏輯學中出現過類似的原則，並且學者們可以在那裡發現這個原則。萊布尼茲在他的《神正論》一書中引述了一個公式，它是這樣說：*Unumquodque, quando est, oportet esse*（任何存在的東西，當它存在的時候，它是必然的）[36]。請注意在這個句子中也出現時間連詞「quando」（當）。

這個原則表示什麼呢？我認爲它具有兩重含義。它的第一個含義近乎三段論的必然性，這種必然性，不是詞項之間的，而是命題之間的必然連繫。亞歷山大在注

---

[34]《解釋篇》，第九章，19^{a}23。

[35]亞歷山大，156, 29，「德奧弗拉斯特斯在《前分析篇》第一卷談到表示必然的事物的時候，這樣寫道：『第三類是這種存在物，因為當它存在的時候，那時它不存在是不可能的。』」

[36]《哲學著作》（*Philosophische Schriften*），格爾哈特編，第六卷，第一三二頁。

釋亞里士多德關於簡單的和有條件的必然性之間的區別時[37]說到，亞里士多德自己知道這種爲他的朋友（即德奧弗拉斯特斯和歐德謨斯）所明確述說出來的區別，並且亞歷山大還引述了《解釋篇》中的上面已經指出過的章節作爲補充論據。他知道，亞里士多德是將這些章節與關於未來事件的單稱命題相連繫來表述的，並且稱這種必然性爲「假設的必然性」（ἀναγκαῖον ἐξ ὑποθέσεως）。[38]

這種假設的必然性和條件的必然性沒有區別，除非它不是運用於三段論，而是運用於關於事件的單稱命題。這種命題總是包括一個時間的限定語。但是，如果我們將這種限定語包括在命題的內容中，我們就可以用條件連詞去代替時間連詞。例如代替這種不確定的說法：「這是必然的，一場海戰必定發生，當它發生時」，我們可以說：「這是必然的，一場海戰明天必定發生，如果它明天將要發生。」我們記住，假設的必然性乃是命題之間的必然連繫，我們就可將這後一蘊涵式解釋爲下

[37] 參閱第二七六頁，注[14]。

[38] 亞歷山大，141, 1，「亞里士多德自己是知道為他的朋友所敘說的各種必然性之間的區別的。這一點由於補充了《解釋篇》中他預示這種說明的地方而變得更為明顯。亞里士多德說：『任何存在的東西，當它存在的時候，它是必然的；而任何不存在的東西，當它不存在的時候，它是不可能的。』當他這樣來寫矛盾的可能性時，他指的是未來的單一的事件。這也就是假設的必然性。」

述命題的等值式：「這是必然的，如果一場海戰明天將要發生，那麼，它明天必定發生」——這就是公式LCpp的替代式。

我們所討論的必然性原則，如果只具有上面所解釋的含義，就不會引起什麼爭論。但是它還可以有另外一個意義；我們可以將其中所包括的必然性解釋爲不是命題之間而是詞項之間的必然連繫。亞里士多德說明「所有未來的事件都是必然的」這個決定論觀點時，亞里士多德本人所指的看來正是這另一種含義。在這種連繫中，有一個由他提出的一般性的陳述值得我們注意。我們在《解釋篇》中讀道：「如果說某個東西是白的或者不是白的，這是眞的，那麼，它必定是白的或者不是白的，這是必然的。」[39]看來這裡陳述的是在主項「東西」和謂項「白的」之間的一種必然連繫。用一個命題變項去代替「某個東西是白的」這個句子，我們就得出公式：「如果p是眞的，那麼p是必然的」。我不知道，亞里士多德是否斷定了這樣的公式，但是無論如何，從它引出某些結果這總是有趣的。

在二值邏輯中，任何一個命題或者是眞的，或者是假的。從而表達式「p是眞的」與「p」等值。將這種等值式運用於我們這種場合，我們就看到公式：「如果

---

[39] 《解釋篇》，第九章，18ª39。

p是眞的，那麼p是必然的」，將等值於較簡單的表達式：「如果p，那麼p是必然的」，後者用符號表示爲：CpLp。但是，我們知道，這個公式已爲亞歷山大所排斥，也一定爲亞里士多德本人所排斥。它必須是被排斥的，因爲如果它被斷定，命題的模態邏輯就會遭到破壞。這樣，任何一個實然命題p將會與對應於它的必然命題Lp等值，因爲CLpp和CpLp兩個公式都會是有效的，並且還可以證明，任何實然命題p與對應於它的或然命題Mp等值。在這種情況下，去建立一套命題的模態邏輯就毫無意義了。

但是，所以用符號的形式來表達包括在公式「如果p是眞的，那麼，p是可能的」中的思想，我們只須以表達式「α是被斷定的」代換「p是眞的」一語就行了。這兩個表達式並不表示同樣的含義。我們可以提出辦法，使不僅在考察眞命題，而且在考察假命題時，不會出現錯誤。但是，去斷定一個非眞的命題，總是一個錯誤。所以，如果我們想表達p事實上是眞的這個思想，而說「p是眞的」那是不充分的：p可能是假的，而「p是眞的」與它同假。我們必須說：「α是被斷定的」，將「p」換成「α」，因爲p作爲一個替代變項不能被斷定，而「α」卻可以解釋爲一個眞命題。現在我們可以陳述出不是一個定理，而是一個規則：

$$(x)\ \alpha \rightarrow L\alpha。$$

它的語言表達式就是：「α，所以，α是必然的。」「箭頭」表示「所以」，而公式(x)是推論的規則，它只有當α被斷定的時候才有效，這樣一個局限於「重言式」命題的規則已爲現代某些邏輯學家所接受[40]。

從規則(x)和被斷定的同一性原則Fxx就推出被斷定的必然公式LFxx，這公式正如我們已經看到的那樣，會導致一個困難的結果。這個規則看來是值得懷疑的，即使只限於將它運用於邏輯定理或者分析命題。沒有這種限制，正如從亞里士多德提供的例子中所表明的那樣，規則(x)將產生那些僅僅事實上爲眞的必然性斷定，而這是一個與直觀相矛盾的結果。由於這個原因，亞里士多德的這一原則完全配得上悖論之稱。

[40] 例如：參閱馮·萊特：《論模態邏輯》（*An Essay in Modal Logic*），阿姆斯特丹，一九五一年版，第十四—十五頁。

四、亞里士多德的偶然性

我已經提到過，亞里士多德使用的ἐνδεχόμενον一詞有兩重意義。在《解釋篇》中，有時也在《前分析篇》中，這一詞與δυνατόν一詞同義，但有時它又有另一個更爲複雜的含義。我將和大衛．羅斯爵士一樣，將它譯爲「偶然性」。[41]指出這兩重含義應歸功於A.貝克爾[42]。

亞里士多德關於偶然性的定義是這樣說的：「『偶然的』意思，我是指那不是必然的東西，但設想它的存在也並不包括任何不可能。」[43]我們立刻可以看到，亞歷山大關於可能性的定義是從亞里士多德關於偶然性的定義，通過省去「那不是必然的東西」這句話而得出的。因此，如果我們將這句話的符號表達式加到我們的公式28中，並且用「T」表示這個新的函子，那麼我們就得出下述定義：

---

[41] W.D.羅斯所編《前分析篇》，第二九六頁。

[42] 參閱A.貝克爾，《亞里士多德的可能性推論的學說》（*Die Aristotelische Theorie der Möglichkeitsschlüsse*），柏林，一九三三年。我同意大衛．羅斯的意見，見所編《前分析篇》的序言，貝克爾的書「非常深刻」，但是我不同意貝克爾的結論。

[43] 《前分析篇》，i.13, 32^a18。

46. QTpKNLpIIqCCpqNLNq。

這個定義可以簡化，因爲IIqCCpqNLNq與NLNp等值。蘊涵式

39. CNLNpIIqCCpqNLNq

已經證明過了；逆換的蘊涵式

47. CIIqCCpqNLNqNLNp

可以從命題CIIqCCpqNLNqCCpqNLNq通過替代p/q，交換法，Cpp和分離法很容易地就能得出。在46式中以更爲簡單的表達式NLNp代替IIqCCpqNLNq，我們得出：

48. QTpKNLpNLNp。

這個公式在語言上表示：「p是偶然的——當且僅當——p不是必然的並且非p不

是必然的。」由於短語「非p不是必然的」與「p不是不可能的」表示同一意思，我們可以簡略地說：「某個東西是偶然的；當且僅當它不是必然的而又不是不可能的。」亞歷山大更簡短地說：「偶然的是既非必然也非不可能的。」[44]如果我們按照我們的定義I，將NLNp變形爲Mp，而將NLp變形爲MNp，我們就得出另一個Tp的定義：

49. QTpKMNpMp　或　50. QTpKMpMNp。

公式50讀作：「p是偶然的——當且僅當——p是可能的，並且非p也是可能的。」它將偶然性定義爲「雙重可能性」，即定義爲一種確實是這樣也可以不是這樣的可能性。我們將看到這個定義與亞里士多德關於偶然性的其他斷定在一起，其結果就會引起一個新的重大困難。

亞里士多德在關於未來偶然事件的一次著名討論中，企圖爲非決定論的觀點辯護。他假定那些不是恆常出現的東西，具有存在或不存在的相同的可能性。例如這

---

[44] 亞歷山大，158, 20。

件長袍可以被剪成一片片，但同樣也可能不被剪碎[45]。同樣地一場海戰可能在明天發生，也同樣可能不發生。他說：「關於這類事件的兩個互相矛盾的命題中，必須有一個是眞的，而另一個是假的，但是不能確定是這一個還是那一個，只能說總有一個可能碰巧出現，其中一個比另一個更爲眞一些，但任何一個都不能在那個時候就已確定是眞的或是假的。」[46]

這些論證，雖然沒有十分清楚地表達出來，或者考慮得尚不夠十分深透，卻包括了一個重要的並且極爲豐富的思想。讓我們舉海戰爲例，並且假定關於這場海戰今天什麼也沒有決定。我的意思是指今天既沒有那種眞實存在的並且能引起明天發生一場海戰的東西，也沒有任何能引起明天不發生一場海戰的東西，因此，如果說，眞理在於思想符合於現實，那麼，「明天將發生海戰」這個命題在今天既不眞也不假。我正是在這個意義上理解亞里士多德的「現在既不眞也不假」這句話。但是這將導致一個結果：明天將有一場海戰就今天來看既不是必然的，也不是不可能的，換句話說，「可能明天將有一場海戰」和「可能明天將沒有一場海戰」這兩個命題就今天來看都是眞的，而這個未來的事件是偶然的。

---

[45] 《解釋篇》，9, 19^a9。

[46] 同上，9, 19^a36。

從上面的敘述得出：按照亞里士多德的意見，存在著眞的偶然命題，也就是說公式Tp和它的等式KMpMNp對於p的某些值（如說α）是眞的。例如，如果α表示「明天將有一場海戰」那麼亞里士多德就會斷定Mα和MNα兩個都是眞的，這樣他就要斷定合取式：

(A) KMαMNα

但是，在借助於變項函子δ而擴充的古典命題演算中，存在著下述由列斯涅夫斯基所提出的原始命題演算系統（Protothetic）的斷定命題：

51. CδpCδNpδq

用語言表達就是：「如果δ屬於p，那麼，如果δ屬於非p，δ就屬於q」，或者，簡而言之：「如果某個東西對於命題p是眞的，並且對於p的否定也是眞的，那麼，它對於任一命題q是眞的。」命題51根據輸入律和輸出律CCpCqrCKpqr和CCKpqrCpCqr與

52. CKδpδNpδq

等值。從(A)和52式我們得出結果：

52. δ/M, p/α, q/p×C(A)——(B)

(B) Mp。

這就是，如果我們斷定了任何一個偶然命題爲眞，那麼，我們就不得不承認另外某個表述可能的命題。但是，這就要引起模態邏輯的破壞，由此Mp必須被排斥，從而KMαMNα不能被斷定。

我們現在就將結束我們對亞里士多德命題的模態邏輯的分析。這種分析使我們遇到兩個巨大的困難：第一個困難是與亞里士多德承認有眞的必然命題相連繫，第二個困難是與他承認有眞的偶然命題相連繫。兩個困難都將在亞里士多德的模態三段論中重新出現：第一個困難重現在具有一個實然前提和一個必然前提的三段論理論中；第二個困難重現在他的偶然三段論的理論中。如果我們希望克服這些困難，並解釋和評價他的模態三段論，我們必須首先建立一個可靠的並且前後一貫的模態邏輯系統。

第七章

模態邏輯系統

四、眞値表方法

爲了充分了解在本章中所闡述的模態邏輯系統，必須熟悉眞値表方法。這個方法可以運用於一切邏輯系統，在這些系統中會出現眞値函項，即出現這樣的函項，它的眞値僅僅依賴於它們的主目的眞値。古典命題演算是一個二値系統，它假定了兩個眞値：「眞」（用1表示）和「假」（用0表示）。按照麥加拉的菲羅的意見，一個蘊涵式總是眞的，除非它是以眞起始而以假結尾。這用符號表示就是：C11＝C01＝C00＝1，而只有以C10＝0。顯然，眞命題的否定是假的（即N1＝0），而假命題的否定則是眞的（即N0＝1）。這些符號等式常借助於「眞値表」（或稱爲「矩陣」）來表示。C和N的二値眞値表M1可以描述如下：C的眞値排列成橫行和縱欄而形成一個正方形，並且爲左邊和上端的直線所分開。第一個主目的眞値放在正方形的左邊，第二個主目的眞値放在正方形的上端，而C的眞値可以在正方形中找到，在這個正方形中，能夠想像到的、從正方形的邊沿的各眞値劃起的許多直線彼此交叉看。N的眞値表則是容易了解的。

	C	1 (q)	0 (q)	N
p	1	1	0	0
p	0	1	1	1

M1

借助於這個眞值表，古典命題演算，即C—N—p演算中的任何表達式都可以機械地加以驗證，即當它被斷定時加以證明，和被排斥時加以否證。它滿足於這樣的目的，將值1和值0去代替變項的一切可能的結合時，如果每一種結合按照眞值表所規定的等式最後導至1，那麼，這個表達式就是被證明的；如果不是這樣，它就是被否證的。例如，CCpqCNpNq根據M1而被否證，因爲當p＝0和q＝1時，我們有：CC01CN0N1＝C1C10＝C10＝0。相反，我們的C—N—p系統的公理之一CpCNpq[1]根據M1而得到證明，因爲我們有：

---

[1] 參閱第一六一頁。

當p＝1，q＝1：C1CN11＝C1C01＝C11＝1，

當p＝1，q＝0：C1CN10＝C1C00＝C11＝1，

當p＝0，q＝1：C0CN01＝C0C11＝C01＝1，

當p＝0，q＝1：C0CN00＝C0C10＝C00＝1.

用同樣的方法我們可以驗證C—N—p系統另外兩個公理CCpqCCqrCpr和CCNppp。因爲M1是這樣構成的：關於斷定的表達式的替代規則和分離規則永遠產生1的這種特性是有傳遞性的，C—N—p系統中的所有斷定的公式都能用眞值表M1加以證明。同樣，因爲關於被排斥的表達式的推論規則不經常產生1的這種特性是有傳遞性的，如果p按照公理是被排斥的，那麼，C—N—p系統中的所有被排斥的公式都能用M1加以否證。一個眞值表能驗證一個系統中所有的公式，即證明被斷定的公式和否證被排斥的公式，這個眞值表對這個系統來說，稱爲「足夠的」。M1是古典的命題演算一個「足夠的」眞值表。

M1對C—N—p系統來說不是唯一足夠的眞值表。我們通過M1和自身「相乘」而得出另一個足夠的眞值表M3。得出M3的過程可以描述如下：

首先，我們形成1和0的有序對偶值，即：(1, 1)、(1, 0)、(0, 1)、(0, 0)，它們是新眞值表的元素。其次，我們借助下述等式決定C和N的眞值：

(y) C(a, b)(c, d)＝(Cac, Cbd)，

(z) N(a, b)＝(Na, Nb)。

然後，我們按照這些等式建立眞值表M2，最後，通過簡化式：(1, 1)＝1，(1, 0)＝2，(0, 1)＝3和(0, 0)＝0而將M2改變爲M3。

C	1, 1	1, 0	0, 1	0, 0	N
(1, 1)	(1, 1)	(1, 0)	(0, 1)	(0, 0)	(0, 0)
(1, 0)	(1, 1)	(1, 1)	(0, 1)	(0, 1)	(0, 1)
(0, 1)	(1, 1)	(1, 0)	(1, 1)	(1, 0)	(1, 0)
(0, 0)	(1, 1)	(1, 1)	(1, 1)	(1, 1)	(1, 1)

M2

C	1	2	3	0	N
1	1	2	3	0	0
2	1	1	3	3	3
3	1	2	1	2	2
0	1	1	1	1	1

M3

M3中的符號1仍舊標誌眞，而0仍舊標誌假。新的符號2和3可以解釋爲眞和假的補充記號。這通過將其中之一（究竟是哪一個這沒有關係）等同於1，而另一個等同於0就可以看出來。

C	1	1	0	0	N
1	1	1	0	0	0
1	1	1	0	0	0
0	1	1	1	1	1
0	1	1	1	1	1

M4

C	1	0	1	0	N
1	1	0	1	0	0
0	1	1	1	1	1
1	1	0	1	0	0
0	1	1	1	1	1

M5

請看M4，那裡2＝1，而3＝0。M4的第二行和第一行相同，而第四行與第三行相同；同樣，M4的第二欄和第一欄相同，而第四欄與第三欄相同。消除中間多餘的各行和各欄，我們就得出M1。用同樣的方式我們從M5得出M1，那裡2＝0和3＝1。

M3是一個四值的眞值表。M3乘以M1，我們得出一個八值的眞值表，繼續乘以M1，就得出十六值眞值表，並且一般地說，得出一個2^n值的眞值表。所有這些眞值表對C—N—p系統來說都是足夠的，並且如果我們通過導入變項函子的方式去擴充系統的話，對它繼續是足夠的。

四、C—N—δ—p系統

我們已經遇到兩個帶有變項函子δ的斷定命題：擴展原則CQpqCδpδq和斷定命題CδpCδNpδq。由於後一斷定命題是我們模態邏輯系統的一個公理，這就有必要對借助於δ而擴充的C—N—p系統給以充分的解釋，這個擴充了的系統，我們跟隨麥雷狄士稱之爲C—N—δ—p系統。這樣做更有必要，是因爲對帶有δ的系統，甚至一些邏輯學家也幾乎是完全無知的。

將變項函子引入命題邏輯，應當歸功於波蘭邏輯學家列斯涅夫斯基。通過修改他的關於變項函子的替代規則，我就能得出簡易而良好的證明❷。首先需要解釋一下這個規則。

我用δ標誌一個帶有一個命題主目的變項函子，並且斷定：如果p是一個有意義的表達式，那麼，δp就是一個有意義的表達式。我們考察一下，帶有一個變項函子的、最簡單的、有意義的表達式，即δp的含義是什麼。

一個變項是一個被看作關於一定值域的單個的字母，這些值可以用來替代這個字母。替代就意味著實際地書寫它的一個值去代替這個變項，同一變項的每一次出現都用同樣的值去代替。在C—N—p系統中，命題變項（如p或q）的值域是由這個系統中所有有意義的命題的表達式所組成的。除此以外，還可以導入兩個常項：1和0，即一個恆真命題和一個恆假命題。那麼，什麼是函子變項δ的值域呢？

很明顯，我們可以將任何一值去代替δ，只要這個值與p一起能提供一個在我們系統中有意義的表達式。不僅帶一個命題主目的常函子（例如N）是如此，就是與帶一個主目的函子起相同作用的複合表達式也是如此（例如Cq或CCNpp）。通過替代δ/Cq，我們從δp得出表達式Cqp，而通過δ/CCNpp，則得出表達式

---

❷ 參閱楊．盧卡西維茨：《論命題主目的變項函子》（*On Variable Functors of propositional Arguments*），載《愛爾蘭皇家科學院院刊》，都柏林，一九五一年，54 A2。

CCNppp。但是，這種替代顯然不能包括所有可能的情況。我們不能用這個方法從δp得出Cpq或CpCNpq，因爲沒有任何一種對δ的替代能將p從它最後的位置上移開。但是毫無疑問，最後所說的兩個表達式正如Cqp或CCNppp一樣，也是對δp的替代，因爲δp，正如我所知道的那樣，是代表所有包括p的（包括p和δp本身）有意義的表達式。

我可以用下述方法來克服這個困難，我首先用例子來說明這個方法。爲了從δp通過對δ的替代而得出Cpq，我寫作δ/C'q，我通過消除δ並用δ的主目，即用p去填充由省略符號所劃出的空欄來實現這種替代。用同樣的方法我從δp通過替代δ/C'CN'q得出表達式CpCNpq。如果在表達式中出現不止一個δ，如在CδpCδNpδq中所出現的那樣，而我想對這個表達式作出替代δ/C'r，那麼，我就必須在每一次都消除δ並在消除的地方寫上C'r，以δ的相應的主目去填充空欄。這樣，我就從δp得出Cpr，從δNp得出CNpr，從δq得出Cqr，而從整個表達式得出CCprCCNprCqr。從同一表達式CδpCδNpδq通過替代δ/C」推出公式CCppCCNpNpCqq。替代δ/'表示δ應當省略；通過這樣的替代，我們就可以例如從CδpCδNpδq得出鄧斯．司各脫原則CpCNpq。替代δ/δ'是「同一的」替代，它不引起任何變化。一般地說，我們通過對δ的替代而從一個包括δ的命題得出一個新的表達式，這種替代是對δ寫上一個帶有至少一個空白處的有意義的表達式，並且以δ的各個主目去填充這些空白處。這不是一個新的替代規則，而只是對一個變項函子的替代應當如何實行的一個描述。

C—N—δ—p系統可以建立在被斷定的單個公理之上，這個單個公理已爲我們所熟悉：

51. CδpCδNpδq,

對這個系統必須加入按照公理加以排斥的表達式 p以便產生所有被排斥的表達式。麥雷狄士在一篇未發表的論文中表明，C—N—δ—p系統的所有斷定的公式都可以從公理51推出。❸推論規則就是通常的分離規則和對命題變項和函子變項的替代規

❸ 麥雷狄士在他的論文《論一個命題演算的擴充系統》（*On an Extended System of the propositional calculus*）（載《愛爾蘭皇家科學院院刊》，都柏林，一九五一年，54 A3）中證明，C—O—δ—p演算，即以C和O作為基本詞項和帶有函子變項和命題變項的演算，可以從公理Cδδoδp完全地建立起來。他的證明完全性的方法可以運用於帶有表達式CδpCδNpδq作為公理的C—N—δ—p系統。在第二六三頁注❷中所提到的我那篇關於模態邏輯的論文中，我從公理51推出C—N—p系統的三個被斷定的公理，即CCpqCCqrCpr，CCNppp，CpCNpq，以及某些出現δ的重要斷定命題，其中包括擴展原則。

則。爲了以例子說明這些規則如何發生作用，我將從公理51推出同一律Cpp。可將這個推論與C—N—p系統中對Cpp證明加以比較。❹

　　51. δ/', q/p×53

53. CpCNpp

　　51. δ/CpCNp', q/Np×C53—54

54. CCpCNpNpCpCNpNp

　　51. δ/', q/Np×55

55. CpCNpNp

　　55. p/CpCNpNp×C55—56

56. CNCpCNpNpNCpCNpNp

　　51. δ/C'', p/CpCNpNp, q/p×C54—C56—57

57. Cpp

---

❹ 參閱第一六四頁。

我想強調指出，在公理51之上建立的系統比C—N—p系統要豐富得多。在包括δ的斷定的結論中有這樣的邏輯定律，像CCpqCCqpCδpδq，CδCpqCδpδq，CδCpqCpδq——所有這些都是非常重要的定律，但是幾乎所有的邏輯學家對它們都毫無所知。例如，第一個定律是與CQpqCδpδq等值的擴展原則；第二個定律可以採用爲稱作「蘊涵」系統的唯一的公理；第三個定律可以採用爲稱作「實證」邏輯的一個公理。所有這些定律都可以用眞值表方法按照下面給予的規則加以驗證。

在二值邏輯中存在四個並且也只有四個帶有一個主目的不同函子，這裡用V、S、N和F來標誌（參閱眞值表M6）

p	V	S	N	F
1	1	1	0	0
0	1	0	1	0

M6

對驗證δ-表達式，用下述實用規則是足夠的，這個規則實際上應當歸功於列斯涅夫斯基。這個規則是：相繼地寫下函子V、S、N和F以代替δ，然後消除S，將Va變成Cpp，而將Fa變成NCpp。如果你們在所有的情況下都得出一個眞的C—N—公式，那麼，這個表達式就被斷定，否則，就應當被排斥。例如，

$C\delta CpqC\delta p\delta q$應當被斷定，因爲我們有

$$CSCpqCSpSq = CCpqCpq，$$
$$CNCpqCNpNq，$$
$$CVCpqCVpVq = CCppCCppCpp，$$
$$CFCpqCFpFq = CNCppCNCppNCpp.$$

表達式$CCpqC\delta p\delta q$應當被排斥，因爲$CCpqCNpNq$不是一個眞的C—N—公式。由此，我們看到，C—N—δ—p系統的所有表達式用眞値表的方法都是容易加以證明或否證的。

四、δ-定義

函子δ可以成功地運用於表達定義。《數學原理》的作者們用一個特殊的符號表達定義，這特殊的符號由將定義項和被定義項連結起來的等號「＝」，以及放在定義之後的字母「DF」所組成。按照這個方法，析取式的定義就可以這樣來表示：

CNpq.＝.Hpq Df，

這裡CNpq（「如果非p，那麼q」）是定義項，而Hpq（「或者p，或者q」）是被定義項。❺符號「.＝.Df」是與一個特殊的推論規則連結在一起的，這個推論規則允許用被定義項代替定義項，以及反轉過來。這種定義的優點在於結果是直接給予的。但是它卻具有增加基本符號和推論規則的數目這樣的缺點，而這些數目應當盡可能地減少。

列斯涅夫斯基總是將同樣的定義寫成一個等值式，因此，在他的系統中沒有引入用以表達定義的新的基本詞項。爲了這個目的，他選擇了等值式作爲他的命題邏輯的基本詞項，這個命題邏輯借助於函子變項和量符而加以擴展，並且被他稱爲「原始命題演算系統」（protothetic）。這正是他的觀點的優越之處。但另一方面，他不能直接用被定義項代換定義項，或者反轉過來，因爲等值式具有允許作出這種代換的一些特殊規則。

在我們的C—N—δ—p系統中，等值式不是基本詞項；因此對它必須給以定

❺ 我通常用A表示析取，但這個符號在我的三段論中已經具有了別的意義。

義，但是爲了避免惡的迴圈，它不能用等値式來下定義。然而，我們將看到，可以用一定的方法將C和δ去表達定義，這種方法保存了上述兩種觀點的優點，而避免了它們的缺點。

一個定義的目的在於引入一個新的詞項，這個詞項通常是由我們已知的詞項所組成的一些複合表達式的一個簡化式。定義的兩部分（定義項和被定義項）爲了產生一個合式的定義，必須滿足某些條件。下述四個條件對引入我們系統中的新的函項的定義是必要的也是充分的：(a)不管是定義項還是被定義項，都須是命題的表達式。(b)定義項必須由基本詞項，或者由用基本詞項已經定義過的詞項組成。(c)被定義項須要包括通過定義而引入的新的詞項。(d)在定義項中所出現的任何自由變項，必須在被定義項中也出現，反過來也是一樣。容易看到，例如作爲定義項的CNpq和作爲被定義項的Hpq就遵守了上述四個條件。

我們現在以P和R標誌滿足(a)—(d)的條件的兩個表達式，因此，其中之一（究竟是哪一個，這沒有關係）可以取作定義項，而另一個取作被定義項。假定其中任何一個都不包括δ。我認爲，這個斷定的表達式CδPδR就代表一個定義。例如：

58. CδCNpqδHpq

代表析取的定義。按照58式，任何包括CNpq的表達式可以直接改變爲另外一個表達式，其中CNpq被Hpq所代換。我們可以取鄧斯．司各脫原則作爲例子：

59. CpCNpq，

我們可以通過下述推論從它得出定律CpHpq，用語言表達即是：「如果p，那麼，或者p或者q」：

58. δ/Cp'×C59—60

60. CpHpq.

如果我們想將我們的定義運用於克拉維烏斯原則：

61. CCNppp，

我們必須首先在58式中用p代q，從而得出

　　58. q/p×62

62. CδCNppδHpp

　　62. δ/C'p×C61—63

63. CHppp.

（公式63讀作：「如果或者 p或者 p，那麼 p」，它是《數學原理》的作者們所採用的一個「基本命題」或公理。他們將這個公理正確地稱爲「重言式原則」，因爲這個公理所陳述的是兩次敘說同一東西（ταὐτὸ λέγειν），「p或者 p」，就是僅只敘說了「p」。例如，鄧斯·司各脫原則在任何合理的意義上都不是重言式。）

58式的逆蘊涵式CδHpqδCNpq是與前一公式一起被給予的，它使我們有可能用CNpq去代換Hpq。的確，我們只要用替代規則和分離規則就能證明下述一般定理：

(C) 如果 p和 R是任何不包括δ的有意義的表達式，並且CδpδR是被斷定的，那麼，CδRδp也同樣應當被斷定。

證明：

(D) CδpδR

(D) δ/Cδ'δp × (E)

(E) CCδpδpCδRδp

(D) δ/CCδpδ'CδRδp × (F)

(F) CCCδpδpCδRδpCCδpδRCδRδp

(F) × C(E) — C(D) — (G)

(G) CδRδp.

所以，如果p和R不包括δ，並且其中一個可以解釋爲定義項而另一個爲被定義項，那麼，顯然，任何具有CδpδR形式的被斷定的表達式都是一個定義，因爲p到處可以爲R所代換，而R也到處可以爲p所代換，這恰恰就是一個定義所具有的特性。

四八、模態邏輯的四值系統

模態邏輯的每一系統都必須包括基本模態邏輯以作爲自己的固有部分，即必須在它的斷定命題中包括M-公理：CpMp，*CMpp和*Mp，與L-公理：CLpp，*CpLp和*NLp。容易看到，M和L與二值演算中的四個函子V、S、N和F的任何一個都是有區別的。M不能是V，因爲Mp是被排斥的，而Vp＝Cpp卻被斷定；它也不能是S，因爲CMpp是被排斥的，而CSpp＝Cpp卻被斷定，它也不能是N和F，因爲CpMp被斷定，而CpNp和CpFp＝CpNCpp卻被排斥。這對於L也同樣如此。函子M和L在二值邏輯中不能得到解釋。所以，任何模態邏輯系統都應當是多值的。

另外還有一種觀點，它也導致同樣的結果。如果我們跟亞里士多德一樣，承認某些未來的事件（例如海戰）是偶然的，那麼，今天陳述這些事件的命題就既不能是眞的，也不能是假的，因此要有區別於1和0的第三個眞值。根據這個觀念，並且借助於眞值表方法（我從皮爾士和施累德那裡熟悉了這種方法），我在一九二〇年建立了三值的模態邏輯系統，後來又在一九三〇年的論文中發展了這個系統。❻今天我已了解到，這個系統不能滿足我們關於模態的全部直覺，因而應當爲下面所描述的系統所代替。

---

❻楊·盧卡西維茨《論三值邏輯》（*O logice trójwartościowej*），載《哲學進展》（*Ruch Filozoficzny*），第五卷利沃夫（Lwów），一九二〇；楊·盧卡西維茨《命題演算多值系統的哲學考察》（*Philosophische Bemerkungen zu mehrwertigen Systemen des Aussagenkalküls*），載《華沙科學與文學學會會刊》，第十三卷cl.3, 1930。

我的意見是：在任何模態邏輯中都應當保存古典的命題演算。這種演算至今仍然表明它的確實性和有效性，而不應當毫無根據將它棄之一邊。萬幸得很，古典命題演算不僅有一個二值的眞值表，而且還有足夠的多值眞值表。我曾試圖將最簡單的，對C—N—δ—p系統爲足夠的多值眞值表，即四值眞值表運用於模態邏輯，並且成功地獲得了預期的結果。

正如我們在第四十六節所看到的那樣，眞值表M2的元素是一對值1和0，它從下述等式推出N的眞值：

(z) N(a, b)=(Na, Nb).

表達式「（Na, Nb）」是一般形式（εa,ζb）的特殊情況，這裡ε和ζ具有二值演算中的V、S、N和F等函子作爲眞值。因爲ε的四個值中的每一個都可以和ζ的四個值中的每一個相組合，我們就得出16種組合，這16種組合定義四值演算中具有一個主目的16個函子。我在其中找到兩個函子，每一個都能代表M。這裡我定義其中一個，而另一個我將在以後再討論。

(α) M(a, b)=(Sa, Vb)=(a, Cbb)

在(α)的基礎上我得出M的眞值表M7，我用在第四十六節中所說的同樣的簡化法將M7變爲眞值表M8，即：(1, 1)＝1, (1, 0)＝2，(0, 1)＝3和(0, 0)＝0。

P	M
(1, 1)	(1, 1)
(1, 0)	(1, 1)
(0, 1)	(0, 1)
(0, 0)	(0, 1)

M7

P	M
1	1
2	1
3	3
0	3

M8

這樣，在得出M的眞值表以後，我選擇C、N和M作爲基本詞項，並且將我的模態邏輯系統建立在下述四個公理之上：

51. CδpCδNpδq　　4. CpMp

*5. CMpp　　*7. Mp.

推論的規則是關於斷定的表達式和排斥的表達式的替代規則和分離規則。

Lp是依靠δ-定義引入的：

64. CδNMNpδLp.

這表示：「NMNp」在任何地方都可以爲「Lp」所替換，而反過來，「Lp」在任何地方也可以爲「NMNp」所替換。

同樣的模態邏輯系統也可以在下述基礎上建立：使用C、N和L作爲基本詞項，以及公理：

51. CδpCδNpδq　　3. CLpp

*6. CpLp　　*8. NLp，

和M的δ-定義：

65. CδNLNpδMp.

M9是這個系統的充分足夠的眞值表：

C	1	2	3	0	N	M	L
1	1	2	3	0	0	1	2
2	1	1	3	3	3	1	2
3	1	2	1	2	2	3	0
0	1	1	1	1	1	3	0

M9

我希望，在經過上述解釋之後，每一個讀者都可以借助於這個眞值表去驗證屬於這個系統的任何公式，即證明斷定的公式和否證排斥的公式。

可以證明，這個系統在這樣的意義上說是完全的，即屬於這個系統的每一個有意義的表達式都是可以判定的，它或者被斷定，或者被排斥。它在這樣的意義上說也是一致的，即無矛盾的，這就是說任何一個有意義的表達式不能同時既被斷定又被排斥。這一個公理的集合是獨立的。

我想強調一下，這個系統的公理完全是自明的。帶有δ的公理應當爲所有接受古典命題演算的邏輯學家所熟悉；帶有M的公理也應當斷定爲眞；推論的規則同樣是自明的。在這個系統中所有正確推出的結果，都應當爲接受這些公理和推論規則的人所允許。沒有眞正的理由可以用來反對這個系統。我們也將看到，這個系統排斥了所有關於模態邏輯所引出的錯誤推論，解釋了亞里士多德模態三段論中的困難，並且揭示了一系列意外的、對於哲學具有重大意義的邏輯事實。

五十六、必然性和模態邏輯的四值系統

在第六章結尾時指出過兩個重大的困難：第一個是與亞里士多德承認有斷定的必然命題相連繫，第二個是與他承認有斷定的偶然命題相連繫。現在讓我們解決第一個困難。

如果將所有分析命題都看作是必然眞的命題，那麼，最典型的分析命題——同一性原則Fxx——也應當看作是必然眞的命題。正如我們已經看到的那樣，這就會導致這樣錯誤的結論，即任何兩個個體，如果它們是同一的，它們就必然是同一的。

這個結論是不能從我們的模態邏輯系統推論出來的，因爲可以證明：在這個系統中任何一個必然命題都不是眞的。由於這個證明是建立在擴展定律CCpqCLpLq的基礎上的，我們必須首先證明，這個定律是從我們的系統推出的。

公理51的結果要這樣表述：

66. CδCpqCδpδq.

從66式通過替代δ/M'推出公式：

67. CMCpqCMpMq，

而從67式通過CCpqMCpq，公理4的替代，和借助於假言三段論，我們得出較強的M-擴展定律：

19. CCpqCMpMq.

較強的L-擴展定律CCpqCLpLq是通過易位從19式推出的。在第四十二節中所遺留下未獲解決的問題，即亞里士多德的擴展定律的較強的或較弱的解釋應該容許哪一個的問題，這樣得到了有利於較強的解釋的解決。任何必然命題都不是眞的，這個證明現在將以充分精確的形式作出：

前提：

*6. CpLp

18. CCpqCLpLq

33. CCpCqrCqCpr

68. CCCpqrCqr

推演：

68. r/CLpLq×C18—69

69. CqCLpLq

33. p/q, q/Lp, r/Lq×C69—70

70. CLpCqLq

70. p/α, q/p×C*71—*6

*71. Lα

希臘字母的變項α需要作些解釋。公式70的後件CqLq，它與排斥的表達式CpLp同義，按照我們的規則，允許排斥前件Lp以及對Lp的任何替代。但是，這不能依靠*Lp來表達，因爲從一個排斥的表達式通過替代不能得出任何東西。例如，Mp是被排斥的，但是MCpp——一個Mp的替代式——卻是被斷定的。爲了表達70式的前件對於L的任何主目都是被排斥的，我使用希臘字母（稱之爲「解釋變項」）以便與用拉丁字母標誌的「替代變項」相區別。因爲命題α可以給予任何解釋，*Lα代表一個一般的定律，並且表示，任何以L起始的表達式，即任何必然命題，都是應當被排斥的。

這個結果，*Lα通過L的眞值表得到證明，這個L眞值表是由N和M的眞值表按照L的定義建立起來的。每個人在看到M9表之後都可以發現，L只以2和0作爲自己的眞值，而從來不以1爲自己的眞值。

由於運用模態邏輯於同一性原理而得出錯誤結果的問題，現在就容易得到解決了。因爲LFxx作爲一個必然命題，不能被斷定，它就不能用分離法從前提

(t) CFxyCLFxxLFxy或

CLFxxCFxyLFxy

引申出結論：(v)CFxyLFxy。用眞值表的方法的確可以證明(t)應予斷定，因爲它永遠得1，但(v)卻應當是被排斥的。由於同一性原則Fxx是眞的，即Fxx＝1，因此，我們就得出LFxx＝2，和CFxyCLFxxLFxy＝CFxyC2LFxy。表達式Fxy可以

具有1、2、3或0四個值中的任何一個值。

如果Fxy＝1，那麼，CFxyC2LFxy
＝C1C2L1＝C1C22＝C11＝1，
如果Fxy＝2，那麼，CFxyC2LFxy
＝C2C2L2＝C2C22＝C21＝1，
如果Fxy＝3，那麼，CFxyC2LFxy
＝C3C2L3＝C3C20＝C33＝1，
如果Fxy＝0，那麼，CFxyC2LFxy
＝C0C2L0＝C0C20＝C03＝1。

可見，(t)是被證明的，因爲它的眞值化歸的最後結果總是1。相反，(v)是被否證的，因爲我們有：當Fxy＝1時，CFxyLFxy＝C1L1＝C12＝2。

當奎因問到什麼是下面推理中的錯誤時[7]，提供了上述困難的有趣並且有益的

[7] 我從坎特伯雷大學學院（紐西蘭，克賴斯徹奇）哲學系複寫出版的「邏輯注釋」（Logic Notes）（§160）中找到這個例子，這本書是由普萊奧爾（A.N.Prior）教授寄給我的。

例子：

(a) 晨星必然和晨星同一。

(b) 但是昏星並不必然和晨星同一（只是事實上與它同一）。

(c) 但是同樣一個客體不能具有矛盾的屬性（不能是A又不是A）。

(d) 所以，晨星和昏星是不同的客體。

由我們的系統對這個困難所提供的解決是非常簡單的。這個推理是錯誤的，因爲前提(a)和(b)不是眞的，而不能被斷定，因此結論(d)不能從(a)和(b)推出，雖然事實上，蘊涵式C(a)C(b)(d)是正確的（第三個前提作爲眞的前提可以省去）。上述蘊涵式可以用下述方式證明：

用x表示晨星，而用y表示昏星，那麼，(a)是LFxx，(b)是NLFyx，它與NLFxy等值，（因爲同一是一種對稱關係），而(d)是NFxy。這樣，我們就得出公式CLFxxCNLFxyNFxy，它是眞的斷定命題(t)的一個正確的變形。

奎因所提出的例子現在可以借助我們的四值眞值表用下述方式來驗證：如果「x」和「y」的意義同上，那麼，Fxx＝Fxy＝1；從而LFxx＝LFxy＝L1＝2，NLFxy＝N2＝3和NFxy＝N1＝0，因此，按照CLFxxCNLFxyNFxy，我們有

C2C30＝C22＝1。這個蘊涵式是眞的，但由於它的兩個前提並非都是眞的，所以，結論可能是假的。

我們將在下面一章看到，類似的困難是亞里士多德與他的朋友德奧弗拉斯特斯和歐德謨斯之間展開爭論的主要原因。關於「任何一個必然命題都不是眞的」這個重要發現的哲學含義，將在第六十二節中闡述。

五、成對的可能性

我在第四十九節中提到，有兩個函子，它們都可以代表可能性。我用M標誌其中的一個，並且用等式將它定義為

(α) M(a, b)＝(Sa, Vb)＝(a, Cbb)，

我用等式將另一個函子定義爲

(β) W(a, b)＝(Va, Sb)＝(Caa, b)，

我用W標誌它，這個W看起來好像反過來的M。按照這個定義，W的眞值表是M10，並且可以簡化爲M11。雖然W與M有區別，但它證實了與M所證實的同樣結構的公理，因爲CpWp用M11得到證明，正如CpMp用M8得到證明一樣，而*CWpp和*Wp用M11被否證，正如*CMpp和*Mp用M8而被否證一樣。我可以用M去標誌W的眞值表：

P	W
(1, 1)	(1, 1)
(1, 0)	(1, 0)
(0, 1)	(1, 1)
(0, 0)	(1, 0)

M10

P	W
1	1
2	2
3	1
0	2

M11

還可以表明，M和W之間的區別不是一種眞正的區別，而只是由於不同的標誌而產生的區別。可以回憶一下，我是通過用2來標誌(1, 0)和用3標誌(0, 1)這成對的值，而從M2得出M3的。由於這種標誌完全是任意的，因而我有同樣的權利用3表示(1, 0）和用2表示(0, 1)，或者選擇別的任何數位和記號。讓我交換M9中的值2和值3，在寫2的地方記上3，而在寫3的地方記上2。我們從M9得出眞值表M12，而通過重新分配M12中的中間各行和各欄，就得出眞值表M13：

C	1	2	3	0	N	M	L
1	1	2	3	0	0	1	2
2	1	1	3	3	3	1	2
3	1	2	1	2	2	3	0
0	1	1	1	1	1	3	0

M9

C	1	3	2	0	N	—	—
1	1	3	2	0	0	1	3
3	1	1	2	2	2	1	3
2	1	3	1	3	3	2	0
0	1	1	1	1	1	2	0

M9

=

C	1	2	3	0	N	—	—
1	1	2	3	0	0	1	3
2	1	1	3	3	3	2	0
3	1	2	1	2	2	1	3
0	1	1	1	1	1	2	0

M9

如果我們將M9和M13進行比較，那麼就看到C和N的眞値表保持不變，而相當於M和L的眞値表卻變得不同了，因而我不能用M和L去標誌它們。在M13中的、對應於M9中的M的眞値表正是W的眞値表。M13仍然是與M9相同的眞値表，只是用另一種標誌書寫出來而已。W代表與M相同的函子，應當具有與M相同的性質。如果M表示可能性，那麼，W也同樣表示可能性，並且在這兩個可能性之間不可能有任何區別。

雖然M和W是同一的，但當他們在同一公式中出現的時候，他們就顯出差別。它們類似於一對樣子非常相像的孿生子，當分別地遇到他們的時候，不能加以區別，而當看到他們在一起時，就能立即將他們識別出來。爲了了解這一點，讓我們考察一下表達式MWp、WMp、MMp和WWp。如果M和W是同一的，那麼，這四個表達式也應當彼此同一。但是，它們並不同一。用我們的眞值表可以證明，下述公式是被斷定的：

72. MWp 和 73. WMp，

因爲Wp只有1或者2作爲它的眞值，而M1正如M2＝1；同樣，Mp只有1或者3作爲它的眞值，而兩者W1＝1和W＝31。另一方面，可以證明，公式

74. CMMpMp 和 75. CWWpWp

是被斷定的，而因爲不論是Mp還是Wp，都是被排斥的，那麼MMp和WWp也應當

是被排斥的，因而我們有

*76. MMp　和　*77. WWp，

所以，我們不能在72或73式中用M代替W或用W代替M，因爲這樣我們會從一個斷定的公式得出一個排斥的公式。

至今還沒有任何人注意到存在成對的可能性（與此相連繫也存在成對的必然性）這個有趣的邏輯事實，它是由我的四值模態系統而得出的另一個重大的發現。這個事實非常精密並且要求爲古代邏輯學家已經知道的形式邏輯有一個很大的發展。存在這對孿生子既說明了亞里士多德或然三段論理論中的錯誤和困難，也證明了他關於偶然性直覺觀念的正確。

五三、偶然性和模態邏輯的四値系統

我們已經知道，亞里士多德模態邏輯中的第二個巨大困難是與他關於某些偶然命題爲眞這個假設有關。根據斷定命題52（它是我們的公理51的變形）

52. CKδpδNpδq，

我們得出下述結果：

52. δ/M, p/α, q/p×78

78. CKMαMNαMp

78. C*79—*7

*79. KMαMNα

這表示：表達式79對於任一命題α，都是被排斥的，因爲α在這裡是一個「解釋變項」。因而，不存在這樣的α，它能驗證兩個命題「α是可能的」和「非α是可能的」，也就是說，不存在眞的偶然命題Tα，如果Tp是像亞里士多德所作的那樣，定義爲Mp和MNp的合取，即

80. CδKMpMNpδTp.

這個結果用眞値表的方法得到證實。採用Kpq的通常定義：

81. CδNCpNqδKpq，

我們得出關於K的眞值表M14，並且我們有：

K	1	2	3	0
1	1	2	3	0
2	2	2	0	0
3	3	0	3	0
0	0	0	0	0

M14

當p＝1：KMpMNp＝KM1MN1＝K1M0＝K13＝3
當p＝2：KMpMNp＝KM2MN2＝K1 M3＝K13＝3
當p＝3：KMpMNp＝KM3MN3＝K3 M2＝K31＝3
當p＝0：KMpMNp＝KM0MN0＝K3 M1＝K31＝3.

我們看到，合取式KMpMNp具有恆值3，因而永遠都不是眞的。因此，Tp＝3，也就是說，不存在在定義80所指意義上的眞的偶然命題。

然而，亞里士多德認爲「明天可能發生海戰」和「明天可能不發生海戰」兩個命題今天可以都是眞的。因此，按照他的偶然性觀點，是可以有眞的偶然命題的。

有兩個方法可以避免亞里士多德的觀點和我們的模態邏輯系統之間的這種矛盾：我們應當或者否定命題可以同時既是偶然的又是眞的，或者修改亞里士多德的偶然性定義。我選擇了第二個方法，使用了上面所揭示的可能性成對的形態。

拋擲一個錢幣，可以落下或者錢幣的正面或者錢幣的反面，換句話說，可能落下正面，也可能不落下正面。我們傾向於將兩個命題都看作是眞的。但是，如果第一個「可能性」用與第二個可能性相同的函子去標誌的話，它們就不能兩個都眞。第一個可能性是與第二個可能性完全相同的，但是，從這裡不應得出，它就應該用同樣的方式去標誌。落下正面的可能性與不落下正面的可能性是有區別的。我們可以用M標誌一個可能性，而用W標誌另一個可能性。帶有肯定主目的命題「p是可能的」可以表達爲Mp；帶有否定主目的命題「非p是可能的」可以表達爲WNp；或者第一個作爲Wp，第二個作爲MNp。這樣，我們就獲得兩個偶然性函子，譬如說是X和Υ，它們的定義如下：

82. $C\delta KMpWNp\delta Xp$ 和 83. $C\delta KWpMNp\delta \Upsilon p$.

不可能將這些定義譯成日常的語言，因爲我們沒有兩類可能性和偶然性的名稱。我們就將它們稱爲「M-可能的」和「W-可能的」，「X-偶然的」和「Υ-偶然的」。這樣，我們就可以概略地說：「p是X-偶然的」表示「p是M-可能的並且Np是W-可能的」，而「p是Υ-偶然的」表示「p是W-可能的並且Np是M-可能的」。

從定義82和83，我們可以推出X和Υ的眞値表。我們得出：

當p＝1：

X1＝KM1WN1＝K1W0＝K12＝2；

Υ1＝KW1MN1＝K1M0＝K13＝3.

當p＝2：

X2＝KM2WN2＝K1W3＝K11＝1；

Υ2＝KW2MN2＝K2M3＝K23＝0.

當p＝3：

X3＝KM3WN3＝K3W2＝K32＝0；

Υ3＝KW3MN3＝K1M2＝K11＝1.

當p＝0：

X0＝KM0WN0＝K3W1＝K31＝3；

Υ0＝KW0MN0＝K2M1＝K21＝2.

K	X	Υ
1	2	3
2	1	0
3	0	1
0	3	2

M15

眞值表M15表明，不論是Xp還是Υp，對於 p的某些值證明是眞的（Xp，當p＝2；Υp，當p＝3）。現在已經證明，KMpMNp具有恆值3；同樣可以表明，KWpWNp具有恆值2。這樣，我們就得到兩個斷定的公式：

84. XKWpWNp　和　85. ΥKMpMNp.

這表明在我們的系統中存在眞的X-偶然命題和眞的Υ-偶然命題。我們就可以將在亞里士多德意義上的偶然性和我們的四值模態邏輯協調起來。

從M15也得出，X-偶然性和Υ-偶然性是孿生子。如果我們在M15中用3代替2，用2代替3，那麼，X就變成Υ，而Υ變成X。然而，X跟Υ是有區別的，其區別程度比M和W的區別更大，因爲命題Xp和Υp是相互矛盾的。容易看到，借助於M15，下述等式是成立的：

$$(\gamma)\ Xp = \Upsilon Np = N\Upsilon p \quad 和 \quad (\delta)\ \Upsilon p = XNp = NXp.$$

矛盾律和排中律對Xp和Υp都是眞的，也就是說，我們有：

86. NKXpΥp　和　87. HXpΥp.

這表示，一個命題不能同時既是X-偶然的又是Υ-偶然的，而任何命題或者是X-偶然的，或者是Υ-偶然的。X-偶然命題的否定是Υ-偶然命題，反過來，Υ-偶然命題的否定是X-偶然命題。這聽起來好像是自相矛盾的，因爲我們習慣於認爲：那種非偶然的東西，或者是不可能的，或者是必然的，不可能和必然是與同一種可能性發生連繫的。但是，非X-偶然的，或者是M-不可能的，或者是M-必然的，這種說法是不正確的；應該說，那種非X-偶然的東西，或者是M-不可能的，或者是W-必然的，而那種或者M-不可能，或者W-必然的東西是與Υ-偶然的東西等值的。

同樣的誤解是由於圍繞斷定命題88進行的爭論而引起的，

88. CKMpMqMKpq，

它在我們系統中是被斷定的。劉易士（C.I.Lewis）在他某些模態系統中斷定了公式：

89. CMKpqKMpMq，

但是拒絕了它的逆換式，即88式。他使用了下述論證❽：「如果p和q兩個都眞，是可能的，那麼，p是可能的並且q是可能的。這個蘊涵式不能逆換過來。例如，可能讀者將立即看到它，也可能他不立即看到它。但是，不可能他既立即看到它又不立即看到它。」這個論證是缺少說服力的。這裡「讀者」指的是什麼呢？如果指的是個別讀者，如R，那麼，或者R將立即看到這個，或者R將不立即看到這個。在前一種情況下，第一個前提「可能R立即看到這個」是眞的，但第二個前提是假的，而一個假的命題怎樣可以成爲可能眞的命題呢？在後一種情況下，第二個前提是眞的，而第一個前提是假的，而一個假的命題不能成爲可能眞的命題。公

❽ 劉易士和朗佛（C.H.Langford）：《符號邏輯》（*Symbolic Logic*），紐約和倫敦，一九三二年版，第一六七頁。

式88中的兩個前提並不是兩個都可證明的，因而用這種方式是不能駁斥這個公式的。

而如果「讀者」一詞指的是某些讀者，那麼，「可能某些讀者將立即看到這個」和「可能某些讀者將不立即看到這個」這兩個前提可以都是眞的，但是，在這種情況下，「可能某些讀者將立即看到這個並且某些讀者將不立即看到這個」這個結論顯然也是眞的。自然，將立即看到這個並且不看到這個的不會是同一讀者。劉易士所提出的例子並沒有駁斥掉公式88，相反，它還證明了它的正確性。

但是，看來這個例子是選擇得不適當的。前提增加了「立即」一詞，就喪失了它的偶然的性質。說讀者將「立即」看到或者不看到這個，我們涉及的是那在看見的時刻被決定的東西。而眞的偶然性涉及的是未決定的事件。讓我們就舉錢幣的例子，它與亞里士多德的海戰的例子是同一類的。兩個例子都是關係到現在沒有決定但將來要決定的事件。所以，「可能落下錢幣的正面」和「可能不落下錢幣的正面」這兩個前提現在可以都是眞的，而「可能落下又不落下錢幣的正面」這個結論任何時候都不是眞的。但是，我們知道，偶然性不能用Mp和MNp的合取來下定義，但可以用Mp和WNp，或者Wp和MNp的合取來下定義，因此，上面引述的例子就不屬於斷定命題88。所以，它不能否證它。這一點是爲劉易士和其他邏輯學家所不知道的，而在一個錯誤的偶然性概念的基礎上，他們就排斥了所討論的斷定命題。

五三、其他某些問題

雖然我們的四值模態邏輯系統的公理和推論規則是十分顯然的，但這個系統的某些結論卻可能看起來是自相矛盾的。我們已經遇到自相矛盾的斷定命題：偶然命題的否定仍然是偶然的；作爲這一類的另一個斷定命題，我可以提出「雙重偶然性」定律，按照這個定律，下述公式是眞的：

90. QpXXp　　和　　91. QpYYp.

問題在於去發現關於這樣公式的某些解釋，這些解釋從直觀上說是可滿足的，並且能解釋它們表面上的奇異。當古典命題演算剛剛爲人所知的時候，也出現過對它的某些原則，特別是對CpCqp和CpCNpq的激烈的反對。這些原則具體地表現了中世紀的邏輯學家所熟悉的、並且爲他們用下述語句表述出的兩個邏輯定律。語句是：「*Verum sequitur ad quodlibet*和*Ad falsum sequitur quodlibet.*」❾就我所知，這

❾真理隨便從什麼東西都能推出；從謬誤推出所有任意的東西。

些原則現在已經是衆所周知的了。

無論如何，我們的模態系統在這一方面不會比其他的模態邏輯系統處於更壞的地位。在某些模態邏輯系統中包括有這樣非直觀的公式，如：

*92. QMNMpNMp，

這裡，一個或然命題「p不可能，這是可能的」與一個必然命題「p是不可能的」等值。代替這個必須加以排斥的奇怪的公式，在我們的系統中，我們有這樣的斷定命題：

93. QMNMpMNp

它和

94. QMMpMp

一起，使我們可能將所有由M和N組成的模態函子的組合化歸爲四個不能再行化歸的、為亞里士多德已知的組合式，即M＝可能，NM＝不可能，MN＝不必然和NMN＝必然。

第二個問題關係到將四值模態邏輯擴充到更高系統中的問題。可以用八值系統作為例子。我們通過將真值表M9和真值表M1相乘而得出這個系統的真值表M16。我們規定這些成對的值作為新的真值表中的元素：(1, 1)＝1，(1, 0)＝2，(2, 1)＝3，(2, 0)＝4，(3, 1)＝5，(3, 0)＝6，(0, 1)＝7，(0, 0)＝0，另外按照(y)、(z)和(α)這些等式規定C、N和M的真值。

C	1	2	3	4	5	6	7	0	N	M
1	1	2	3	4	5	6	7	0	0	1
2	1	1	3	3	5	5	7	7	7	1
3	1	2	1	2	5	6	5	6	6	3
4	1	1	1	1	5	5	5	5	5	3
5	1	2	3	4	1	2	3	4	4	5
6	1	1	3	3	1	1	3	3	3	5
7	1	2	1	2	1	2	1	2	2	7
0	1	1	1	1	1	1	1	1	1	7

M16

數位1像通常一樣，標誌眞，0標誌假，而其他的數字則是眞和假之間的中間值。如果我們注意考察眞值表M16，我們就會發現，C欄的第二行與M欄是相同的。這一行因而代表可能性的眞值表。同樣，C的其餘各行，除了第一行與最後一行以外，都代表某種可能性。如果我們用M2到M7去標誌它們，我們就能肯定：當2≤i≤7時，Mi滿足可能性的全部公理，即：

95. CpMip, *96. CMipp, *97. Mip.

在這些不同種類的可能性中，有某些「較強一些」和某些「較弱一些」，因爲我們有，例如：CM2pM4p或者，CM3pM6p，但是不能反轉過來。所以，我們可以說，在八值模態邏輯中存在各種等級的可能性。我總是認爲，只有兩個模態系統可能具有哲學和科學的重要性：最簡單的模態系統，其中可能性看作不具有等級，這就是我們的四值模態系統，和$\aleph_0$值系統，其中有無限多的可能性的等級。進一步研究這個問題將是有趣的，因爲我們可能在這裡發現模態邏輯和概率論之間的連繫環節。

第八章

亞里士多德的模態三段論

我認爲，亞里士多德的模態三段論跟他的實然三段論，或者他在模態命題邏輯方面的貢獻相比，意義要小得多。這系統看來好似一個邏輯練習，它雖然表面上很精密，卻充滿了粗心的錯誤，並且對科學問題沒有任何適用之處。雖然如此，在這個三段論中卻有兩個爭論問題主要由於歷史的原因而有研究的價值，這就是關於帶有一個實然前提和一個必然前提的三段論問題，和關於帶有偶然前提的三段論問題。

㐂、有兩個必然前提的各式

亞里士多德是模仿他的實然三段論的樣子來論述模態三段論的。三段論劃分爲各種格和式，有些式被當作完全的式，這些式作爲自明的而無須證明；不完全的式則通過換位法，歸謬法或者通過所謂「顯示法」而得到證明。不正確的式則通過用具體詞項加以說明的方法而予以排斥。奇怪的是，只有一個例外，亞里士多德沒有使用他的模態命題邏輯的定理。我們將看到，在某些情況下這會得出比他所作的證明更好並且更簡單的證明。

必然命題的換位律和實然命題的換位律相類似。下述一些命題因此是眞的：「如果必然任何 b 都不是 a，那麼必然任何 a 都不是 b」，用符號表達：

98. CLEbaLEab，

和「如果必然所有的b或者有些b是a，那麼必然有些a是b」，用符號表達：

99. CLAbaLIab 和 100. CLIbaLIab❶.

亞里士多德所作的證明是不能令人滿意的❷。他沒有注意到，定律99—100可以從實然三段論類似的定律借助於定理18直接推出。

18. CCpqCLpLq.

例如，從18式，用Eba替代p，用Eab替代q，我們在前件中得出實然的換位律，由此我們可以分離出它的後件，即定律98。

---

❶《前分析篇》，i.3, 25^{a}29，「……如果A必然不屬於任何B，那麼，B必然也不屬於任何A。」25^{a}32，「如果A必然屬於所有的或有些B，那麼，B也必然屬於有些A。」

❷ 參閱A.貝克爾：《亞里士多德的可能性推論的學說》，第九十頁。

按照亞里士多德的意見，帶有兩個必然前提的三段論，除了對前提和結論都必須加上必然性記號以外，其餘跟實然三段論都相同❸。因此，關於Barbara式的公式將表述爲：

101. CKLAbaLAcbLAca.

亞里士多德默然承認了，第一格的各式是完全的並且是不需要證明的。其他各格的各種式是不完全的，除了Baroco和Bocardo式以外，都需要按照對實然三段論的證明方法予以證明。Baroco和Bocardo兩個式在實然三段論中是用歸謬法證明的，而這裡須要用顯示法加以證明❹。我們再一次指出：對所有這些證明，運用定理18要容易得多，這將在以後的例子中看出。

通過輸出律和輸入律CCKpqrCpCqr和CCpCqrCKpqr，可以表明15式，即實然

---

❸《前分析篇》，i.8, 29ᵇ35，「必然〔屬於〕跟屬於的情形幾乎完全一樣，因為，在〔前提中〕『屬於』和『必然屬於或不屬於』對詞項位置相同的情況下，得出和不得出的三段論僅僅具有這樣的區別：給詞項加上『必然屬於』或者『必然不屬於』。」

❹《前分析篇》，i.8, 30ᵃ3—14。

的Barbara式與公式

102. CAba CAcbAca，

等值。這個純粹的蘊涵形式比合取形式更便於推出結論。按照斷定命題3.CLpp，我們有：

103. CLAbaAba，

而從103和102借助於假言三段論，我們得出：

104. CtAbaCAcbAca.

而另一方面，由於替代18式的結果，我們有

105. CCAcbAcaCLAcbLAca，

而從104和105推出結論：

106. CLAbaCLAcbLAca

它與101等值。所有其餘的帶有兩個必然前提的三段論的各式都可以用這樣的方法加以證明，而不需要新的公理、換位律、歸謬法，或者使用顯示法的論證。

五五 有一個必然前提和一個實然前提的各式[5]

對帶有一個必然前提和一個實然前提的第一格的三段論各式，亞里士多德是按照哪一個前提（大前提還是小前提）是必然前提而分別加以論述的。他說，當大前提是必然的，而小前提是實然的，我們就得出一個必然的結論；但是，當小前提是必然的，而大前提是實然的，我們就可能得出一個實然的結論[6]。這種區別借助於

---

[5] 參閱楊．盧卡西維茨：「論亞里士多德模態三段論中的一個爭論的問題」（One controversial Problem of Aristotles Modal Syllogistic），載《多米尼卡研究》，卷VII，一九五四年，第一一四—一二八頁。

[6] 《前分析篇》，i.9, 30^a15—25，「也有這樣的情況：當一個前提表達必然性，但不是任一前提，而

下述一些Barbara式的例子就顯得很清楚。亞里士多德斷定了三段論：「如果必然所有的b是a，那麼，如果所有的c是b，則必然所有的c是a。」但是，他排斥了三段論：「如果所有的b是a，那麼，如果必然所有的c是b，則必然所有的c是a。」用符號表達：

(ε) CLAbaCAcbLAca被斷定，

(ζ) CAbaCLAcbLAca被排斥。

亞里士多德將三段論(ε)看作是自明的。他說：「因爲所有的b必然是a或者不是a，而c是b中的一個，那麼顯然（φανερόν），c也將必然是a或者不是a。」❼由於下面將要說到的原因，用例子來表明這一點是困難的。但是下述實例

是其中包括大項的前提，其結論是關於必然屬於的。例如，如果斷定A必然屬於或不屬於B，而B簡單地屬於C，而如果前提正是這樣安排的，那麼，A就必然地屬於或不屬於C。」（以下的語句我們將在下面的附注中引述）「而如果前提AB不表達必然性，而BC表達必然性，那麼，結論就不是關於必然屬於的了。」

❼《前分析篇》，i.9, $30^{a}21$，「……因為A必然地屬於或不屬於所有的B，而C是B中的一個，顯然，C也就必然屬於或不屬於A。」

或者可以使三段論(ε)在直觀上比較好接受一些。讓我仍設想，表達式LAba表示：「所有的b通過金屬絲跟a連結起來。」因此，顯然所有的c（因爲所有的c是b）也通過金屬絲跟a連結起來，即LAca。因爲任何東西以某種方式涉及所有的b是眞的，那麼如果所有的c是b的話，則它以同樣的方式涉及所有的c，也是眞的。最後那個命題的自明性就沒有什麼好懷疑的了。

但是，我們從亞歷山大那裡知道，亞里士多德所斷定的三段論(ε)的自明性，並沒有爲他的朋友們，即他的學生德奧弗拉斯特斯和歐德謨斯所完全信服❽。他們反對亞里士多德，他們堅持這樣的觀點：如果有一個前提是實然的，那麼結論也應當是實然的；正像如果有一個前提是否定的，則結論也應當是否定的，並且如果有一個前提是特稱的，則結論也應當是特稱的一樣；也就是說，符合於後來經院哲學家所表述的一個一般規則：*Peiorem sequitur semper conclusio partem*❾。

❽ 亞歷山大在注釋第一二五頁注②所引述的段落時說（124, 8）：「這句話就是這樣陳述的。但是他的朋友、即學生德奧弗拉斯特斯和歐德謨斯不同意他的意見。他們說：在所有這樣的結合中，即它的一個前提表達必然性，而另一個前提指的是普通的屬於，這時如果是以三段論進行討論，結論說的只是普通的屬於……(17)『普通的屬於』弱於『必然的屬於』。」

❾ 結論永遠由最弱的部分規定。

這樣的論證很容易遭到駁斥。三段論(ε)是演繹地等值於第三格或然的Bocardo式：「如果可能有些c不是a，那麼，如果所有的c是b，則可能有些b不是a」，用符號表達：

(η) CMOca CAcb MOba.

三段論(η)跟(ε)一樣，也是自明的。它的自明性可以用例子來說明。我們假設，一個箱子裡裝著票簽，從1號編到90號，設c表示「從箱子中抽出的號碼」，b表示「從箱子中抽出的偶數號」，而a表示「被3除盡的號碼」。我們假定，在某一情況下，從箱中抽出了五個偶數號，因此，前提「從箱中抽出的所有的號碼都是從箱中抽出的偶數號」，即Acb事實上是真的。由此，我們有把握推斷，如果可能在這種情況下，從箱中抽出的有些號碼不被3除盡，即MOca，那麼，也可能在這種情況下，從箱中抽出的有些偶數號不被3除盡，即MOba。

亞里士多德斷定了三段論(η)，並且從三段論ε通過歸謬法對它加以證明[10]。但

[10] 《前分析篇》，i.21, 39^b33—39，「設B屬於所有的C，而A可能不屬於有些C，那麼必然地，A可能不屬於有些B。因為如果A必然屬於所有的B，而按照假設，B屬於所有的C，那麼A就像

是他沒有從(η)推演出(ε)，雖然，他一定知道，這是可能做到的。亞歷山大看到了這一點，並且借助於歸謬法從(η)明確地證明了(ε)。他說，這樣的證明應當看作有利於亞里士多德學說的最合理的證明⓫。因爲，按照他的意見，亞里士多德的朋友斷定了滿足於「最弱部分規則」的三段論(η)，而(ε)是可以從(η)推演出的，他們就不能根據這個規則去排斥(ε)。這個規則運用於模態時就變成錯誤的了。

在下一節中，我們將看到，德奧弗拉斯特斯和歐德謨斯反對三段論(ε)還提出了另外一個論據，它沒有被亞歷山大所駁倒，因爲它與亞里士多德的一個論據相符合或相一致。不管亞歷山大怎樣談到「最合理的證明」，人們還是感覺到有某些值得懷疑之處，因爲他在提出很多論據支持亞里士多德的意見以後（上面引述的論據是最後一個），最終又指出，在另外的著作中，他更爲嚴密地證明了：在這些論據中哪些是合理的，哪些是不合理的⓬。亞歷山大這裡指的是他的著作《論亞里士多德

上面已經證明的那樣，必然屬於所有的C，但是要知道原已假定：A可能不屬於有些C。」

⓫ 亞歷山大，注釋三段論(ε)（127.3）時寫道：「這證實了亞里士多德所說的，特別是如果使用第三格通過歸謬法作出的證明，是正確的……(12)不論亞里士多德還是他的朋友都發現，按第三格所作的這種結合可能得出特稱否定的結論。」

⓬ 亞歷山大，127, 14，「誰都可以用同樣重要的論據去支持亞里士多德所陳述的意見。正如上面所

和他的朋友之間的關於混合式的爭論》和他的《邏輯注釋》[13]。可惜，這兩本書都失傳了。

這個爭論在我們這個時代又復活起來。大衛．羅斯爵士，在注釋三段論(ε)和從三段論(η)對它所作的證明時，明確地表示[14]：「亞里士多德的學說依然有明顯的錯誤。因爲他試圖證明的東西是：前提不僅證明所有的C是A，而且還證明它們必然是A，正如所有的B必然是A那樣；即由於它自身本性中具有一種永久的必然性；然而它們所證明的只是在所有的C是B的時候，它同樣也是A，這不是由於它自身本性中具有一種永久的必然性，而是由於暫時分得B的性質中的一種暫時的必然性。」

這個論證是一種形而上學的，因爲「事物的性質」和「它的本性中的永久的必

說的那樣，我在另外的著作中更為嚴密地證明了：其中哪些論據被認為是正確的和哪些是不正確的。」

[13] 第一種著作標題為（亞歷山大，125.30）《論亞里士多德和他的朋友們之間關於混合式的爭論》。參閱：亞歷山大，249.38—250.2，那裡使用「διαφωνίας」（意見分歧）代替「διαφορᾶς」（爭論）一詞；他引述的另一著作題為《邏輯注釋》。

[14] 大衛．羅斯編：《前分析篇》，第四十三頁。

然性」等術語都屬於形而上學。但是在這些形而上學的術語後面卻藏著一個邏輯問題，這個問題可以用我們的四值模態邏輯加以解決。現在我們轉向亞里士多德所排斥的三段論。

五八、有一個必然前提和一個實然前提的被排斥的各式

三段論(ζ)正如三段論(ε)一樣，是自明的。奇怪的是，亞里士多德排斥了三段論

(ζ) CAbaCLAcbLAca，

儘管很明顯，這個三段論是與被斷定的三段論(ε)相對等的。爲了表明它的自明性，我們使用與上面相同的實例。如果LAcb表示所有的c通過金屬絲與b連結起來，而所有的b是a，即Aba，那麼顯然，所有的c通過金屬絲與a連結起來，即LAca。一般地說，如果每一個b都是a，那麼，如果每一個c以某種方式與b連結起來，則它必須以同樣的方式與a連結起來。這看來是自明的。

三段論(ζ)是正確的，最能使人信服的論據是它從它的演繹等值式第二格或然的Baroco式推出的。這個等值式是：

(θ) CAbaCMOcaMOcb，用語言表達：

「如果每一個b是a，那麼，如果可能有些c不是a，則可有些c不是b。」

這可以用例子說明。讓我們回到我們的箱子，從箱子中抽出了五個號碼，讓我們

假定，從箱中抽出的所有的偶數號(b)都被3除盡(a)，即Aba，從這個實際上爲眞的事實，我們可以有把握地推出，如果可能有些從箱子中抽出的號碼(c)不被3除盡，即MOca，那麼同樣可能有些從箱子中抽出的號碼不是偶數號即MOcb。這個三段論看來完全是自明的。不管它看來是怎樣完全是自明的，亞里士多德卻否證了三段論(ξ)，首先是用一個純粹邏輯的論證，它將在下面被考察，然後是借助於下面的例子：設c表示「人」，b表示「動物」，a表示「正在運動」。他斷定命題「每一個人都是動物」必然是眞的，即LAcb；但是所有的動物都在運動卻不是必然的，這只能斷定事實上爲眞，即Aba，因而每一個人都在運動，也不是必然的，即LAca，不是眞的[15]。

亞里士多德的例子並不足以使人信服，因爲我們不可能把「所有的動物都在運動」看作事實上是眞的。一個最好的例子爲我們的箱子所提供。設c表示「從箱子中抽出並且爲4除盡的號碼」。b表示「從箱子中抽出的偶數號」，而a表示「被3除盡的數」。亞里士多德將會同意，命題「每一個從箱子中抽出的並且爲4除盡的偶數號都是從箱子中抽出的偶數號」必然是眞的，即LAcb，但是前提「每一個

[15]《前分析篇》，i.9, $30^{a}28$，「此外，用一個例子表明結論不是必然的。設a指運動，b指動物，而c指人。人必然是動物，但是動物也好，人也好，卻不是必然在運動。」

從箱子中抽出的偶數號被3除盡」只能斷定爲事實上是眞的，即Aba，而結論「每一個從箱子中抽出並且爲4除盡的號碼都被3除盡」同樣只能是事實上爲眞的，即Aca，而不是LAca。從箱子中抽出並爲4除盡的號碼的「性質」並不包括任何它可能被3除盡的「永久的必然性」。

由此看來，亞里士多德排斥三段論(ζ)似乎是正確的。但是問題變得很複雜，因爲它表明，正是這同一論證也可以用以反對三段論。

(ε) CLAbaCAcbLAca.

這已爲德奧弗拉斯特斯和歐德謨斯所發現，他們用了亞里士多德用以否證(ζ)的同樣的詞項按另一種順序去駁斥(ε)。設b表示「人」，a表示「動物」，而c表示「在運動」。他們同意亞里士多德的意見，命題「每一個人都是動物」必然是眞的，即LAba，而他們斷定「所有在運動的東西都是人」是事實上眞的，即Acb。這樣，(ε)的前提被證實了，但是很明顯，結論「所有在運動的東西都是動物」，即Aca，不是必然眞的⑯。這個例子，正如亞里士多德相應的例子一樣，是同樣沒有

⑯亞歷山大，124.21，「他們證明，按實際材料來說，情況也正是這樣……(24)所有的人必然是動物，所有運動著的東西都是人，但是，並非必然地所有運動著的東西都是動物。」

說服力的，因爲我們不能允許前提Acb事實上是眞的。

我們可以將我們的箱子作爲一個更好的例子。設：b表示「用6除盡的號碼」，a表示「用3除盡的號碼」，並且c表示「從箱子中抽出的偶數號」。亞里士多德會接受：命題「每一個被6除盡的號碼都可以被3除盡」必然是眞的，即LAba，但是，「每一個從箱子中抽出的偶數號能被6除盡」只能事實上是眞的，即Acb，因此，「每一個從箱子中抽出的偶數號能被3除盡」也只能事實上是眞的，即Aca。命題Acb和Aca，顯然是相互等值的，而如果其中一個只是事實上爲眞的，那麼另一個就不能是必然的。

亞里士多德和德奧弗拉斯特斯之間關於帶有一個必然前提和一個實然前提的各式的爭論將我們帶到一個自相矛盾的地步，因爲存在表面上同樣有力的論證去贊成和反對三段論(ε)和(ξ)。用Barbara式的例子所說明的爭論可以推廣到這一類所有其他式中去。這個爭論表明：錯誤正潛伏在模態邏輯的基礎之中，並且有它關於必然性的錯誤概念的根源。

五七、爭論的解決

上面所說的自相矛盾的情況與我們將模態邏輯運用於「同一理論」時所遇到的困難十分類似。一方面，這裡所談的三段論不僅是自明的，而且在我們的模態邏輯系統中是能夠加以證明的。我這裡根據強的L擴展定律以及其他定律給三段論(ε)和(ζ)一個充分的證明，這個擴展定律是亞里士多德已經知道的。

前提：

3. CLpp
18. CCpqCLpLq
24. CCpqCCqrCpr
33. CCpCqrCqCpr
102. CAbaCAcbAca.

推演：

18. p/Aba, q/Aca×107
107. CCAbaAcaCLAbaLAca
33. P/Aba, q/Acb, r/Aca×C102—108
108. CAcbCAbaAca
24. P/Acb, q/CAbaAca

r/CLAbaLAca×C108—C107—109

109. CAcbCLAbaLAca

33. P/Acb, q/LAba, r/LAca×C109—110

110. CLAbaCAcbLAca(ε)

18. p/Acb, q/Aca×111

111. CCAcbAcaCLAcbLAca

24. p/Aba, q/CAcbAca，

r/CLAcbLAca×C102—C111—112

112. CAbaCLAcbLAca(ζ)。

我們看到，三段論(ε)和(ζ)（這裡用110和112標誌），是我們模態邏輯的斷定的表達式。

另一方面，我們從110通過替代b/a得出（斷定）命題113，以及從112通過替代b/c和交換前件得出斷定命題114：

113. CLAaaCAcaLAca　114. CLAccCAcaLAca.

這兩個命題在後件中都包括表達式CAcaLAca，即命題：「如果每一個c是a，那麼，必然每一個c是a。」如果這個命題被斷定，則所有眞的全稱肯定命題都是必然眞的，這與直觀相矛盾。不但如此，由於CAcaLAca是與CNLAcaNAca等值的，而Aca與NOca意義相同，我們就有了CNLNOcaNNOca或CMOcaOca。這最後的命題，它表示：「如果可能有些c不是a，那麼有些c不是a」，就不是眞的，因爲，從箱子中抽出的號碼不是偶數號，的確是可能的，因此，如果這個命題是眞的，則從箱子中抽出的每一組都須包括一個奇數——這個結果顯然與事實相矛盾。因此，表達式CAcaLAca是應當被排斥的，而我們就得到：

*115. CAcaLAca，

從這個表達式，按照我們關於排斥的表達式的規則，就推出：

113. ×C*116—*115

*116. LAaa.

亞里士多德的必然的同一律正如必然的同一原則LFxx一樣，應當被排斥。這符合於我們一般的觀點，按照這個觀點，任何必然命題都不是眞的。表達式113的後件，即CAcaLAca，不能分離出，而承認有眞的必然命題和斷定強的L-擴展定律之間的不相容性，得到了有利於擴展定律的解決。我不相信，任何其它模態邏輯系統能夠圓滿地解決這個古代的爭論。

我在前面已經提到，亞里士多德企圖駁斥三段論(ξ)不僅借助於例證，而且借助於一個純粹邏輯的論證。他斷定：前提Aba和LAcb不能給出一個必然的結論，他說：「如果結論是必然的，那麼，通過三段論第一格或第三格，從它就將推出有些b必然是a，但這是不正確的，因爲b可以是這樣：即可能任何一個b都不是a。」⑰亞里士多德這裡指的是必然的Darii式和Darapti式，因爲(ξ)與一個這樣的式相結合，我們就能從它得出結果CAbaCLAcbLIba。從Darapti所作的證明是：

117. CCpCqrCCrCqsCpCqs

112. CAbaCLAcbLAca (ζ)

⑰《前分析篇》，i.9, 30^a25，（繼續第三六六頁注❻的引文）「因為，如果結論是必然的，那麼，按照第一格和第三格，A也必然屬於有些B。但是，這是不正確的，因為B完全可能是這樣的，即A可能根本不屬於它。」

118. CLAcaCLAcbLIba (Darapti)

117. P/Aba, q/LAcb, r/LAca, S/LIba×C112—C118—119

119. CAba CLAcbLIba

從Darii所作的證明提供同樣的結果，但是比較複雜一些。亞里士多德似乎不注意前提LAcb，並且將這個結果解釋爲一個簡單的蘊涵式：

*120. CAbaLIba，

它顯然是假的，而應予排斥。或者也可能他想通過適當地對c的替代和省略，可以使LAcb成爲眞的。如果是這樣，他就錯了，並且他的證明是失敗的。除此以外，我們還看到在這個例子中，借助於產生某些似乎是眞的必然前提的詞項去確定像119、112或110這樣的斷定命題的正確性，是多麼困難。因爲很多邏輯學家相信，這樣的命題實際上是眞的，要用例子去使他們信服這些三段論的正確性是不可能的。

在結束這些討論時，我們可以說，亞里士多德斷定(ε)是正確的，而排斥(ζ)卻是錯誤的。德奧弗拉斯特斯和歐德謨斯在兩個問題上都是錯誤的。

六、有可能前提的各式

亞里士多德的或然三段論的學說顯露出一個非常奇怪的缺陷：爲了有利於帶有偶然前提的各式，帶有可能前提的各式完全被忽略了。按照大衛．羅斯爵士的意見，「亞里士多德經常在一個前提中，在『既非不可能也非必然的意義上使用』ἐνδέχεται一詞，這裡唯一正確的結論是其中ἐνδέχεται表示『不是不可能的』意思，他像通常那樣細心地指出了這一點。」[18]亞里士多德的確似乎細心地區分了ἐνδέχεσθαι的兩種含義，當他說到，例如在闡述帶有兩個或然前提的第一格的各式時，在這些式中，ἐνδέχεσθαι一詞按照他所給的定義，即作爲「偶然的」，而不是在「可能的」意義上去理解。但是，他又說，這有時是被忽略的[19]。誰能忽略這一點呢？自然是亞里士多德自己或者他的某些學生，正由於ἐνδέχεσθαι一詞的歧義性而造成的。在《解釋篇》中，ἐνδεχόμενον與δυνατόν表示同一含義[20]，而在《前分析篇》中，它具有兩種意義。一個詞在兩種意義上使用總是危險的，這

---

[18] 大衛．羅斯編：《前分析篇》，第四十四頁；也參閱載於第二八六頁的有效表。

[19] 《前分析篇》，i.14, 33^b21……「不應該在『必然的』意義上來理解『可能的』，而應該按照上面引述的定義來理解，但是這有時被忽視。」

[20] 參閱第二六九—二七〇頁。

兩種意義可能在無意中被混淆，這種危險正像使用具有同一意義的兩個不同的詞一樣。亞里士多德有時說ἐγχωρεῖ以代替ἐνδέχεται，而也將後者在兩種意義上使用㉑。我們不能總有把握地確定他在什麼意義上使用ἐνδέχεται一詞。或許正是這個名詞的歧義性導致了他和他的朋友德奧弗拉斯特斯和歐德謨斯的爭論。因此，亞里士多德在引進偶然性以前，沒有分別論述具有可能前提的各式。這是深爲遺憾的。我們將彌補這個缺陷，而這個缺陷至今仍未爲學者們所注意。

我們首先考察換位律。亞里士多德是在《前分析篇》第一卷第三章開始說明這些定律的，在那裡他說ἐνδέχεσθαι一詞具有幾種含義。然後他在對這個名詞的不同含義沒有給予解釋的情況下說：肯定命題的換位律對於ἐνδέχεσθαι的各種含義都是一樣的，但是否定命題的換位律對此卻有區別。他明白地陳述了：或然命題「每一個b可能是a」和「有些b可能是a」（我使用「可能」一詞，爲的是包括兩類或然命題），可以換成命題「有些a可能是b」，它給出了可能性的公式：

121. CMAbaMIab　和　122. CMIbaMIab.

㉑ 例如，參照《前分析篇》，i.3, 25^b10（見第三七八頁注㉒）和i.9, 30^a25（第三七四頁注⑰）以及i.13, 32^b27（第三八〇頁注㉓）。

全稱否定命題的換位律只是用例子解釋的，從這個例子我們可以得出公式：

123. CMEbaMEab.

特稱否定可能命題不能換位就被默然假定了[22]。由此我們看到，亞里士多德在論述可能命題的換位律時多少有些粗心。他顯然不認爲「可能性」概念具有任何重要意義。

公式121—123是正確的，並且容易從類似的關於實然命題的換位律借助於定理。

19. CCpqCMpMq

---

[22] 《前分析篇》，i.3, 25^a37—25^b14，「『可能的』一詞具有各種不同的含義……所有那些肯定判斷，其換位元的情況完全是一樣。的確，如果A可能屬於所有的或有些B，那麼B也可能屬於有些A……（25^b3）而否定判斷的情況卻不是這樣。但是，在我們將『可能的』理解為或者是必然不屬於，或者是不必然屬於的地方，其情況卻完全是一樣……（25^b9）因為如果任何一個人可能不是馬，那麼，任何一匹馬也可能不是人……（25^b13）特稱否定判斷的情況也是一樣。」

而推出。這同一定理，即強的M-擴展定律，可以使我們建立帶有可能前提的整個三段論理論。借助於古典命題演算我們從19式得出下述公式：

124. CCpCqrCMpCMqMr和

125. CCpCqrCpCMqMr.

公式124得出帶有兩個可能前提和一個可能的結論的式，因此，我們只需要在有效的實然式的前提和結論前面加上可能性的記號就行了。例如，按照124式，從實然的Barbara式通過替代p/Aba，q/Acb，r/Aca，我們就得出三段論：

126. CMAbaCMAcbMAca.

公式125產生了帶一個實然前提和一個可能前提的式，究竟是怎樣排列，那是無關緊要的，例如：

127. CAbaCMAcbMAca 和 128. CMAbaCAcbMAca.

這個系統是非常豐富的。任何前提可以借助於以必然命題去代替相應的實然的或或然的命題而得以強化。除此以外，還有帶一個或然前提和一個必然前提的式，它按照下述公式得出必然的結論：

129. CCpCqrCMpCLqLr.

這樣，我們就有了例如下式

130. CMAbaCLAcbLAca，

它與德奧弗拉斯特斯和歐德謨斯所斷定的結論最弱部分規定的規則相矛盾。

我認爲，亞里士多德僅僅承認了（自然不是最後一個三段論式，而是）帶有可能前提的式，特別是126式和128式。確實，在《前分析篇》中有一個關於或然三段論理論的有趣的導言，照我看來，這個導言既可以用於可能性，也可以用於偶然性。亞里士多德說，「爲b所表述的任何東西，a都可能加以表述」，這個表達式具有兩重意義，這句話最好的翻譯看來是這樣：「對於所有的c，如果每一個c是b，那麼，每一個c可能是a」和「對於所有的c，如果每一個c可能是b，那麼，每一個c可能是a」。後來他又說，表達式「爲b所表述的任何東西，a也可能加以表述」與「每一個b可能是a」具有相同的意思㉓。這樣，我們就有兩個等值式：「每一個b可能是a」或者意味著「對於所有的c，如果每一個c是b，那麼，每一個c可能是a」，或者意味著「對於所有的c，如果每一個c可能是b，那麼，每一個c可能是a」。如果我們是在可能性這個意義上來解釋「可能」一詞，那麼，我們就得出公式：

131. QMAbaΠcCAcbMAca和

132. QMAbaΠcCMAcbMAca，

它們在我們的模態邏輯系統中都是眞的，而從它們就容易推出128和126式來。但是，如果是在偶然性意義上來解釋「可能」一詞（亞里士多德似乎正是這樣認爲的），那麼，上面所得的公式就成爲錯誤的了。

㉓《前分析篇》，i.13, 32^b27，「……如果說：『A可能屬於B所表述的東西』，這表示兩種意思中的一種：或者它屬於B所表述的東西，或者它屬於B可能表述的東西。『A可能屬於B所表述的東西』與『A可能屬於所有的B』表示同樣的意思。」

五九、偶然命題的換位律

亞里士多德在繼續闡述他的模態命題的換位律時，於《前分析篇》的開始部分說道，全稱否定的偶然命題不能換位，然而特稱否定的偶然命題卻是可以換位的。㉔這個奇怪的斷定要求細心地加以研究。我首先不是從我的模態系統的觀點，而是從亞里士多德和所有邏輯學家都接受的基本模態邏輯的觀點去批判地討論這個斷定。

按照亞里士多德的意見，偶然性是既非必然也非不可能的。偶然性的這個含義是明顯地包括在亞里士多德的有點臃腫的定義之中，並且爲亞歷山大精確地證實了的。㉕我們重複這一點是爲了保證充分的清晰性：「『p是偶然的』，它的意思與『p不是必然的並且p不是不可能的』完全相同」，或者用符號表示：

48. QTpKNLpNLNp.

㉔《前分析篇》，i.3, 25^b14，（繼續第三七八頁注㉒引述的原文）「而如果說的是作為最常發現的和事物的本性的可能（按照我們給可能所下的定義），那麼關於否定判斷的換位元的情況卻不是這樣，因為全稱否定判斷不能換位，而特稱否定判斷可以換位。」

㉕參閱上面的第四十五節，特別是第三〇九頁注㊸和第三一二頁注㊺。

這個公式顯然等值於表達式

50. QTpKMpMNp，

即：偶然的東西是可能存在也可能不存在的。

公式48和50是非常一般的並且適用於任何命題p。讓我們將它們用於全稱否定命題Eba。我們從50得出：

133. QTEbaKMEbaMNEba。

因爲NEba等值於Iba，我們又有：

134. QTEbaKMEbaMIba.

現在我們從換位律：

123. CMEbaMEab和 122. CMIbaMIab

可以推出：MEba等值於MEab，而MIba等值於MIab；由此我們有：

135. QKMEbaMIbaKMEabMIab.

這個公式的第一部分KMEbaMIba等值於TEba，第二部分KMEabMIab等值於TEab；由此，我們得出結論：

136. QTEbaTEab.

這個公式表示，偶然的全稱否定命題是可以換位的。

爲什麼當亞里士多德有其爲此所需的一切前提的時候，會看不到這個簡單的證明呢？這裡我們接觸到他的模態邏輯的被污染的另一部分，這比亞里士多德的必然性觀念使之所受的創傷更難醫治。現在讓我們看一看，他是企圖怎樣否證公式136的。

亞里士多德非常一般地陳述過：帶有對立主目的偶然命題，它們的主目可以相互交換。下述例子將說明這個不十分清楚的公式。「偶然地b是a」，可以與「偶然地b不是a」互換；「偶然地每一個b是a」可以與「偶然地每一個b不是a」

互換；「偶然地有些b是a」可以與「偶然地有些b不是a」互換㉖。這一類的換位，我按照大衛．羅斯爵士的意見，稱之爲「補充的換位」。㉗

亞里士多德會由此斷定，命題「偶然地每一個b是a」與命題「偶然地任何b都不是a」可以互換，或者用符號表達：

(ι) QTAbaTEba（爲亞里士多德所斷定）。

這是他的證明的出發點，這個證明是用歸謬法作出的。他實際上是這樣證明的：如果TEba與TEab可以互換，那麼，TAba與TEab也可以互換，而因爲TEab與TAab可以互換，我們就得出錯誤的結果：

㉖《前分析篇》，i.13, 32^{a}29，「由此產生，所有關於可能的前提都可以互相換位。我指的不是肯定前提可以換成否定前提，而是指可以轉換為和它相互反對的具有肯定形式的前提，例如：『可能屬於』換成『可能不屬於』。而也可以將『可能屬於所有的』換成『可能不屬於任何一個』或『不屬於所有的』，也可以將『可能屬於有些』換成『可能不屬於有些』。」

㉗大衛．羅斯編：《前分析篇》，第四十四頁。

(ϰ) QTAbaTAab（爲亞里士多德所排斥）㉘。

對這樣的論證我們需要說些什麼呢？十分顯然，亞里士多德所採用的偶然性定義引申出偶然的全稱否定命題的可換位性。因此，否定這種換位元必定是錯誤的。因爲它在形式上是正確的，錯誤一定出於前提，而由於這種否證所根據的有兩個前提：被斷定的公式(ι)和被排斥的公式(ϰ)——因此，或者斷定(ι)是錯誤的，或者排斥(ϰ)是錯誤的。然而這不可能在基本模態邏輯的範圍內加以決定。

在基本模態邏輯的範圍內，我們只能說，被斷定的公式(ι)的眞不是由所採用的偶然性定義所證實的。從定義：

㉘《前分析篇》，i.17, 36b35，「首先應該證明的是：可能屬於的否定判斷不能換位。例如，如果A可能不屬於任何一個B，那並不必然地B可能不屬於任何一個A。假設是這樣，而且假設B可能不屬於任何一個A，由於可能屬於的肯定判斷允許將它換成否定的與它相矛盾的或相反對的判斷，而B可能不屬於任何一個A，那顯然，B還可以屬於所有的A。但這是不正確的，因為如果這種東西可能屬於所有的那種東西，則不是必然地所有那種東西可能屬於這種東西。所以，可能屬於的否定判斷不能換位。」

50. QTpKMpMNp

通過替代p/Np，我們得出公式QTNpKMNpMNNp，而由於按照基本模態邏輯命題9，MNNp與Mp等值，我們有

137. QTNpKMpMNp.

從50和137推出結果：

138. QTpTNp，

將這個結果運用於前提Eba，我們得出：

139. QTEbaTNEba　或　140. QTEbaTIba，

因爲NEba與Iba意義相同。我們看到，QTEbaTIba從偶然性定義得到證實，但QTEbaTAba未得證實。這後一公式卻被亞里士多德錯誤地斷定了。

如果我們考察了亞里士多德對用歸謬法證明TEba的換位律的企圖所作的反駁，我們就會更清楚地了解到這個錯誤。這種企圖就是：如果我們假定偶然地任何b都不是a，那麼，偶然地任何a都不是b，因爲，如果後一命題是假的，那麼，必然有些a是b，而由此必然有些b是a，這和我們的假定是相矛盾的㉙。用符號形式表示就是：如果假定TEba是眞的，那麼，TEab也應當是眞的。因爲從NTEab可推出LIab，從而又推出LIba，這與假定TEba是不相容的。

亞里士多德駁斥了這個論證，正確地指出LIab不是從NTEab推出的㉚。確實，按照48式，我們有等值式：

141. QTEabKNLEabNLNEab或者

㉙《前分析篇》，i.17, 37ª9，「但是用歸謬法不可能證明這些命題的可換位性。例如，如果誰允許自己作出這樣的推論：由於B可能不屬任何一個A，這是假的，那B不可能不屬於任何一個A，這就是真的，因為一個命題是另一個命題的矛盾。但是如果這是正確的，那麼B就必然屬於有些A，所以，A也必然屬於有些B，就是真的。但這是不可能的……」

㉚《前分析篇》，i.17, 37ª14（繼續上面的注釋）。「因為如果B不可能不屬於任何一個A，那麼，不是必然地它就屬於有些A，因為表達式『不可能不屬於任何一個』可以在兩重意義上使用：第一種意義是必然屬於有些，第二種意義是必然不屬於有些。」

142. QTEabKNLEabNLIab.

於是將QNKNpNqHpq，即所謂「德．摩爾根定律」之一，[31]用於NTEab，我們有公式：

143. QNTEabHLEabLIab.

可以看到，借助於143式和斷定命題CCHpqrCqr，我們可以從LIab推出NTEab，但是逆換的蘊涵式卻不能成立，因爲從NTEab，我們只可能推出析取式HLEabLIab，從這個析取式自然不能推出LIab。這個企圖要作的證明是錯誤的，但不能由此得出被證明的結論是假的。

在這化歸的過程中，有一點值得我們注意，代替143式，亞里士多德明顯地斷

---

[31] 它們真正地應該稱為奧卡姆定律，因為據我所知，奧卡姆第一個陳述了它們。見：波埃納爾：《經院哲學中德．摩爾根定律的歷史的考察》（*Bemerkungen zur Geschichte der De Morganschen Gesetze in der Scholastik*）載《哲學文庫》（*Archiv für Philosophie*），一九五一年九月，第一一五頁注。

定了公式：

(λ) QNTEabHLOabLIab，

這個公式不能用定義48加以證實。對於NTAab的情況也相同，他斷定了公式：[32]

(μ) QNTAabHLOabLIab，

它仍然不能用48式加以證實，而正確的公式是

144. QNTAabHLOabLAab.

從(λ)和(μ)，亞里士多德可以推出等值式QNTAabNTEab，而後推出(ι)，而(ι)不是由他的偶然性定義所證實的。

---

[32]《前分析篇》，i.17, 37^a24，「因此，『可能屬於所有』以及：『必然屬於有些』和『必然不屬於有些』相反對。」

六十、糾正亞里士多德的錯誤

亞里士多德的偶然三段論的理論充滿著嚴重的錯誤。亞里士多德從他的偶然性定義沒有得出正確的結論，並且他否定了全稱否定偶然命題的可換位性，雖然這種可換位性顯然是可以允許的。但是，他的威望是這樣的高，以致很有才能的邏輯學家們在過去都不能看出這些錯誤。很明顯，如果有人（例如，阿爾布列希特·貝克爾）接受了以 p 作爲命題變項的定義：

48. QTpKNLpNLNp，

那麼，他也應當接受公式：

141. QTEabKNLEabNLNEab，

這個公式是從48式通過替代p/Eab而推出的。而因爲通過正確的邏輯變換，公式141產生斷定命題

143. QNTEabHLEabLIab，

他也應當接受143式。但貝克爾爲了偏心於自己虛構的產物即所謂「結構的公式」，卻排斥了這個斷定命題。[33]

前一節的評述是從基本模態邏輯的觀點作出的，而基本模態邏輯是一個不完整的系統。現在讓我們從四值模態邏輯的觀點來討論這個問題。

從亞里士多德的偶然性定義我們得出結果138式，QTpTNp，從它我們可以推出蘊涵式：

145. CTpTNp.

現在我們從前提：

51. CδpCδNpδq（C—N—δ—p系統的公理）

146. CCpCqrCCpqCpr（弗雷格原則）

---

[33] 參閱A.貝克爾：《亞里士多德的可能性推論的學說》，第十四頁，那裡公式$T_{11}=48$（用另一種符號記述的，不過帶有命題變項P）是被接受的。而在第二十七頁，公式143是被排斥的。

得出結果：

51. δ/T'×147

147. CTpCTNpTq

146. p/Tp, q/TNp, r/Tq×C147—C145—148

148. CTpTq，

而由於逆換的蘊涵式CTqTp也是眞的，因爲它通過148式中的替代p/q和q/p可以得到證明，我們有了等值式：

149. QTpTq.

從149式我們通過替代首先得出換位律136式QTEbaTEab，然後又得出公式(ι) QTAbaTEba（它爲亞里士多德所斷定）和公式(κ)QTAbaTAab（它爲亞里士多德所排斥）。我們現在可以肯定，亞里士多德駁斥換位律的缺陷是在於：亞里士多德錯誤地排斥了(κ)。

公式QTpTq表明函項Tp的眞值是不依賴於主目p的；這表示Tp是一個常項。

我們實際上從五十二節知道KMpMNp（它是Tp的定義項）具有恆值3，所以，Tp也具有恆值3而在任何時候都不是眞的。因爲這個原因，Tp不可以適用於標誌一個在亞里士多德意義上的偶然命題，因爲亞里士多德相信有些偶然命題是眞的。Tp應當爲Xp或Yp所代替，也就是說，換成函項：「p是X-偶然的」，或者它的孿生式：「p是Y-偶然的。」我將只考察X-偶然性，因爲對於X-偶然性是眞的東西，對Y-偶然性也同樣是眞的。

首先，我想指出，全稱否定偶然命題的可換位性不依賴於任何關於偶然性的定義。因爲Eba等值於Eab，按照擴展原則CQpqCδpδq（它是從我們的公理51推出來的），我們應當斷定公式

150. CδEbaδEab.

從150我們得出對δ的任何值皆眞的命題，因此同樣也對δ/X'爲眞：

151. CXEbaXEab.

亞歷山大說到，德奧弗拉斯特斯和歐德謨斯與亞里士多德不同，他們斷定了全

稱否定偶然命題的可換位性[34]，但是在另一處地方他又說，在證明這個定律時，他們使用了歸謬法[35]。這看來是值得懷疑的，因爲由亞里士多德在這個問題上所作的唯一正確的事情就是駁斥用歸謬法去證明可換位性，這種駁斥不可能不爲他的學生們所知。歸謬法可以用於從CLIbaLIab證明全稱否定命題的可換位性，是當這些命題是可能的（即證明CMEbaMEab），而不是當它們是偶然的時候。另一個證明是由亞歷山大在上述引文的後面所提供的，但是，他沒有充分清晰地將它表述出來。我們知道德奧弗拉斯特斯和歐德謨斯將全稱否定前提（Eba和Eab）解釋爲標誌b與a之間的一種對稱的分離關係[36]，他們可能由此論證了：如果偶然地b與a是分離的，那麼，也偶然地a與b是分離的[37]。這個證明遵守了擴展原則。無論如何，

---

[34] 亞歷山大，220.9.「德奧弗拉斯特斯和歐德謨斯……肯定，可以使可能屬於的全稱否定命題換位，因為可以使屬於和必然屬於的全稱否定命題換位。」

[35] 亞歷山大，223.3，「關於可能屬於的全稱否定命題換位的可能性可以用歸謬法加以證明。而他的朋友也正是使用了這種證明。」

[36] 參閱亞歷山大，31.4—10。

[37] 亞歷山大，220.12，「他們用下面的方式證明換位元的可能性：『如果A可能不屬於任何一個B，那麼B也可能不屬於任何一個A。因為A可能不屬於任何一個B，那麼，由於A不屬於B，所有的A就可能分離於所有B所包括的東西。但是如果是這樣，那麼B也分離於A。如果是這樣，那麼B可能不屬於任何一個A』。」

德奧弗拉斯特斯和歐德謨斯糾正了亞里士多德在偶然性原理上所犯的嚴重錯誤。

其次，從X-偶然性的定義

82. CδKMpWNpδXp

得出：所謂「補充的換位」是不能允許的。QTpTNp是眞的，但是QXpXNp應當被排斥，因爲它的否定式，即：

152. NQXpXNp

在我們的系統中作爲可用眞值表方法加以驗證的命題而被斷定。所以，在我們的系統中，將命題「偶然地每一個b是a」換成命題「偶然地有些b不是a」，或者換成命題「偶然地任何一個b都不是a」，是不正確的；亞里士多德所斷定的這些變換沒有任何證明。[38]我認爲，亞里士多德是由於「偶然的」（ἐνδεχόμενον）一詞的

[38] 參閱第三九〇頁注[26]。

歧義性而被導致一個關於「補充換位」的錯誤觀念。在《解釋篇》中，他將這個詞用作「可能的」（δυνατόν）一詞的同義詞[39]，並且在《前分析篇》中繼續在這個意義上使用，雖然語句「p是偶然的」在這裡具有另一種含義，即：「p是可能的，並且非p是可能的。」如果在後一語句中像亞里士多德公開所作的那樣，用「偶然的」一詞代替「可能的」一詞，那麼，我們就得出廢話：「p是偶然的」與「p是偶然的，並且非p是偶然的」意義是相同的。據我所知，這種廢話到現在爲止沒有爲任何人所注意到。

第三，從定義82推出，Xp比Mp更強，因爲我們有斷定命題：

153. CXpMp

但不能反轉過來。這個斷定命題很重要，因爲它使我們可以稍加修正就能保留住大多數帶有偶然前提的三段論，雖然亞里士多德在這一方面犯了很嚴重的錯誤。

---

[39] 參閱第二六九頁。

六、有偶然前提的各式

沒有必要詳盡地敘述帶有偶然前提的三段論的各式，因爲亞里士多德的偶然性定義是錯誤的，而他的三段論應當按照正確的定義加以重新改造。但是這種改造看來不值得去枉費時間，因爲一個帶有偶然前提的三段論是否能終究找到一個有效的應用，是十分值得懷疑的。我認爲有下面一般的評述就足夠了。

首先，可以證明，亞里士多德的所有帶有一個偶然結論的式都是錯誤的。讓我們舉帶有偶然前提和偶然結論的Barbara式爲例，即式

*154. CXAbaCXAcbXAca.

這個式雖然爲亞里士多德所斷定，[40]卻是應當被排斥的。設Aba和Acb是假的，而Aca是眞的。這個條件滿足Barbara的實然式，但是，運用眞值表M9和M15，我們從154式得出下述等式：CX0CX0X1＝C3C32＝C32＝2。同樣地，爲亞里士多德

[40] 《前分析篇》，i.14, 32^b33，「如果A可能屬於所有的B，而B可能屬於所有的C，那麼得出一個完全的三段論，其結論是A可能屬於所有的C。從定義來看這是明顯的。因為我們正是這樣來理解：『可能屬於所有的』。」

所斷定的式[41]

*155. CXAbaCAcbXAca，

也應當被排斥，因爲，當Aba＝0和Acb＝Aca＝1時，我們有：CX0C1X1＝C3C12＝C32＝2。當我在第五十八節末尾時說：如果我們將ἐνδέχεσθαι解釋爲「偶然的」，亞里士多德所斷定的公式131和132就成爲錯誤的了，我所指的正是154和155兩公式。也可以說，如果用T代替X的話，公式154和155就成爲眞的，但是T-偶然性乃是一個無用的概念。

其次，所有通過補充換位所得出的式，都是應當被排斥的。我將用一個例子來說明，亞里士多德是怎樣處理這一類式的。他將公式

*156. QXAbaXEba

---

[41] 《前分析篇》，i.15, $33^{b}25$，「如果現在假定一個前提是關於簡單屬於的判斷，而另一個是關於可能屬於的判斷，並且包括大項的前提是關於可能屬於的判斷，那麼整個三段論是完全的，並且按照所引述的定義，同時具有一個關於可能屬於的結論。」

用於154式，（公式156是應當被排斥的，取Aba＝1，並且Eba＝0），就得出下列各式：

*157. CXAbaCXEcbXAca

*158. CXEbaCXEcbXAca，

它們也是應當被排斥的[42]。爲了表明這一點，只需以這樣一種方式去選取157式的詞項a、b和c就夠了，即Aba＝Ecb＝0，而Aca＝1，也可以用這樣一種方式去選取158式的詞項，即Eba＝Ecb＝0，而Aca＝1。那時，在兩種情況下我們都有：CX0CX0X1＝C3C32＝C32＝2。

---

[42] 《前分析篇》，i.14, 33^a5，「……如果A可能屬於所有的B，而B可能不屬於任何一個C，那麼從所採用的前提不能得出任何三段論。而如果使前提BC按照可能〔屬於〕的命題換位，那就得出與前面相同的三段論。」33^a12，「如果在兩個前提中將否定與可能性的表達結合起來，情況也是一樣。我指的是這樣一種情況，例如，當A可能不屬於任何一個B，而B可能不屬於任何一個C。從所採用的前提的確不能得出任何三段論，但是如果使它們換位，那麼又得出與前面相同的三段論。」

看來亞里士多德是不太相信這樣一些式的，因爲他甚至不稱它們爲三段論。他只說，它們可以通過補充的換位化歸爲三段論。但是，通過通常的換位化歸的式是被他稱爲三段論的；如果兩種換位是同樣有效的，那麼，爲什麼他要在通常的換位和補充的換位之間造成某種區別呢？

亞歷山大對這個問題做了說明，他在注釋這段引文時提到他的老師論偶然性的兩個具有本體論意義的非常重要的意見：「在一個意義上『偶然的』意指『通常的』（ἐπί τὸ πολύ），但不是『必然的』或『自然的』，例如，偶然地在人的頭上長出白髮；在另一個意義上它意指某種不確定的東西，它可能是這樣，也可能不是這樣，或者一般地意指那種碰機會的東西。在兩種意義上，偶然命題的相互矛盾的主目可以換，但不是由於同樣理由：『自然的』命題之所以可以轉換是因爲它們不表達某種必然的東西，『不定的』命題之所以可能轉換是因爲在那種情況下沒有一種使它成爲這樣比不成爲這樣更強的趨勢。沒有關於不定的東西的科學或三段論的論證，因爲中項只是偶然地連繫於端項；只有關於『自然的』命題才有這樣的東西。而大多數論證和探究都涉及在這個意義上的『偶然的』東西。」㊸

㊸《前分析篇》，i.13, 32^b4—21，「『是可能的』在兩種意義上加以使用：一種意義是『可能的』指那經常發生但不是必然發生的東西。例如人長出白髮……這對人來說按其本性一般都要發生……

亞歷山大論述了這節引文。他的思想看來是這樣：如果我們舉出任何一個在科學上有用的三段論，它的前提是在「通常的」（ἐπὶ τὸ πολύ），或者甚至在「極爲通常的」（ἐπὶ τὸ πλεῖστον）這個意義上的偶然的，那麼，我們就得出前提和一個結論，它們的確是偶然的，但是很少（ἐπ᾽ ἄλαττον）能實現的，這種三段論是無用的（ἄχρηστος）。或者這正是爲什麼亞里士多德拒絕將這樣得出的東西稱爲三段論的原因。[44]

另一種意義是，『是可能的』表示某種不確定的東西，它可以是這樣也可以不是這樣……一般來說，它都是那種碰機會的東西。」$32^{b}13$，「所以，這兩種形式的可能性的判斷，每一個都可以與它的反對的判斷互換，但不是以同樣的方式：按事物本性發生的判斷可以換成並非必然屬於的判斷……而不定事物的判斷可以換成在同樣方式上可以這樣也可以那樣的事物的判斷。沒有關於不定可能性的科學，也沒有關於它的直接三段論，因為其中缺少牢固地確立起來的中項。但是按事物本性發生的判斷卻有這樣的中項。而一般的討論和研究都是涉及這最後意義上的可能。」

[44] 亞歷山大，169.1，「關於可能屬於的否定命題多半難以換成肯定命題。」5，「如果我們提出這樣的前提，那麼就得出三段論，但是這種三段論，正如他自己所說的那樣，沒有任何用處。因此，當我們研究這種結合時……就發現它們是無益的，並且沒有三段論的性質。」10，「當他說：『或者不能得出三段論』時，他自己也正好同樣猜到了這一點。」對照W.D.羅斯關於這一段的譯文，見所編《前分析篇》第三二六頁。

這一點比任何其他的地方都更暴露出在亞里士多德三段論中的一個主要錯誤，即他對單稱命題的忽視。可能一個個體Z，當他衰老時頭髮就要變白，的確這是可能的，雖然不是必然的，因爲這是自然的趨向。也有可能，雖然寧可說未必就會，Z的頭髮不變白。亞歷山大說到關於可能性的不同等級，這話當運用於單稱命題時是眞實的，但是當運用於全稱或特稱命題時就變成錯誤了。如果沒有一般的規律規定每一個老人的頭髮都要變白，因爲這只是「通常的」，而有些老人的頭髮並不變白，那麼，後述的命題自然是眞的，也因而是可能的，但前述的命題卻完全是假的，而從我們的觀點看來，一個虛假的命題是既非可能是眞的，也非偶然爲眞的。

第三，從一個帶有可能前提的有效式通過將一個可能的前提代之以相應的偶然前提，我們可以得出另一些有效式。這個規則是根據於公式153，這個公式陳述Xp比Mp較強，而且顯然，任何一個蘊涵式，如果它的一個或者更多的前件被一個較強的前件所代替，那麼，它將仍是眞的。例如，我們從

126. CMAbaCMAcbMAca得出

159. CXAbaCXAcbMAca式，

而從

128. CMAbaCAcaMAca得出

160. CXAbaCAcbMAca式。

將排斥式154與155和斷定式159與160加以比較，我們看到，它們的差別只在於在結論中以M替代了X。如果我們考查了亞里士多德帶有或然前提的三段論各式的表（它由大衛·羅斯爵士所提供㊺）。我們就會發現它有一個有用的規則：通過這樣一個很小的修正——在結論中以M代換X，所有這些式都變成有效式。只有通過補充換位得出的各式不能得到改正，而必須確定地加以排斥。

六、模態邏輯的哲學含義

表面上似乎亞里士多德的模態三段論即使經過了修正都不能有效地運用於科學或哲學問題。但是，實際上，亞里士多德的模態命題邏輯不論從歷史的觀點還是從系統的觀點來看，對於哲學都具有重大的意義。在他的著作中可以找到對於一個完整的模態邏輯體系所需要的一切因素，如基本模態邏輯和擴展性原理。但是亞里士

㊺大衛·羅斯編：《前分析篇》，第二八六頁。在結論中，標誌C每一處都應當代之以P。

多德不能以正確的方式將這些因素組合起來。他不了解命題邏輯，這種邏輯是由在他之後的斯多亞派所創立的；他默然地斷定了邏輯的二值原則，按照這種原則，一切命題或者是眞的或者是假的，而模態邏輯卻不可能是一個二值系統。當他討論未來海戰的偶然性時，他已非常接近於一個多值邏輯的概念，但是他沒有著重發展這個重要的思想，而經過多少世紀他的啓示依然沒有成果。正由於亞里士多德的這種啓示，我才能夠在一九二〇年發現這個觀念，並且建立了與至今已知的邏輯（我稱之爲「二值邏輯」）相對立的第一個多值邏輯系統，而這樣引入的一個術語，現在已爲邏輯學家們所普遍接受[46]。

在柏拉圖的理念論的影響下，亞里士多德發展了一個普遍詞項的邏輯，並且陳述了關於必然性的觀點，這種觀點照我看來，對於哲學是有害的。將本質的屬性歸之於客體的命題，按照他的意見，不僅事實上是眞的，而且必然是眞的。這種錯誤

---

[46] 參閱楊．盧卡西維茨：《二值邏輯》（*Logika dwuwarto ś ciowa*），載《哲學評論》（*Przeglad Filozoficzny*），第二十三期，華沙（一九二一年）。這篇論文中涉及二值原則的一節，由西爾平斯基譯成法文。《集代數》（*Algèbre des ensembles*），載《數學論文》（*Monografie Matematyczne*），第二十三期，第二頁，華沙─佛羅克拉夫（一九五一年）。在第二二九頁注①中所提到的我這篇論文的德文版的附錄是用以闡述這個原則在古代的歷史。

的區分正是一個導致將科學分爲兩類的長期發展的開始：一類是由必然性原理所組成的先驗的（a priori）科學，如邏輯和數學；另一類主要是由根據經驗作出的實然命題所組成的後驗的（a posteriori）或經驗的科學。這種區分，我認爲是錯誤的。眞正的必然命題是沒有的，而從邏輯的觀點看來，數學眞理與經驗眞理之間是沒有區別的。模態邏輯可以描述爲普通邏輯通過導入一個「較強的」和一個「較弱的」肯定而實現的一種擴充；必然的肯定Lp比實然的肯定p強，而或然的肯定Mp比實然的肯定弱。如果我們使用非通用的語句「較強的」和「較弱的」去代替「必然的」和「偶然的」，我們就免除了某些與模態名詞相連繫的危險的聯想。必然性包括著強迫性，偶然性包括著機遇性。我們斷定「必然的」，是因爲我們感到不得不這樣做。但是，如果Lα只是一個比α較強的肯定，並且α是眞的，那麼，我們有什麼必要去斷定Lα呢？眞理是足夠強的，沒有必要有一個比眞理更強的「超眞理」。

亞里士多德的*a priori*是根據定義作出的分析命題，而定義是在任何科學中都可能出現的。亞里士多德的例子「人必然是動物」就是根據「人」是「兩足動物」這個定義作出的，這個例子就屬於經驗科學的範圍。自然，任何科學都應當有便當的精確構成的語言，而爲了這個目的，正確形成的定義是必不可少的，因爲它們解釋了詞的含義，但是它們不能代替經驗。一個人陳述一個分析命題「我是動物」（它所以是分析的，是因爲「動物」屬於人的本質）並不能傳達出有用的知識；與經驗的命題「我出生於一八七八年十二月二十一日」相比時就能看出，這是一句空話。如果我們希望了解人的「本質」究竟是什麼——如果有「本質」這樣一種東西的話——我們不能依賴於詞的含義，而應當探究人的個體自身，它們的解剖、組織、生理、心理情況等等，而這是一個沒有止境的任務。甚至今天說「人是一種不可知的生物」，這都是不足爲奇的。

對於演繹科學來說這也同樣是眞實的。任何演繹系統都不能建築在將定義作爲它的最後根據這樣的基礎上。每一個定義都須假定有某些基本詞項，通過這些詞項可以定義其他的詞項，但是基本詞項的含義又須要借助於根據經驗作出的例證、公理或規則加以解釋。一個眞的*a priori*總是綜合的。但是，它並不是由心靈的某種神秘的能力所產生，而是由在任何時候都能重複的極爲簡單的實驗所產生。如果通過觀察我知道在某個票箱裡只裝有白球，那麼我可以*a priori*地說從箱子裡只能取出一個白球。而如果箱子裡裝著白球和黑球，並且從裡面一次取兩個，那麼，我可以*a priori*地預先說，只有四種組合可能出現：白球和白球，白球和黑球，黑球和白球，黑球和黑球。邏輯和數學的公理就是以這樣的實驗爲基礎的；在*a priori*和*a posteriori*科學之間不存在任何根本的區別。

雖然亞里士多德對必然性的論述，照我看來是一種失敗，但是，他的對立的可能性（ambivalent possibility）或偶然性的觀念卻是一種重要的和豐富的思想。我認爲，這思想可以成功地用來駁斥決定論。

根據決定論，我了解一個原理，它斷定：如果某個事件E在t瞬間發生，那麼，E在t瞬間發生對t以前的任何時刻都是眞的。支持這種原理的最有力的論據是建築在因果律的基礎上，這個定律斷定每一個事件都有一個原因，這個原因存在於在它之前的事件中。如果是這樣，那麼，顯然所有未來的事件都有原因，它在今天就存在，並且自古以來就存在，所以，一切都是預先決定了的。

但是，因果律就其最大的普遍性來說，只應當看作是一種假說。自然，天文學家們眞的能夠依靠某些支配宇宙的已知規律，高度精確地預言天體在未來年代的位置和運動。正當我寫完前面的句子時，一隻蜜蜂嗡嗡地飛過我的耳朵。我是不是相信，這個事件在無限久之前就爲支配宇宙的某些未知的規律所預先決定了呢？接受這種思想，看來像比之依靠可以科學地加以驗證的斷定，更爲喜歡沉醉於奇怪的思辨。

但是，即使我們認爲因果律普遍地是眞的，上面提供的論證也不是最終的。我們可以假定，每一個事件都有一個原因，都不是碰機會發生的，然而產生一個未來事件的原因的鏈條，雖然是無限的，卻不會達到現在的時刻。這可以用一個數學的類比來解釋。讓我們用0來標誌現在的時刻，用1標誌未來事件的時刻，而用大於1/2的分數標誌它的原因的時刻。因爲不存在大於1/2的最小的分數，每一個事件都有一個在較早事件中的原因，但是這些原因和結果的整個鏈條都有一個在1/2時刻晚於0的極限。

所以，我們可以假定，亞里士多德所說的明天的海戰，雖然它也有一個原因，而這個原因同樣又有自己的原因，如此等等，但是，在今天卻沒有一個原因。同樣，我們可以假定，今天也不存在某種東西，它會防止明天發生海戰。如果眞理在於思想符合於現實，那麼，我們可以說，那種符合於今天的現實或者符合於爲今天存在的原因所預先決定了的未來的現實的命題，今天是眞的。由於明天的海戰今天未成爲現實，而它明天實現或不實現在今天缺少現實的原因，那麼，命題「明天將發生一場海戰」在今天既不眞也不假。我們只能說：「明天可能發生一場海戰」和「明天可能不發生一場海戰」。明天的海戰是偶然的事件，而如果有這樣的事件，那麼，決定論就被反駁掉了。

索引❶

(一)

A

阿蒙尼烏斯（Ammonius），論邏輯和哲學的關係，（25）；——與他的殘篇一起保存下來的注釋，（59）。
阿普裡烏斯（Apuleius），由於改變前提的次序而遭到外茲的非難，（51注①）。
阿威羅伊（Averroes），論加倫的第四格，（58）。
埃奈西德謨斯（Aenesidemus），（84，85注①）。
奧卡姆（Ockham），他的定律，（270注②）。

B

柏拉圖（Plato），關於他對亞里士多德邏輯的影響的假設，（16，281）；——複合三段論的例

---

❶ 這個索引分三部分：第一部分按中文拼音順序排列；第二部分按拉丁字母順序排列；最後部分按希臘文字母順序排列。——編者（此索引的頁碼同簡體版）

子，（59）。
柏拉圖主義者（Platonists），論邏輯和哲學的關係，（25）。
貝克爾（Becker,A），（211注②，249注②，271，272注①）。
貝克爾（Bekker,I），（40注①）。
被排斥的表達式（rejected expressions），用一個星號標誌，（133）。
必然的同一原則（apodeictic principle of identity），它的結果，（204-205）。
必然連繫（necessary connexions），命題的，（196—200）；——詞項的，（202—203）。
必然命題（apodeictic propositions），定義，（183—184）。
必然命題的換位（conversion of apodeictic propositions），與實然命題的換位類似，（249注①）。
必然性（necessity），用符號表達的它與可能性的關係，（186）；——簡單的必然性和條件的必然性，（197注①，207）；——假設的必然性，（208）；——亞里士多德的必然性原則，（206—210）；——作為規則解釋的必然性原則，（207—209）；——亞里士多德的必然性觀點對哲學是有害的，（281）；見：三段論的必然性。
變項（variables），由亞里士多德引入邏輯，（17—19）；——三段論的真不依賴於變項的外形，（19注④）；——兩個變項的等同不為亞里士多德所知，（20）；——它們的外延關係是不能決定的，（45—47）。
表達式（expression），有意義的，（112）；——初等的，（142）；——簡單的，（142）。
波埃納爾（Boehner, Ph.），（270注②）。
波亨斯基（Bochénski,I.M.），他關於《前分析篇》結構的假設，（43）。
補充的換位（complementarly conrersion），解釋（268）；——是不能允許的，（274—

275）。
不定前提（indefinite premiss），（14）：——作為特稱的對待，（14注①、②）。
不可判定表達式（undecidable expressions），（138）：——數目是無窮的，（141）。
不可判定表達式的數目（number of undecidable expressions），是無窮的（如果沒有斯盧派斯基的規則），（141）。
不能證明的命題（indemonstrable propositions），αγαποδεικτοι，（64—65）。
不完全的三段論（imperfect syllogisms），第二格和第三格各式，（64—65）。
不嚴格（inexactness），亞里士多德表述的不嚴格，（31注①）。

C

蔡勒（Zeller,E.），（72）。
常函子（constant functors），亞里士多德的：A,E,I,O,（107）：——命題的：C,K,N,（108）,Q,（148,185注⑤），H,（225）：——具有一個主目的命題常函子：V,S,N,F,(224)：——模態常函子：L,M,(184),T,(211),W,(236),X,Y,(138—139);——同一的常函子：F,(204—205)。
成對的必然性（twin necessities），（239）。
成對的可能性（twin possibilities），解釋，（236—239）。
成對的偶然性（twin contingercies），（241）。
重言式（tautology），它的原則，（227）。
傳統的三段論（traditional syllogism），一個推論規則，（35—37）：——不同於亞里士多德的三段論，（34）：——既不真也不假，僅僅是正確的或不正確的，（36）：——弱於亞里

士多德的三段論，（36—37）。

詞項（term），前提的一部分，（12）；——普遍詞項，單一詞項，空詞項，（13）；——不同於begriff（觀念），（11注②）；——詞項的分類；（15—17）；——三段論要求齊一的詞項，（17）；——大項、小項和中項，（44—50）。

存在量詞（existential quantifiers），解釋，（88,116）；——規則，（89）；——用於顯示法的證明中，（89—95）。

D

大項（major term），結論的謂項，（50）；——亞里士多德給予錯誤的定義，（44）；——亞里士多德的定義由黑爾米魯斯加以修正，（49注②）；——亞歷山大關於這個問題的意見是不能同意的，（48—50）；——菲洛波努斯給予的古典的定義，（50注②）。

單一詞項（singular terms），亞里士多德給予的定義，（14注②）；——為什麼在他的三段論中省略了，（14—17）。

導出行（derirational line），（113）。

德奧弗拉斯特斯（Theophrastus），將第四格的各式加於第一格，（44注①，58注②）；——可能對第一格作出與亞里士多德不同的定義，（44）；——對亞里士多德的模態三段論作了修訂，（182）；——論必然性的意義，（207注②）；——對簡單的必然性和條件的必然性作出明確的區分，（207—209）；——他關於帶有混合前提的各式的學說，（252注②，254，257）。——他的pciorem規則（結論永遠由最弱的部分規定）為一個模態式所違反，（264）；——承認全稱否定偶然命題的可換位性，（273注①）。

德．摩爾根（De Morgan,A.），（270注②）。

227）；也見：δ-定義。
斷定（assertion），由弗雷格引入，在《數學原理》中採用，（120）。
斷定命題（thesis），演繹系統中的真命題，（34）；——不同於推論規則，（35）；——一個蘊涵的斷定命題與對應的推論規則的關係，（37）。
對當方陣（square of opposition），在《分析篇》中沒有提到，（34,67）。
對於n個詞項的有效各式和各格的數目，（number of valid moods and figures for n terms），（62—63）。

E

二值原則（principle of bivalence），（113）；——已為亞里士多德所默然採用，（281）；——盧卡西維茨闡述這個原則在古代的歷史，（281注①）。

F

範疇的系統（categorical system），（137）。
菲洛波努斯，約翰（Philoponus,John），論變項的重要性，（19注①）；——用ὑποβάλλειν標誌「替代」，（19）；——他關於大項和小項的定義，（50注②）；——在第二格中，大項和小項按照約定來確立，（50注③）。
分離規則（rule of detachment），斯多亞派的（modus ponens）（肯定前件的假言推理），（28,33,112）。弗雷格（Frege,G），現代命題邏輯的創立者，（71）；——將「斷定」引入邏輯，（125）。
分析命題（analytic propositions），定義，（203）；——不能看作是必然的，（206）。

G

L

萊布尼茲（Leibniz,G.W.），他對三段論的算術解釋，（172—177）；——引述必然性原則的公式，（207）。

量詞（quantifiers），全稱量詞用Π標誌，存在或特稱量詞用Σ標誌；（116）；——存在量詞的規則，（89）；——全稱量詞的規則，（119）；——全稱量詞等價於三段論的必然性，（23,121）；——存在量詞可以解釋顯示法證明，（86—95）；——全稱量詞在斷定的公式之前可以省略，（199）。

量化的表達式（quantified expressions），解釋，（116）。

列斯涅夫斯基（Leśniewski,S.），他的原始命題演算系統的一個斷定命題，（214）；——在命題邏輯中引入變項函子，（220）；——他的關於驗證帶有命題主目的變項函子的表達式的規則，（224）；——他書寫定義的方法，（225）。

劉易士（Lewis,C.L.），將「嚴格蘊涵」引入符號邏輯，（201）；——他的嚴格蘊涵區別於亞歷山大的必然蘊涵，（202）；——對他的模態系統一個細節的批判，（243—244）。

盧卡西維茨（Lukasiewicz,J.），論三段論的公理，（68，注③，125注①）；——論斯多亞派的邏輯，（71注①）；——他的模態邏輯系統，（183注①）；——論變項函子，（220注①）；——論模態邏輯的三值系統，（229注①）；——論亞里士多德模態三段論的問題，（251注①）；——論二值原則，（281注①）。

論證（arguments），用替換法論證，（21）；——斯多亞派的不合法的論斷，（27）；——ἐξ ὑποθεσέως（通過假設的）論證，（27注①）。

羅斯（Ross,Sir David），（18注①，40注①，68注①，69注②，211注①—②，254注③，262

注①，268注①，279注①，280注①）。
羅素（Russell,B.），（8注①）；——錯誤地批評亞里士多德，（9注①）；也見：《數學原理》。
邏輯（logic），它與心理學的關係，（23—25）；——與哲學的關係，（25）；——亞里士多德的邏輯是一個關於函子A,E,I,O的理論，（26）。

M

邁爾（Maier,H.），誤解了三段論的必然，（23注①）；——他關於這個主題的哲學思辨遭到反駁，（23）；——沒有將亞里士多德三段論與傳統的三段論加以區別，（37注①）；——接受亞里士多德關於大項、小項和中項的錯誤定義，（45注③）；——將前提的次序看作是固定的，（51注②）；——將詞項的外延關係認為是區分三段論為各格的原則，（54—56）；——接受只有兩個式的第四格，（57）；——相信存在一個三段論的原則，（70）；——不了解斯多亞派的邏輯，（72）；——不了解蘊涵式：「如果非p，那麼p」，（73）；——接受亞歷山大關於顯示法證明的解釋，（87注③）；——不了解關於排斥的證明，（96）。
邁納斯（Mynas），（58）。
麥加拉的菲羅（Philo of Mogara），將蘊涵定義為一個真值函項，（114注②，200，216）。
麥雷狄士（Meredith,C.A.），論具有n個詞項的格和式的數目，（62）；——論命題演算的擴展系統，（220,222注①）。
命題（proposition），逍遙學派的πρό-τασις（前提），（12）；——斯多亞派的ἀξίωμα（命題），（114注①）；——亞歷山大論直言命題與假言命題的區別，（180注①）；——函子

命題沒有主項和謂項，（180）；——必然命題，（183）；——或然命題，（184）；——實然命題，（184）；——分析命題，它的定義和例子，（203）。

命題函項（propositional function），（130—132）。

命題邏輯（logic of propositions），區別於詞項邏輯，（71）；——為斯多亞派所發明，（71）；——它由弗雷格所創立的現代形式，（71）。

模態函項（modal functions），（183）。

模態函子（modal functors），（184）；——與二值演算中的四個函子中的任何一個均有區別，（184）；——它的所有的組合化歸為四個不能再行化歸的組合式，（246）。

模態邏輯（modal logic），模態命題邏輯是任何模態詞項邏輯的先決條件，（184）；——它的基本公式，（184—185）；——兩個經院哲學原則，（186）；——基本模態邏輯，（186）；——發展了的模態邏輯的四值系統，（228—231）；——它的三值系統是不滿足的，（229注①）；——它的八值系統的概況，（246）；——它的無限的多值系統，（247）。

模態邏輯的四值系統（four-Valued system of modal logic），它的基本詞項，（229）；——它的公理，（230）；——它的推論規則，（230）；——它的足夠的真值表，（231）；——從它所得出的奇異的結果，（245）；——它的擴充到更高系統的方法，（246—247）。

模態三段論（modal syllogistic），較之實然三段論意義要小，（248）；——包括很多錯誤，（182）；——應當加以改造，（276）。

穆契曼（Mutschmann），（85注①）。

O

歐德謨斯（Eudemus），（58注②，182，208，236，252注②，254，257，261，262，264，273注①，274）。
歐幾里得（Euclid），應用克拉維斯定律，（74）。
歐拉圖解（Eulerian diagrams），用於三段論的非亞里士多德系統，（136）；——用於不可判定表達式的問題，（139）。
偶然性（contingency），亞里士多德的定義，（193，211注③，266）；——亞歷山大的定義，（212注①）；——亞里士多德定義所引起的困難，（239）；——在四值模態系統的範圍內對X-偶然性和Y-偶然性的定義，（241—243）；——「雙重偶然性」定律，（245）；——為亞里士多德所區別的它的兩個本體論的意義，（277—278）；——亞歷山大關於這種區別的議論，（278）；——亞里士多德這種思想的豐富性，（283）。

P

排斥（rejection），亞里士多德是以具體的詞項作例證來實現的，（96注①）；——他陳述了一個排斥規則，（99注①）；——解釋排斥的含義，（132—133）；——它的規則，（100—101,132）；——這些規則怎樣工作，（132—134）；——將排斥引入演繹理論的理由，（150）。
判定問題（the problem of decision），對於演繹理論的C—N—P系統的解，（153—164）；——對於三段論的解，（165—172）。
皮爾士（Peirce,C.S.），發明驗證演繹理論的斷定命題的方法，（113，228）。
皮亞諾（Peano,G.），（75）。

普遍詞項（universal term），（13）。
普萊奧爾（Prior,A.N.），（235注①）。
普蘭特爾（Prantl,C.），受到卡普的批評，（12注④）；——沒有將亞里士多德的三段論與傳統的三段論加以區別，（37,54）；——他關於第四格的錯誤意見，（54注①、注③）；——他對邏輯的無知，（54）；——引述阿威羅伊，（58）。

Q

齊一的詞項（homogeneous terms），三段論所要求的，（17）。
《前分析篇》（Prior Analytics），波亨斯基的一個假設，（43）；——模態三段論可能是後來加進去的，（179注①）；——哥爾克的一個假設，（182）。
前提（premiss），亞里士多德給予定義，（11）；——他將前提劃分為全稱的、特稱的和不定的，（12）。
前提的次序（Order of premisses），（51—53）；——沒有為亞里士多德所固定，（51—53）。
全稱前提（universal premiss），（13）。

S

塞克斯都·恩披裡可（Sextus Empiricus），引述一個逍遙學派的三段論，（8注②）；——提供斯多亞派關於複雜易位律的證明，（85注①）；——引述菲羅關於蘊涵的定義，（114注②）。
三段論（syllogism），一個逍遙學派的三段論，（8）；——亞里士多德提供的一個帶有具體

詞項的三段論，（9）；——亞里士多德三段論的形式，（8—12）；——在邏輯上與體例上區別於傳統的三段論，（11）；——用變項和用具體詞項的不同陳述，（29—30）；——斯多亞派將它與一個算術定律比較，（27）；——純粹蘊涵形式的三段論，（37）；——符號形式的三段論，（109）；——亞里士多德模仿實然三段論的樣子來論述模態三段論，（248）。

三段論的必然性（syllogistic necessity），它的記號有時為亞里士多德所省略，（22注①）；——當O-前提不正確地換位時，對三段論必然性含義的解釋，（22）；——邁爾的錯誤解釋，（23）；——對應於一個全稱量詞，（23）；——用符號形式證明它們的對應，（119—120）；——可以依據三段論的定律將它消去，（198）。

三段論的換位（conversion of the syllogisni），（82）。

三段論的基礎（basis of syllogistic），（138）；——沒有斯盧派斯基的排斥規則，是不充分的，（139）；——式（moods），帶有兩個必然前提的各式，（248—250）；——帶有一個必然前提和一個實然前提的各式，（251—255）；——為了有利於帶有偶然前提的各式而忽略了帶有可能前提的各式，（261）；——帶有一個或然前提和一個必然前提的式，得出必然的結論，（264）；——帶有偶然前提的各式很少可能找到它的有效的應用，（276）；——帶有或然前提的各式，它的修正的方法，（280）；通過補充的換位得出的，必須被排斥，（274）。

三段論的簡單表達式（simple expressions of the syllogistic），被排斥，（165—166）。

三段論的算術解釋（arithmetical interpretation of syllogistic），（173—177）。

三段論的形式和有效式的數目（number of syllogistic forms and valid moods），（133）。

三段論的一致性（consistency of the syllogistic），它的證明，（123）。

三段論定律的推導（deduction of syllogistical laws），（125—130）。

《神正論》（theodicee），萊布尼茲的著作，（207）。

施累德（Schr der, E.），（228）。

實然命題（assertoric propositions），定義，（184）。

實質蘊涵（material implication），麥加拉的菲羅給予的定義，（201—203）。

輸出定律（law of exportation），（119,123,250）。

輸入定律（law of importation），（119,250）。

屬於（belong），ὑπάρχειν，（26注①）；——亞里士多德在帶有變項的抽象三段論中用以代替在具體例子中的εἶναι（是）一詞，（29）；——亞歷山大對這一事實的解釋，（30注②）。

《數學原理》（*principia mathematica*），為懷特海和羅素所著，（72，74注①,76注①,82注①,88注①,224,227）。

斯多亞派（Stoics），論在三段論中等值詞項的交換，（33注①）；——他們的邏輯是形式化的，（33）；——他們的邏輯是命題邏輯，（71）；——是一個推論規則的系統，（71）；——為現代注釋者所誤解，（72）；——用序數標誌變項，（84注③）；——將οὐχὶ一詞用作命題的否定，（108注①）；——採用菲羅關於蘊涵的定義，（114）；——陳述二值原則，（114注①）；——*modus ponens*（肯定前件的假言推理），斯多亞派的第一個不可證明的三段論，（33）；——第二和第三個不可證明的三段論，（84）；——他們關於複雜易位律的證明，（85注①）；——亞歷山大非常了解斯多亞—麥加拉學派的邏輯，（201）；——斯多亞派的不可證明的三段論（indemonstrable syllogisms of the Stoics），第一個，（33）；第二個和第三個，（84）。

T

（67）；——同一原則，（204）；——必然的同一原則，（205）；——同一理論的公理，（204）；——同一律是分析的，（204）；——亞里士多德在一處證明中使用了同一律，（204注②）。

同一理論（theory of identity），它的公理，（205）；——對將模態邏輯運用於同一理論時所產生的困難的解釋，（234）。

推論（inference），不是一個命題，（36）。

推論規則（rules of inference），不同於命題，（36）；——對於斷定的表達式，用替代法，（112,122）；——用分離法，（112,122）；——對於排斥的表達式，用替代法，（101,132）；——用分離法，（101,132）。

湯瑪斯教授（Thomas,Ivo），（204注②）。

W

瓦拉第（Vailati,G.），（74注③）。

瓦裡士（Wallies,M.），（59注②）。

外茲（Waitz,Th.），（6）；——沒有將亞里士多德的三段論與傳統的三段論加以區別，（36）；——一個關於原文的批評，（40注①）；——非難阿普裡烏斯更換前提的次序，（51注①）。

完全三段論（perfect syllogisms），第一格的各式，（64—70）。

謂項（predicate），亞里士多德將它放在抽象三段論的前位，（10）；——結論的謂項就是大項，（50）；——關於任何命題都有主項和謂項的偏見，（180）。

無限多值模態系統（infinitely manyvalued modal system）：（247）。

X

西爾平斯基（Sierpiński,W.），（281注①）。
西塞羅（Cicero），（114注①）。
系列（chain），（170）。
先驗的（a priori），關於先驗的科學與後驗的科學之間的區別的討論和批判，（281—284）。
顯示（exposition），見：顯示法（ecthesis）。
顯示法（ecthesis），用存在量詞給以解釋，（88）；——用顯示法證明，（85—95）；——亞歷山大將知覺的特性歸於顯示法證明，（87注②，90注②，91注①，95注①）。
逍遙學派（peripatetics），他們所慣用的一個三段論，（8）；——論邏輯和哲學的關係，（25注①）；——不是形式主義者，（29）。
小項（minor term），結論的主項，（50）；——亞里士多德給予的錯誤定義，（45注②）；——菲洛波努斯給予的經典定義，（50注②）。
肖爾茲（Scholz,H.），（3）；——論加倫關於第四格的著述問題，（58）。
形式（form），亞里士多德三段論的形式，（8—11）；——思想形式，（24）；——作為與三段論的材料相對立的三段論的形式，（25）；——形式由變項的數目和變項的配置以及邏輯常項所組成，（26）。
形式化（formalism），（28—33）。

Y

亞里士多德（Aristotle），將所有的三段論都表述為蘊涵式，（9,34—36,190）；——他關於「前提」的定義，（12注①）；——他關於「詞項」的定義，（12注③）；——ὅροσ區

演繹等值式（deductive equivalence），與某些斷定命題相關，（146—147）；——定義，（151）；——區別於通常的等值式，（151）；——要求排斥，（152）。

演繹理論（theory of deduction），命題邏輯的最基本的部分，（72，110—115）；——斯多亞派開始將它作為一個推理規則的系統，（71）；——現代由弗雷格所建立的演繹理論，（71）；——在《數學原理》中置於數學之前，（72）；——將排斥導入這個理論中的理由，（150）。

驗證δ-表達式（verification of δ-expressions），解釋，（224）。

驗證δ-表達式的規則（rule for the verification of δ-expressions），（224）。

易位律（transposition），已為亞里士多德所知，（72注③）；——它的符號形式，（122）；——複雜易位律，為斯多亞派所證明，（85注①）。

因數（factor），原則，（75—78）。

英國百科全書（Encyclopaedia Britannica），第11版，論斯多亞的邏輯，（72）。

有意義的表達式（significant expression），歸納地加以定義，（112）。

宇伯威格（Ueberwag,Fr.），（55，58，59）。

原則（principle），將三段論劃分為各個格的原則，（38）；——必然命題的同一性原則應當被排斥，（260）；——重言式原則，（227）。

約翰·意塔盧斯（Joannes Italus），（58注③）。

蘊涵（implication），「如果p，則q」，（108）；——麥加拉的菲羅將蘊涵定義為真值函項，（114）；——它與相應的推理規則的關係，（37）。

蘊涵式的前件（antecedent of an implication），（37）。

Z

真值表（matrix），關於C—N—P系統的二值真值表，（217）；——關於同一系統的四值真值表，（218）；——關於四個帶有一個主目的函子的二值真值表，（224）；——關於C,N,M,L的足夠的四值真值表，（231）；——W的四值真值表，（237）；——K的四值真值表，（240）；——X和Y的四值真值表，（242）；——C,N,M的八值真值表，（247）。

真值表方法（matrix method），它的解釋，（216—220）；——盧卡西維茨從皮爾士和施累德那裡熟悉了這種方法，（228)；——對「乘」真值表方法的解釋，（217—218）。

正確性（有效性）（Validity），推論和推論規則的性質，（35）。

證明（proof），亞里士多德的證明理論是不滿足的，（65）；——用換位法對三段論各式的證明，（74—78）；——用歸謬法加以證明，（78—85）；——用顯示法加以證明，（85—95）；——應當怎樣用歸謬法來進行證明，（81）；——對演繹理論的判定的證明，（153—164）；——對三段論的判定的證明，（165—172）；——對L-擴展定律的證明，（190）；——對CNLNpMp的證明，（194—195）；——在C—N—δ—P—系統中對Cpp的證明，（223）；——對任何必然命題都不是真的證明，（232—233）；——對帶有一個必然前提和一個實然前提的各式的證明，（255—258）。

直接前提（immediate premiss,ἄμεσος πρότασις），在它的主項謂項之間沒有一個中項，（65）。

中項（middle term），亞里士多德為第一格所下的關於中項的錯誤定義，（45注①）；——為一切格所下的關於中項的正確定義，（47注①）。

重言式（tautology），它的原則，（227）。

主項（subject），亞里士多德將它放在抽象三段論的後位，（11）；——結論的主項就是小項，（50）；——沒有主項或謂項的命題，（66）。
綜合定理（synthetic theorem），亞歷山大將它歸於亞里士多德，（93注①）；——用符號形式表述，（118）。

(二)

A

A，常函子，意思是「所有的——是」或者「屬於所有的」，（26,108）。
Aaa,公理，（122）；——獨立於其他斷定命題的三段論的同一律，（67）；——與命題的同一律相比較，（70）；——亞里士多德在一處證明中運用了它，但陳述得不明確，（204注②）。
Aab,意思是「所有的 a是b」或者「b屬於所有的 a」，（108）。
Ab esse ad posse valet consequentia,（從存在的可以正確地推斷出是可能的），已為亞里士多德所知，但是沒有為他明確地表述出來，（186）。
Ab oportere ad esse valet consequentia（從必然的可以正確地推斷出是存在的），已為亞里士多德所知，但是沒有為他明確地表述出來（186）。
Ad falsum sequitur quodlibet,（從謬誤推出所有任意的東西），（246注①）。
Anerkennen,布倫塔諾對「anerkennen」（承認）與「verwerfen」（排斥）的區別，（130注①）。

B

C

D

E

F

H

H,析取記號「或者—或者—」，它的定義，（225）；——它的δ-定義，（226）。

I

I，常函子，意思是「有些——是」或者「屬於有些」，（26,108）。
Iaa,同一律，公理，（122）。
Iab,意思是「有些a是b」或者「b屬於有些a」，（108）。
I型前提的換位（conversion of the I-premiss）；斷定命題，（125）；——亞里士多德用顯示法加以證明，（86注②）；——用存在量詞加以證明，（88—89）；——後來用符號加以證明，（117）。

K

K,合取「和」（並且）的記號，（108）；——它的四值真值表，（240）。
Kpq，合取式，意思是「p和q」，（108）；——用C和N給予定義，（112）；——定義為真值函項，（115）。

L

L,常函子，意思是「是必然的」，（184）；——它在四值模態系統中的真值表，（231）。

M

M，常函子，意思是「是可能的」，（184）；——它在四值模態系統中的真值表，（230）；——它的「成對的」函子，（236—239）。

M-擴展定律，（強的），可以使我們建立帶有可能前提的三段論理論，（264）。

modus ponens,（肯定前件的假言推理），斯多亞派的第一個不可證明的推論規則，（33）；——分離規則，（28,112）。

N

N，否定記號「這不是真的——」或者「非」，（108）。

O

O，常函子，意思是「有些——不是」或者「不屬於有些」，（26,108）。

Oab,意思是「有些 a 不是 b」或者「b 不屬於有些 a」，（108）。

O前提的換位（conversion of the Opremiss）,非有效的，（22注②）。

P

peiorem sequitur semper conclusio partem,（結論永遠由最弱的部分規定），（252,264）。

Q

Q，等值記號，（148）；——意思是「當且僅當」，代替通常的符號「E」使用，（185注⑤）。

R

RE,規則，它允許用E代替NI以及反轉過來，（121）。

RO,規則，它允許用O代替NA以及反轉過來，（121）。

RS，斯盧派斯基的排斥規則，（143）。

T

T，常函子，意思是「是偶然的」，（211）；——不適於解釋在亞里士多德的意義上的偶然性，（273）。

U

unumquodque quando est,oportet esse,（任何存在的東西，當它存在的時候，它是必然的），必然性原則，（206—207）。

utraque si praemissa neget,nil inde sequetur,（如果兩個前提都是否定的，那麼不能得出結論），與斯盧派斯基的排斥規則相連繫，（142）。

V

verum sequitur ad quodlibet（真理隨便從什麼東西都能推出），（246）。

W

W，常函子，它的四值真值表，（237）；——與成對的函子M的關係，（236—239）；——它在給偶然性下定義時的作用，（241—243）。

X

X,常函子，它的四值真值表，（242）；——它的δ-定義，（241）；——對與它成對的函子Y的關係的解釋，（241—243）。

Y

Y，常函子，它的四值真值表，（242）；——它的δ-定義，（241）；——對與它成對的函子X的關係的解釋，（241—243）。

㈢

ἀδύνατον，不可能，（183）。
ἄμεσος πρότασις，見：直接前提。
ἀναγκαῖον，必然的，（183）。
ἀνάγκη，見：三段論的必然性。
ἀπαγωγὴ εἰς τὸ ἀδύνατον，見：歸謬法。
ἄρα，見：所以。
ἀρχη，基本真理，（65）。
ἀξίωμα，斯多亞派表示命題的術語，（114注①）。
δ，具有一個命題變項的變項函子，對它的值域的解釋，（220—223）。
δυνατόν，可能的，（183）。
δ-表達式，驗證它的方法，（224）。
δ-定義，解釋，（224—226）；——H的δ-定義，（225）；——L和M的δ-定義，（230—231）；——X和Y的δ-定義，（241）。
ἐνδέχεσθαι，亞里士多德將它在兩種含義上加以使用，（262注②—④）。

ἐνδεχόμενον，偶然的，（183），見：偶然性。

ὕλη，作為與三段論形式相對應的三段論的材料，（26）。

ὑποβάλλειν，菲洛波努斯用以表示「替代」的術語，（19）。

οὐχί，斯多亞派用以表示命題的否定，（108注①）。

στοιχεῖα，字母，變項，（18）。

συζυγία，前提的組合，（90）。

θέσις，亞里士多德為三個格所採用的詞項次序，（52注①-③）。

經典名著文庫 205

亞里士多德的三段論

文庫策劃 — 楊榮川
作　　者 — （波）盧卡西維茨
譯　　者 — 李眞、李先焜
導　　讀 — 尤煌傑
編輯主編 — 黃惠娟
責任編輯 — 魯曉玟
封面設計 — 姚孝慈
著者繪像 — 莊河源
出 版 者 — **五南圖書出版股份有限公司**
發 行 人 — 楊榮川
總 經 理 — 楊士清
總 編 輯 — 楊秀麗

地　　址 — 臺北市大安區 106 和平東路二段 339 號 4 樓
電　　話 — 02-27055066（代表號）
傳　　眞 — 02-27066100
劃撥帳號 — 01068953
戶　　名 — 五南圖書出版股份有限公司
網　　址 — https://www.wunan.com.tw
電子郵件 — wunan@wunan.com.tw

法律顧問 — 林勝安律師
出版日期 — 2025 年 3 月初版一刷
定　　價 — 620 元

國家圖書館出版品預行編目資料

亞里士多德的三段論 / 盧卡西維茨著；李真、李先焜譯．
-- 初版．-- 臺北市：五南圖書出版股份有限公司，
2025.03
面；　公分
ISBN 978-626-366-931-4（平裝）

1. 亞里士多德（Aristotle, 384-322 B.C.）
2. 古希臘哲學　3. 形式邏輯

141.5　　112022086